SUPERAR EXPERIENCIAS TRAUMÁTICAS

Felipe E. García y Mark Beyebach

SUPERAR EXPERIENCIAS TRAUMÁTICAS

UNA PROPUESTA DE INTERVENCIÓN DESDE LA TERAPIA SISTÉMICA BREVE

Prólogo de
CARMELO VÁZQUEZ

Herder

Diseño de la cubierta: Gabriel Nunes

© *2021, Felipe E. García y Mark Beyebach*
© *2022, Herder Editorial, S. L., Barcelona*

ISBN: 978-84-254-4805-8

Imprenta: Qpprint
Depósito legal: B-6.632-2022

Printed in Spain – Impreso en España

Herder
www.herdereditorial.com

A mis hijos Eduardo Andrés, Coco y Martina,
las luces en mi camino.
(F. G.)

A Julio y Nayara, nuestros pequeños grandes supervivientes.
Y a Maite, por todo lo que tú sabes.
(M. B.)

ÍNDICE

PRÓLOGO

Este espacio, que amablemente me han concedido los autores del libro, supone cierto reto. La palabra «prólogo» procede etimológicamente del griego *pro* (= antes) y *logos* (= palabra, expresión), y escribir algo que preceda a la palabra, al argumento razonado, en un libro tan sólido y bien escrito, no es tarea sencilla. Estoy convencido de que este libro no necesita, si atendemos a esa etimología griega, ningún «prólogo», porque ya es en sí mismo un excelente ejercicio de palabra y razón impecablemente ejecutado por los autores en casi un centenar de miles de palabras bien meditadas y ajustadas. Por tanto, la tarea de prologar se me antoja una especie de artefacto innecesario para cualquier lector ávido de adentrarse en este libro.

Asumido el riesgo de escribir unas palabras previas para esta obra de mis admirados colegas Felipe García y Mark Beyebach, intentaré que sean concisas, tanto para evitar el agotamiento de mis improbables lectores como para no desentonar con el marco de una intervención terapéutica que se exige a sí misma ser breve.

Aunque pueda parecer algo obligado, decir que este es un excelente libro, escrito por dos magníficos profesionales de la psicología, es simplemente hacer un juicio adecuado a las bondades objetivas de la obra. En tiempos de escrituras improvisadas, de contribuciones oportunistas y de charlatanes desprovistos de contenido, es reconfortante navegar por un libro en el que los autores aúnan de un modo excepcional un fundado conocimiento sobre el sufrimiento psicológico y una solvente aproximación sobre intervenciones psicoterapéuticas para aliviarlo.

El título hace referencia a algo muy ambicioso que, para algunos, podría parecer un objetivo excesivo o incluso un oxímoron: «superar el trauma». ¿Se puede de verdad superar un trauma? ¿Se puede quizás olvidar? ¿Es posible poner el contador a cero tras un desastre que conmociona nuestras vidas? Creo que es posible si por superar el trauma se entiende seguir viviendo, nadando en la imparable corriente de la vida. No solo flotar y no ahogarse, sino intentar seguir abierto al asombro y a la posibilidad de ofrecerse y crecer. A pesar del dolor y sus cicatrices. El cantante y poeta australiano Nick Cave ha producido memorables obras basadas en la pérdida y el dolor. Primero, cuando a los 18 años perdió a su padre, y luego cuando su joven hijo adolescente murió en trágicas circunstancias. Cave ha intentado metabolizar esas pérdidas traumáticas desde la palabra, impulsando el dolor hacia los límites de la comprensión y dejando espacio para que pueda también existir el dolor con la celebración de la vida. Este libro en cierto modo se asemeja a esa tarea literaria de entender qué es el sufrimiento y cómo crear espacios para transformarlo y para que la vida continúe su tortuoso y luminoso curso.

En las páginas de este libro se habla de trauma, pero también de cómo favorecer que las personas den sentido a lo ocurrido e incluso utilizar esa experiencia oscura como una palanca de cambios positivos. Esta idea de que incluso con las cicatrices del trauma podemos seguir creciendo está muy bien fundamentada en el texto de mis colegas García y Beyebach. Al leerlo me ha venido a la cabeza otro texto del gran poeta inglés W. H. Auden en el que sugiere que la experiencia traumática es una oportunidad que tenemos para que «la vida se convierta en un asunto serio». El trauma es convertido así en gran tarea, en posibilidad de transformar nuestras vidas en un «asunto serio» si encontramos el camino de dar significado a las posibilidades de cambio.

El libro proporciona algunas claves y estrategias inteligentes para favorecer que la experiencia traumática pueda resolverse, incluso, a veces, pavimentando el camino de superación con elementos que permitan aprender y salir fortalecidos de la experiencia. Esa idea del crecimiento después del trauma no son meras palabras. De modo natural, más de la mitad de las personas que han sufrido experiencias traumáticas (pérdida de seres queridos, circunstancias que han amenazado la propia vida o la integridad física, desastres naturales, actos de terrorismo, etc.) dicen que, tras cierto tiempo (meses o años habitualmente), la tragedia les ha servido para ser mejores. Con una envidiable sabiduría vital, la premio Nobel de Química de 2018, Frances Arnold, decía en una entrevista en un medio chileno en 2020 que, para superar dificultades:

> [...] me enfoco en las cosas buenas de la vida, que son muchas, y elijo pasar el tiempo con otros que hacen lo mismo. Eso no significa que yo no sufra cuando veo el daño que le estamos haciendo al mundo, pero uso mi creatividad para hacer algo positivo. También me recuerdo que muchos han sufrido mucho más que yo. Por lo tanto, estoy agradecida por lo que tengo y no por lo que he perdido o nunca tuve.

Esta admirable perspectiva no es una banal reflexión *new age* de alguien que ha saboreado los laureles de la gloria académica. Son las palabras de alguien que, habiendo obtenido el mayor reconocimiento intelectual posible, ha padecido continuos infortunios recientes (suicidio de su primer marido, pérdida de un hijo en accidente, y ella misma un agresivo cáncer de mama). Un reto para la psicología es cómo encontrar caminos eficaces y respetuosos para poder acompañar y promover estas capacidades que muchas personas azotadas por el infortunio (incluyendo una brillante premio Nobel) pueden tener. El libro que los lectores tienen en sus manos ofrece respuestas sólidas, también creativas e imaginativas, basadas en una amplísima experiencia como psicoterapeutas, para poder favorecer esas trayectorias de crecimiento. Esto es, sin duda, una gran noticia para el mercado de libros en nuestro idioma.

Un aspecto particularmente notable del libro es que, antes de dar un amplio y sugerente abanico de técnicas de intervención breves, los autores dedican algunos capítulos iniciales a ofrecer algunas precisiones sobre los conceptos que se abordan en el libro (trauma, resiliencia, crecimiento...). Se trata de una tarea que demuestra la gran honestidad y la sólida fibra intelectual de los autores. Aún hoy definir lo que es «traumático» tiene bordes imprecisos. Mientras que en un sentido general la idea de trauma abarca un amplio espectro de circunstancias vitales que nos impactan (pérdidas, separaciones, enfermedades serias...), en el ámbito clínico parece estar más restringido a situaciones más extremas. Los autores hacen un análisis conceptual actualizado y minucioso de lo que es una experiencia traumática y de nociones relacionadas (resiliencia, crecimiento postraumático...). Además, esas reflexiones están también firmemente apoyadas en investigaciones empíricas de calidad, algunas de ellas lideradas por ellos mismos. Intentar definir y acotar los conceptos que se manejan en el libro (o, como señalan los autores, definir «el territorio del trauma» antes de lanzarse a exponer técnicas de intervención) es un gran acierto porque aún hoy las definiciones de esos términos son controvertidas. Por citar un ejemplo reciente, ha habido una agria polémica, publicada en una revista internacional de referencia sobre el trauma *(Journal of Traumatic Stress)*, sobre si la pandemia del SARS-CoV-19 es un hecho potencialmente traumático. Si no lo es, indagar sobre el trauma colectivo, o el estrés postraumático en la población, dejaría de tener sentido. Y la respuesta a esta incógnita no es unánime por parte de los especialistas. Mientras que para Mark Shevlin y sus colegas lo que sucedió en el mundo en 2020 puede entenderse como un suceso amenazante que en sí mismo puede ser traumático, para Roel Van Overmeire, usando criterios clínicos estrictos, no lo es.

De hecho, parte de la solución a este dilema es que hay varias aproximaciones legítimas, pero es necesario clarificar en dónde se sitúa cada uno. Si se usa un criterio DSM-5 de la American Psychiatric Association, la actual pandemia probablemente no es un suceso potencialmente traumático, excepto para los que han sido infectados y han visto amenazadas sus vidas. Sin embargo, si se usa un criterio de la CIE-10 de la Organización Mundial de la Salud, simplemente el hecho de estar expuestos, como seres humanos, a una situación amenazante general o que cause horror ya cualifica la situación como traumática. De modo que poner sobre la mesa, como hacen los autores de este libro, los elementos conceptuales en los que se basa su obra es una estrategia transparente y muy acertada porque la discusión sobre la naturaleza del trauma y sobre las intervenciones terapéuticas es un asunto importante acerca del cual no existe aún un acuerdo, y esto en sí mismo es relevante, conviene reconocerlo y reflexionar al respecto.

Otro aspecto que resulta particularmente atractivo del libro es que no trata de ofrecer un protocolo cerrado y rígido. Aunque esa aproximación (las comúnmente denominadas terapias manualizadas) pueda tener sus ventajas para la investigación, normalmente se aparta de lo que puede resultar más eficaz y necesario en el ámbito de la práctica profesional en condiciones reales. Los protocolos manualizados dejan de lado cosas tan básicas, e ignoradas casi completamente en la investigación, como las preferencias de terapeutas y consultantes. Es importante que quien ejerce la psicoterapia se sienta cómodo incorporando estrategias que se ajusten a las necesidades del caso, pero también a las preferencias y valores del propio terapeuta y de sus consultantes (término que acertadamente prefieren los autores a alternativas como cliente o paciente). En este sentido, el texto nace con una voluntad decidida de ser una herramienta flexible (una navaja suiza terapéutica, si se me permite la expresión) que permita la adecuación contextual de las técnicas de intervención a cada circunstancia concreta. En ese sentido, el libro supone un acierto y refleja muy bien el talante abierto y no academicista de sus autores.

Los lectores de este libro se encuentran ante una oportunidad única de adentrarse en la lógica de las intervenciones breves en el trauma desde una perspectiva actualizada, moderna y también innovadora. Los autores han sabido conjugar con maestría, en un libro que parece escrito por una sola mano, su acreditada experiencia clínica con algunas intuiciones terapéuticas novedosas que estoy seguro de que van a permitir desarrollar vías fecundas para hacer intervenciones más humanas y más abiertas a recuperar el control de la propia vida en quienes han tenido la desdicha de sucumbir a los efectos devastadores del trauma. Queda en manos de todos ayudar a que ese camino se consolide y fructifique.

Carmelo Vázquez
Catedrático de Psicopatología,
Universidad Complutense de Madrid.

INTRODUCCIÓN

Los autores de este libro, Mark y Felipe, nos conocimos personalmente hace casi diez años en el contexto de una formación sobre Terapia Breve Centrada en Soluciones que Mark impartió en Concepción, Chile, y que Felipe organizó. En esos encuentros descubrimos que teníamos muchas visiones en común sobre la psicoterapia y también algunas divergencias que enriquecían el diálogo y anticipaban una constructiva colaboración que se ha mantenido hasta hoy. Un nuevo encuentro personal, en Monterrey, México, invitados por nuestro amigo en común Ruperto Charles, la gran figura de la Terapia Breve mexicana; otras conversaciones sostenidas en Salamanca y Pamplona, en España; y nuevos reencuentros en Concepción permitieron la construcción de una alianza que permitió, por ejemplo, colaborar en un proyecto de investigación financiado por el Estado chileno para evaluar la efectividad de intervenciones breves para personas que han vivido experiencias traumáticas recientes. Este libro es fruto de esta colaboración, en la que intentamos plasmar los resultados de nuestras reflexiones, conversaciones, confrontaciones de ideas, intercambios de libros y artículos, análisis de resultados de investigaciones y la casuística que cada uno de nosotros ha debido enfrentar a lo largo de estos años. Finalmente, todo confluyó en la necesidad de presentar un libro que recogiera estas ideas.

A la hora de escribir este texto nos encontramos con el dilema de que al hablar de trauma incluíamos una serie de experiencias muy heterogéneas y consultantes aún más diversos. Si bien hay incuestionables elementos comunes entre una persona afectada por un accidente laboral debido al desgaste de una máquina, otra persona que es torturada por un militar, o alguien que sobrevive a un tsunami, debemos convenir en que sus experiencias presentan asimismo infinidad de diferencias. Si bien las conceptualizaciones y técnicas que presentaremos son aplicables en principio a unos u otros supervivientes, el lector debe saber adecuarlas a las características particulares de quien consulta.

Por otro lado, también sabemos que las experiencias traumáticas se pueden presentar desde la niñez hasta la madurez, y que probablemente las experiencias traumáticas más tempranas afectan profundamente el curso de vida posterior. Sin embargo, este libro se enfoca fundamentalmente en el trabajo terapéutico con personas adultas. Corresponderá al lector decidir qué técnicas se pueden extrapolar a la psicoterapia con niños y cuáles no. Un aspecto relacionado con esto es lo que el CIE-10 denomina *trauma complejo*, es decir, experiencias traumáticas sucesivas que afectan en la niñez, asociadas al maltrato, el abuso u otras vulneraciones, y que generan consecuencias hasta la edad adulta en buena parte de los afectados. En tal sentido, este libro no va a abordar directamente el trauma complejo, aunque muchas de las estrategias terapéuticas presentadas también pueden aplicarse en personas que han sobrevivido a experiencias traumáticas reiteradas.

De ese modo, los invitamos a revisar en los capítulos siguientes un repertorio técnico amplio, que permita tener un «menú» desde el cual escoger a fin de ajustarnos mejor a cada caso particular. También ofreceremos pautas que permitan estructurar y organizar este menú, sabiendo que el mejor protocolo es el que creamos con cada consultante en cada caso particular. Nuestra esperanza es que las personas con formación en Terapia Sistémica Breve encuentren en este libro herramientas específicas para el trabajo con el trauma que vayan más allá de lo que habitualmente se maneja desde este modelo. A su vez, pretendemos que las personas con formación y experiencia en intervención en casos de supervivientes de traumas obtengan gracias a este libro herramientas específicas de trabajo terapéutico desde la Terapia Sistémica Breve que complementen las que habitualmente utilizan para dar apoyo a personas que han sobrevivido a una experiencia traumática.

Respecto a la estructura del libro, uno de nuestros puntos de coincidencia fue la constatación de que en terapias breves (y especialmente en la terapia breve centrada en soluciones) se ha tendido a privilegiar los *mapas* de actuación, es decir, las técnicas de entrevista, tareas terapéuticas y presentación de casos clínicos, sin embargo, desde la Terapia Sistémica Breve entendemos que una buena comprensión del territorio mejora nuestra capacidad de ayudar: por eso decidimos dedicar los dos primeros capítulos a describir con detalle el territorio del trauma, para luego recorrer en los siguientes las distintas formas de transitar por este territorio para alcanzar las metas de los consultantes.

El capítulo 1 aborda los traumas en su contexto, por lo que nos dedicamos a conceptualizar el trauma y a reconocer los factores que moderan el proceso de traumatización. El capítulo 2 recoge el legado de la traumatización, analizando las diversas trayectorias posibles en una persona expuesta a un evento potencialmente traumático, incluyendo sus consecuencias negativas y positivas, entre ellas la resiliencia y el crecimiento postraumático. El capítulo 3 se orienta a desarrollar los desafíos clínicos en la intervención con personas que han sobrevivido a un trauma, reflexionando sobre las posibles interferencias y dilemas para el desarrollo adecuado de una psicoterapia. Revisamos la investigación existente y derivamos de ella las estrategias generales para una intervención psicoterapéutica. En el capítulo 4 describimos en profundidad la Terapia Sistémica Breve, como un modelo que integra la Terapia Breve Centrada en Soluciones, la Terapia Narrativa y la Terapia Breve Estratégica del Mental Research

Institute (MRI) e incluye aportes desde la Psicología Positiva, y presentamos nuestra propuesta específica, una Terapia Sistémica Breve para la intervención con supervivientes de un Trauma, a la que hemos abreviado como TSB-T. Dedicamos los siguientes tres capítulos a presentar las diversas herramientas técnicas de la TSB-T: en el capítulo 5 nos detenemos en la creación del proyecto terapéutico y la resignificación del evento traumático; en el capítulo 6 continuamos con nuestra propuesta, centrándonos en aquellas técnicas que permiten generar esperanza y promover la recuperación; en el capítulo 7 presentamos la otra cara de la moneda, algunas técnicas para reducir el malestar. En el capítulo 8 integramos estos elementos técnicos para presentar una visión global del curso de la TSB-T, desde la primera entrevista hasta las maniobras de cierre, siguiendo el hilo de un caso real. En el capítulo 9, el último, abordaremos algunas de las complicaciones posibles en la terapia con personas que han sobrevivido a un trauma, ilustradas también con historias de casos reales.

Antes de iniciar la lectura, queríamos aclarar algunos términos incluidos en este libro. Ponernos de acuerdo en el lenguaje es una acción básica que permite evitar los malentendidos, ya sea en un encuentro entre amigos, una conversación terapéutica o las palabras iniciales de un libro, como el que usted tiene ahora entre sus manos. Por ejemplo, hablaremos de *consultante* o *consultantes* a la hora de referirnos a la persona, pareja o familia que nos consulta. Por lo tanto, prescindimos del más popular «paciente» que para nosotros está más ligado a un modelo biomédico que a nuestra forma más colaborativa de conceptualizar el trabajo y la relación terapéutica. La palabra «cliente», más acorde con nuestra postura, tampoco nos agrada, debido a la connotación más comercial dado a esa palabra en gran parte de Hispanoamérica. Por otro lado, si bien entendemos la multiplicidad de géneros tanto en terapeutas como en consultantes, a fin de permitir una lectura más fluida hemos dejado de lado en este libro formas habituales de referirse a esta diversidad, como «él/ella» o el uso de neologismos como «niñe» o «todes». En ese sentido, ustedes verán que usaremos indistintamente las expresiones «el terapeuta», «la terapeuta», «el consultante» y «la consultante» a lo largo de este libro.

No queríamos terminar esta breve introducción sin expresar nuestro agradecimiento a nuestros consultantes, a las personas que a lo largo de estos años han depositado en nosotros su confianza y han compartido historias conmovedoras de resiliencia y superación de las que tanto hemos aprendido. En especial, por supuesto, a quienes nos han autorizado a recoger sus terapias en nuestras historias de caso e incluso a reproducir sus propias creaciones artísticas. A Mark le gustaría además reconocer las aportaciones de Marga Herrero; no solo su paciente revisión del manuscrito, sino también los veinte años de trabajo en común y los centenares de horas compartidas en formaciones, discusiones de caso y charlas sobre lo divino y lo humano. Además, le gustaría también agradecer las numerosas aportaciones sobre el tema del trauma de varios distinguidos colegas: Pepe Navarro, con su apasionante proyecto de intervención en crisis de la Universidad de Salamanca; Yvonne Dolan, que fue la primera en mostrarnos en sus visitas a Salamanca cómo utilizar el enfoque centrado en soluciones con supervivientes de experiencias traumáticas; Lenore Walker, de la que aprendimos tanto sobre violencia en relaciones de pareja; y Reynaldo Perrone, quien con tanta pericia supo describir las sutiles pero destructivas dinámicas interpersonales en el maltrato y el abuso sexual. A Felipe le gustaría agradecer a aquellos compañeros de ruta, amigos y mentores que le han permitido adentrarse en el terreno del trauma y profundizar e investigar en él, como Paulina Rincón, Félix Cova, Carmelo Vázquez y Darío Páez, quienes lo han guiado, aconsejado y acompañado en los distintos proyectos de investigación relacionados con este tema. Y, por supuesto, al equipo que lo ha acompañado en sus proyectos de investigación sobre trauma y estrés a lo largo de los años, como Constanza Rivera, Solanch Garabito, Nicole Vega, Fernando Rodríguez, Valentina Aravena, Rosita Sepúlveda y Cristian Cerna.

Y a los dos, por supuesto, nos gustaría también mostrar nuestra gratitud infinita al apoyo de nuestras familias y amigos, sin el cual hubiera sido muy difícil sacar adelante este proyecto.

En Concepción (Chile) y Pamplona (España).

Capítulo 1

Los traumas en su contexto

1.1. El concepto de trauma

Una mujer que vuelve a su casa por la noche es asaltada por un grupo de hombres que la violan. Un hombre es ingresado en la UCI por COVID-19 y recibe ventilación mecánica durante tres semanas; cuando se recupera, le comunican que su esposa también se ha contagiado y que ha fallecido. Un adolescente llega a casa y encuentra el cadáver de su padre, que se ha suicidado colgándose de una viga del techo. Un hombre despierta en medio de la noche sacudido por intensos movimientos de la tierra, el edificio en el que habita cae, pero él logra sobrevivir, aunque sufre graves heridas.

Todas estas situaciones son ejemplo de **eventos potencialmente traumáticos**, es decir, eventos intensamente negativos que de forma brusca e inesperada crean una amenaza para la integridad física o psicológica de la persona que los sufre, generando una situación de terror e indefensión que excede su capacidad de respuesta y produce una fuerte experiencia de pérdida de control (Echeburúa, 2004). También son eventos potencialmente traumáticos aquellos que, aunque reiterativos o predecibles, no por ello dejan de ser crueles o especialmente dañinos: las palizas repetidas de un padre a sus hijos; los abusos sexuales a una niña durante años; presenciar las constantes peleas violentas entre los padres; sufrir durante meses el acoso de un grupo de compañeros de colegio. En cualquier caso, el evento traumático lleva a cuestionar la confianza básica de la persona en sí misma y en el mundo, y ataca su sentimiento de control.

Los eventos potencialmente traumáticos lo son en tanto pueden generar **traumas**, es decir, un daño psicológico —cognitivo, emocional, conductual, social y también psicosomático— que puede perdurar en el tiempo en forma de **secuelas postraumáticas**. Estas secuelas pueden llegar a ser diagnosticadas como Trastorno por Estrés Postraumático (TEPT), o como una serie de síntomas aislados que, sin llegar a satisfacer los criterios de un TEPT completo, resultarán igualmente graves e incapacitantes. Decimos que una persona está **traumatizada** cuando los sucesos traumáticos del pasado siguen teniendo un impacto negativo profundo en el presente, condicionando su conducta actual, marcando sus pensamientos y sus sentimientos y limitando su bienestar. Como señala Shapiro (2001), en el trauma «el pasado es presente», la persona se encuentra atrapada en su pasado: años más tarde, la mujer violada es incapaz de andar sola por la calle de noche; el superviviente de COVID entra en una depresión profunda y hace un intento de suicidio; el adolescente trata de borrar de su mente las imágenes de su padre ahorcado haciéndose cortes en los brazos con una cuchilla; el hombre que sobrevivió a un terremoto no consigue evitar las rumiaciones constantes sobre lo sucedido.

Los eventos potencialmente traumáticos son sucesos extremadamente negativos que la mayoría de las personas encontrarían altamente amenazantes y perturbadores, pero un evento crítico no necesariamente genera trauma. De hecho, hay una mayoría de personas que, tras el fuerte impacto emocional y cognitivo inicial (especialmente si es un evento único), se sobreponen en poco tiempo a lo sucedido, sin llegar a desarrollar sintomatología postraumática y sin necesitar ayuda psicoterapéutica ni farmacológica para ello (Bonanno, 2004). Otras personas, en cambio, sufren una traumatización prolongada ante eventos aparentemente similares. Como veremos en el apartado 1.2, que un evento potencialmente traumático llegue o no a generar un trauma y el tipo de secuelas que deje dependerá de las circunstancias del evento (cómo se produce y cómo reacciona la propia víctima) y de cómo son percibidas. Y esto es precisamente lo que más varía de una persona a otra: qué es lo que les resulta más perturbador del evento y qué significado le asignan (Ehlers y Clark, 2000; Beierl *et al.*, 2020).

1.1.1. Qué se considera un evento potencialmente traumático y qué no

Sin perder de vista que lo que resulta traumático o no depende de cómo lo construya la persona, podemos partir de la distinción que establece Shapiro (2001) entre «Traumas» y «traumas». Los primeros serían aquellas situaciones en las que llega a peligrar la supervivencia de una persona; en algún momento del evento crítico la persona siente que puede morir e incluso llegar a la certeza de que eso ocurrirá. Podría ser el caso, por ejemplo, de un ataque violento o del ingreso en la UCI de un paciente con severos síntomas de COVID-19. Los «traumas», por su parte no implican riesgo para la vida, pero pueden ser igualmente problemáticos en la medida en que ponen en jaque el autoconcepto de la persona, sus creencias sobre sí misma, los demás o el mundo. El ejemplo de quien encontró a su padre ahorcado sería de esta índole, pues produce un fuerte impacto emocional y genera sensaciones de indefensión y pérdida de control. También lo son las experiencias de humillación intensa, como, por ejemplo, en los casos de acoso escolar o de abusos sexuales.

Hay muchos sucesos y situaciones críticas que pueden generar un impacto emocional intenso, pero que no se consideran propiamente traumáticas. Sería el caso de los **eventos vitales positivos**, que ciertamente pueden desestabilizar a una persona pero al no ser negativos no se consideran traumáticos: una boda, una promoción laboral, un destacado éxito personal. Tampoco se consideran traumáticas las **crisis evolutivas normativas,** pese a que pueden llevar aparejada una considerable dosis de estrés: el final no deseado de una relación de pareja, el nacimiento de un hijo, la salida de los hijos del hogar, la enfermedad crónica, la jubilación, o el fallecimiento de los padres. Las **crisis no normativas**, como el fallecimiento de un hijo, sí tienen un alto potencial traumático, aunque no se produzcan de forma violenta.

Conviene destacar que lo que resulta traumático de un evento no es solamente el hecho en sí y su interpretación por parte del sujeto (el «qué»: un acoso escolar, un terremoto, una agresión sexual), sino también las circunstancias asociadas al evento (el «cómo»: el acoso *inesperado, injusto y humillante;* estar *solo en casa* el día de un terremoto; la agresión sexual *por parte de un familiar querido*) y los sucesos inmediatamente posteriores, en especial el tipo de apoyo social y profesional recibido en las primeras horas. Estas circunstancias condicionan la percepción del evento y el tipo de narración que se genera a partir de él y, por tanto, qué guion de actuación se deriva de él (Navarro Góngora, 2015, 2021). Siguiendo con los tres ejemplos anteriores, podrían crearse guiones como: «no vale la pena hacer amigos en el colegio» o «mis padres nunca están cuando los necesito», o «no te puedes fiar de nadie, ni siquiera de tu familia». Por este motivo, una crisis evolutiva normativa sí puede resultar traumática si concurren circunstancias adversas: no solo fallece la madre, sino que lo hace tras estar en la UCI por COVID-19, por lo que sus hijos se ven obligados a despedirse de ella a distancia y con equipos de protección individual, sin poder acercarse ni tocarla; no solo se produce una separación, sino que la persona sorprende a su pareja en la cama con su mejor amigo/a; no solo es un examen muy duro, sino que en ese contexto de estrés agudo la persona sufre un episodio de incontinencia urinaria terriblemente humillante.

1.1.2. Víctimas directas e indirectas

Las **víctimas directas** de un evento potencialmente traumáticos son las personas que los sufren (son objeto de un atentado; resultan heridas en un accidente; son agredidas por su pareja) pero también quienes los presencian (son testigos del atentado; están involucradas en un accidente; ven las palizas que el padre da a la madre). De hecho, las investigaciones muestran que los niños que presencian las agresiones de sus padres a sus madres sufren los mismos síntomas de estrés postraumático que estas, aunque con menor intensidad (Bogat *et al.*, 2006; Levendosky *et al.*, 2013).

Los familiares de supervivientes de un trauma pueden, a su vez, sufrir daño, convirtiéndose así en **víctimas indirectas** que sufren una traumatización secundaria: la esposa del policía traumatizado por la emboscada que sufrió de un grupo de radicales; los padres de una hija que sufre las secuelas de una agresión sexual. En este sentido, la experiencia traumática de una persona tiende a tener un fuerte impacto sobre toda la familia (Figley y Kiser, 2012; Papero, 2017). Nos parece útil entender este impacto en términos relacionales, como la reacción del sistema familiar ante la agresión a uno de sus miembros (McCubbin y Patterson, 1983). Desde los planteamientos sistémicos se señala que la traumatización puede incluso tener un recorrido trasgeneracional (Dellucci, 2016; Kaslow, 1990). Este «ciclo de traumatización» se cierra con la **traumatización vicaria** que en ocasiones sufren los profesionales que intervienen en estos casos: la médica que atiende a los heridos o la psicóloga que ayuda a la persona maltratada, etc.

1.1.3. Estrés y trauma

Un evento potencialmente traumático es siempre estresante y, sin embargo, el estrés —la respuesta del organismo cuando las demandas de la situación exceden la capacidad real o percibida de la persona (Lazarus y Folkman, 1986)— no se considera traumático en sí mismo. El estrés **elevado**, que genera una alta activación del eje hipotálamo-pituitaria-adrenal (HPA), y por tanto del sistema nervioso simpático, tampoco constituye por sí solo un factor de traumatización. Por eso no se considera en principio traumático hacer un examen final, una sobrecarga puntual de trabajo, o tener que conciliar teletrabajo y atención a los hijos durante un confinamiento. Desde el modelo de la Ventana de Tolerancia (Siegel, 2015) podemos entender que un evento puntual resulta potencialmente traumático solo cuando el nivel de estrés que genera excede el límite superior de su ventana de tolerancia.

El estrés **crónico**, como por ejemplo el ligado a una situación de sobrecarga laboral prolongada, a condiciones de vulnerabilidad social o al cuidado de un familiar con Alzheimer, puede potencialmente provocar consecuencias físicas y emocionales negativas, entre ellas el agotamiento de la energía disponible, pero que sin embargo no se considera necesariamente traumático.

Sin embargo, estrés y trauma están relacionados:

• Por una parte, una situación de estrés crónico previa deja a la persona más vulnerable a una posible traumatización por un evento puntual: un nivel alto de estrés previo facilita que un acontecimiento adverso lleve a superar el nivel máximo de su Ventana de Tolerancia.

• Por otra, haber sufrido una traumatización implica que la persona estará sometida al estrés crónico que el propio trauma le genera. Es el caso, por ejemplo, de veteranos de guerra traumatizados: aunque la guerra ha terminado, el trauma sigue generando una respuesta de estrés intenso, que viene a prolongar el estrés sufrido en el combate. El estrés crónico derivado de la existencia de trauma y el estrés crónico debido a otras circunstancias probablemente generan un efecto acumulativo, de forma análoga a como ocurre en la revictimización y la polivictimización (Finkelhor *et al.*, 2007), en las que también se acumulan los efectos de varios eventos traumáticos diferentes.

• Finalmente, una situación traumática única puede dar paso a una situación altamente estresante, bien porque siga presente la amenaza de lo que originó el trauma (por ejemplo, una persona a punto de fallecer por COVID consigue sobrevivir, pero se recupera en un contexto de ruina económica e incertidumbre laboral y social aparejada), bien porque las secuelas físicas del trauma (necesidad de largas rehabilitaciones tras un accidente de tráfico en el que perdió la vida su familia) generan una situación de alto estrés. Que la salida de la traumatización sea a una situación altamente estresante, y no el camino hacia un contexto reparador y de seguridad, aumenta las posibilidades de generar consecuencias emocionales adversas (Navarro Góngora, 2021).

1.2. FACTORES QUE MODERAN EL PROCESO DE TRAUMATIZACIÓN

Hay diversos factores que moderan el proceso de traumatización, que contribuyen a que el impacto de un evento sea mayor o, por el contrario, quede atenuado. Los revisaremos brevemente, ya que conocerlos permitirá a los terapeutas a) entender cabalmente la experiencia traumática y por tanto conseguir que sus consultantes no solo se sientan escuchados, sino también comprendidos; b) ayudar a sus consultantes a entender por qué el evento crítico les afecta de la manera en que lo hace; c) encontrar claves y temas para resignificar lo sucedido; d) localizar posibles fortalezas y recursos de la persona, incluso durante el evento traumático; y, en un sentido más amplio, e) ajustar las intervenciones a las circunstancias específicas de cada caso.

1.2.1. Factores previos al evento traumático

Ya hemos señalado que una **traumatización previa** o un alto nivel de estrés anterior al evento crítico pueden aumentar su impacto. Aunque en este libro no abordaremos el trauma complejo, una historia de traumatizaciones genera un efecto acumulativo, como señalan las investigaciones sobre maltrato infantil (Gustafsson *et al.*, 2009; Nilsson *et al.*, 2012). También es probable que su efecto sea mayor si se da en el contexto de una crisis vital normativa. Remontándonos más atrás en el tiempo, el **tipo de apego** establecido por la persona en su infancia también influye en su resistencia frente a un evento crítico posterior: un apego inseguro o desorganizado probablemente hace más vulnerable a la persona, mientras que un apego seguro puede amortiguar el impacto de un evento estresante.

La **edad** de la víctima en el momento de sufrir el trauma es un factor crucial. En general, la traumatización tendrá en principio efectos más deletéreos en adolescentes que en adultos, y en niños más que en adolescentes. La falta de maduración del sistema nervioso en los más jóvenes, así como lo limitado de sus recursos cognitivos, conductuales y sociales, explica que los traumas tempranos tengan efectos más profundos. De hecho, una potente línea de investigación actual permite identificar con creciente precisión períodos críticos en los que las diferentes áreas cerebrales resultan más vulnerables a la traumatización (Dunn *et al.*, 2017; Teicher y Samson, 2016). La investigación con personas que son traumatizadas cuando son ancianas tiene aún poco desarrollo, pero cabe pensar también en una mayor vulnerabilidad biológica y psicológica.

Centrándonos ya en personas adultas, su **personalidad** en buena medida también influye en si los efectos de un evento traumático dado serán más o menos negativos (Rakhshani y Furr, 2020). Echeburúa (2004) habla de *personalidades resistentes al estrés* para referirse a las personas psicológicamente equilibradas, con alta autoestima, con un buen autocontrol, un estilo de vida equilibrado, social e intelectualmente rico, y con actitudes optimistas ante la vida. Es más probable que estas personas encajen algo mejor un suceso traumático al disponer de estilos de afrontamiento más positivos. En cambio, será en principio más vulnerable a la traumatización una persona emocionalmente lábil, con autoestima baja, poco autocontrol, un estilo de vida menos saludable y más aislado, y con actitudes pesimistas ante la vida. Las personas con una mayor *estabilidad emocional* seguramente encajarán mejor un evento crítico que las personas con un alto nivel de neuroticismo. Un *locus de control* más interno probablemente amortigüe el desvalimiento que genera el evento traumático, aunque también puede exacerbar los sentimientos de culpa y el *shock* ante la experiencia de pérdida de control. De todos modos, reconocer la influencia de la personalidad previa de la víctima no implica culpabilizarla: al fin y al cabo, la personalidad previa es algo tan poco elegido como lo es la propia experiencia traumática.

También es importante el nivel de **resiliencia** de la persona, su resistencia flexible a la adversidad (véase el apartado 2.3.1). La resiliencia se considera a veces un factor más de personalidad, aunque probablemente tenga más que ver con las experiencias previas y con los aprendizajes realizados ante cierto tipo de sucesos negativos. En este sentido, una persona puede ser muy resiliente ante adversidades y fracasos laborales, y sin embargo sobrellevar muy mal una enfermedad; o, por el contrario, sobrellevar con mucha entereza una enfermedad pero derrumbarse ante un contratiempo profesional.

Otro factor previo de gran importancia es el **apoyo social** que perciba la persona que sufre el evento traumático, ya que contar con una red social amplia y con recursos permite amortiguar el impacto del evento traumático y tendrá un efecto positivo importante en el afrontamiento posterior. Especialmente relevante es el papel de la familia/pareja, que puede amortiguar el impacto del trauma, pero también amplificarlo (Figley y Kiser, 2012; Henry *et al.*, 2015; Patterson, 2002), de forma análoga a lo que ocurre con el impacto de una enfermedad grave o una discapacidad (Rolland, 2004, 2018). El rol del apoyo social familiar en la amortiguación del impacto del trauma en sus miembros, y por lo tanto en su resiliencia, nos permite situar la resiliencia no solo como un factor individual, sino como un proceso familiar (Walsh, 2006).

1.2.2. Factores durante el evento traumático

Una variable fundamental para entender la posible traumatización es el **tipo de evento** que se haya producido. Se considera que los eventos críticos únicos y no anticipados, como un accidente o una agresión puntual («trauma tipo 1» en la tipología de Terr, 1991), pueden dejar una fuerte experiencia de dolor, pero que el 70%-80% de los afectados no llegará a desarrollar psicopatología. En cambio, los eventos críticos repetidos o de larga duración («trauma tipo 2») tienden a tener efectos mucho más profundos sobre la personalidad y el propio sentido del *self*, que a menudo conllevan secuelas psicopatológicas marcadas. También cabe distinguir los eventos críticos naturales o accidentales, de los traumas interpersonales intencionados. Así, una catástrofe natural puede minar la confianza en el mundo, pero una agresión violenta mina la confianza en las personas. Los eventos no intencionados pero que ocurren debido a una negligencia humana, como un accidente de tráfico, ocupan un lugar intermedio: no minan del todo la confianza en las personas, pero sí pueden generar una rabia intensa contra quienes causaron la situación o no prestaron la ayuda oportuna.

Otra variable importante es la **actuación de la víctima** en el momento de sufrir el evento. En general, la traumatización será menor si la persona pudo actuar en el momento para defenderse o reducir el impacto del suceso en sí misma o en otras personas, ya que ello implica mantener cierto grado de control personal dentro de una situación incontrolable:

Víctor viajaba con sus padres en coche cuando este se salió de la carretera y se estrelló contra un árbol. El niño no solo salió ileso, sino que pudo ayudar a su padre a salir del coche e incluso pedir auxilio a un coche que pasaba. Al contar el suceso, recordaba con orgullo que había sido «muy valiente».

En cambio, si la persona no pudo actuar, si no pudo defenderse, es probable que su experiencia de indefensión aumente el trauma, y que atribuya su inacción a alguna carencia personal («No me defendí porque soy cobarde»).

Estefanía recordaba perfectamente varias agresiones sexuales que había sufrido de niña a manos de su tío. Para ella, lo peor de su recuerdo es que no había sido capaz de gritar, pese al dolor que le causaban las agresiones.

La **disponibilidad de apoyos** en el mismo momento del suceso traumático también puede reducir su impacto: la experiencia de ser cuidado, protegido o simplemente atendido durante el evento crítico proporciona un asidero psicológico importante. Navarro Góngora (2006) ha llamado a esta figura «el ángel», una presencia positiva que permite mantener la esperanza en la bondad humana incluso en medio de la tragedia: la enfermera que coge la mano del paciente en los momentos más críticos de su enfermedad; el pasajero del avión siniestrado que ayuda a otro superviviente; el transeúnte que socorre a una persona atacada por un grupo de delincuentes.

Por el contrario, que la víctima no haya sido socorrida por testigos presentes durante el evento puede aumentar la traumatización. Si la persona traumatizada atribuye la pasividad de los demás a desinterés o mala voluntad (y no, por ejemplo, a que se quedaron en *shock*), es probable que se genere una interpretación nociva del tipo «no le importo a nadie» o «nadie se preocupa por nadie»). Si quienes fallaron a la hora de ayudar fueron familiares de la persona, este impacto es previsiblemente mayor.

1.2.3. Factores peritraumáticos

Los factores peritraumáticos son aquellos que se producen hasta las 72 horas posteriores al evento traumático, siendo las seis primeras horas especialmente significativas, ya que es el lapso temporal en el que los engramas de memoria se fijan en el cerebro (Navarro Góngora, 2021). Dentro de estos factores se encuentran, en primer lugar, las propias **actuaciones** de la persona afectada. El que la persona haya pasado a la acción para afrontar lo sucedido amortiguará el impacto del evento: avisar a la policía, denunciar el hecho o recoger pruebas, por ejemplo. También tendrá un efecto positivo tomar la decisión de exponerse al recuerdo traumático en vez de evitarlo:

Germán sufrió un intento de secuestro que le obligó a abandonar su coche y huir a pie por un barrio en Lima. Supo mantenerse escondido unas horas en un centro comercial y luego volvió a por su coche. Se aseguró de que ya no hubiera peligro y condujo hasta la comisaría.

En el período peritraumático tienen una importancia enorme las **actuaciones de los profesionales**, tanto en un sentido negativo como positivo, y cómo las percibe la víctima del evento. Así, que una denuncia de agresión sexual sea recibida con incredulidad o suspicacia por el policía que la recoge aumentará el impacto traumático de la experiencia; en cambio, una respuesta empática y validadora tendrá el efecto contrario. Como señala Navarro Góngora (2021), las actuaciones de los profesionales en las primeras horas tras el suceso dan mensajes poderosos en momentos en los que la persona se encuentra especialmente vulnerable, por lo que pueden generan guiones inconscientes para la conducta posterior del sujeto.[1]

---

1.   La noción de los «mensajes del trauma» remite a «la peor creencia sobre ti mismo» que se elicita en el trabajo con Eye Movement Desensitization and Reprocessing (EMDR; Shapiro, 2001) y a las «valoraciones negativas» que se trabajan en la Terapia Cognitiva Centrada en el Trauma (Ehlers *et al.*, 2005).

Abigail, embarazada de ocho meses, empezó a tener molestias y finalmente fuertes dolores. Ya en urgencias, lo primero que le espetó el ginecólogo fue: «¿Pero cómo no ha venido antes?», creando un guion de culpabilización. Tras varias microviolencias médicas más, el episodio terminó finalmente en un aborto, cuyo impacto negativo fue mucho mayor debido al maltrato que Abigail había sufrido.

La policía que atendió la denuncia de Aurora tras el intento de violación que había sufrido la acogió de forma cálida y comprensiva. Además, la felicitó porque había conseguido escapar de su agresor y porque había tenido la entereza de conservar como prueba la ropa con rastros de semen. Esta acogida contribuyó a reducir las secuelas psicológicas de la agresión.

La **reacción inicial de los familiares** es también muy importante, y resulta especialmente relevante ante los casos de agresión sexual intrafamiliar. Así, si la niña o el niño que desvela los abusos sufridos se encuentra con una respuesta de negación («Eso no puede ser. Tienes que haberlo soñado») o de culpabilización («¿Por qué te inventas estas cosas? ¿Por qué quieres hacernos daño?») será mucho más difícil procesar el trauma. Es posible que el guion que estas respuestas generen le lleve a no volver a contar a nadie lo sucedido, o a tardar décadas en poder contárselo a un familiar o a un terapeuta. De nuevo, desempeñará un papel importante cómo interpreta la persona la reacción negativa de sus familiares; no es lo mismo entender la negación como resultado del propio desbordamiento emocional de estos que interpretarla como un signo de indiferencia o de rechazo. Por otro lado, una reacción familiar de acogida y apoyo contribuirá a reducir el impacto del evento traumático.

La disponibilidad o no de una **red de apoyo** y su manera de reaccionar también pueden tener un efecto decisivo. Una respuesta protectora y acogedora amortiguará el trauma, mientras que una respuesta de indiferencia o incluso de culpabilización tenderá a agravarlo.

Antonio, un joven estudiante universitario, fue golpeado y pateado sin mediar provocación alguna por un grupo de desconocidos que estaban de borrachera. Ninguna de las personas que se encontraban cerca le ayudó. Cuando llegó a casa, asustado y magullado, fue recibido con una larga retahíla de acusaciones y reprimendas por haber salido hasta tan tarde y por haberse metido en un barrio peligroso.

1.2.4. Factores posteriores al evento traumático

Lo que suceda en las semanas posteriores al evento traumático (los tres meses del «posimpacto temprano») también influye en el impacto ulterior del evento en la salud mental. Lo ideal es que la persona pueda pasar a recuperarse en un contexto de **seguridad** física y emocional, pero es posible que, tras el evento traumático, se mantenga una situación de amenaza. La amenaza continuada generará picos de activación límbica en un cerebro ya sensibilizado por la experiencia traumática e interferirá con el procesamiento del evento. Es lo que sucede, por ejemplo, con las réplicas de un terremoto, en una situación bélica o en los casos de violencia de género en la pareja en los que la víctima sigue conviviendo con su agresor.

Otro factor que puede complicar la situación es el **duelo** relacionado con las pérdidas que el evento traumático haya podido ocasionar, tanto humanas (por ejemplo, la muerte de un familiar en un accidente) como materiales (la destrucción del hogar tras un terremoto) o vitales (la pérdida del empleo). Como veremos en el capítulo 9, el proceso de duelo puede interferir con la recuperación del evento traumático y amplificar sus efectos.

El **apoyo social y familiar** siguen siendo muy importante a medio plazo. Lo previsible es que, tras un apoyo inicial incondicional y masivo, las personas del entorno vayan reduciendo su respuesta según pasa el tiempo. Si esto es compatible con que la víctima se siga sintiendo apoyada, le será más fácil ir elaborando lo sucedido. Si esta reducción del apoyo se convierte en un «olvido» de la víctima o incluso en un reproche por no «pasar página de una vez», el pronóstico será peor.

Germán contó con el apoyo de su familia y de toda su red social tras el intento de secuestro. Sin embargo, a medida que pasaban las semanas y seguía incapacitado por sus síntomas de estrés postraumático, empezó a percibir una presión creciente de su entorno para «olvidar el asunto» y «volver a su vida». Cuando sus jefes le exigieron que volviera a trabajar al día siguiente o pidiera su baja en la empresa, sus síntomas se agudizaron.

Lógicamente la situación es aún más difícil cuando la víctima siente desde un primer momento no solo la falta de apoyo, sino incluso la hostilidad de su entorno. Es lo que por desgracia ha pasado con muchas personas en el País Vasco que no solo tuvieron que vivir el asesinato de un familiar a manos de la organización terrorista ETA, sino también el silencio cómplice o incluso el rechazo activo de un entorno proterrorista (Echeburúa, 2004). Y, como hemos señalado más arriba, puede suceder también cuando una víctima desvela ante su familia el maltrato o los abusos que sufrió a manos de algún familiar.

Probablemente el factor con un mayor peso en el posimpacto son las **estrategias de afrontamiento** que la persona ponga en marcha (*tabla 1.1*, p. 45) (Beierl *et al.*, 2020). Estas estrategias estarán condicionadas en buena medida por su personalidad y su estilo habitual de afrontamiento, pero su plasmación concreta dependerá de las circunstancias de la persona y del suceso traumático. Relacionando los *estilos* de afrontamiento con las *estrategias* concretas de afrontamiento, algunos autores (Cano-García *et al.*, 2007) diferencian las personas emocionalmente estables, extravertidas y responsables, que tienden a resolver la situación o resignificarla y perciben su afrontamiento como eficaz; y el de las personas inestables e introvertidas, que tienden a retirarse socialmente y a desear que la situación no hubiera ocurrido y perciben poca eficacia en su afrontamiento. Ampliando un poco la lente, diríamos que hay también estrategias de afrontamiento familiar y de pareja, que llevarán a que estas contribuyan a la superación de las secuelas del trauma o, por el contrario, la compliquen. Así, es probable que una familia que normalmente funciona «como una piña» (familias aglutinadas, en la terminología de Minuchin, 1974) proporcione una respuesta diferente a una familia en la que cada miembro vive con poca conexión y comunicación con los demás; y es esperable que una pareja más apegada responda de manera diferente que una pareja más distante (Rolland, 2004).

Aunque la adecuación o no de una estrategia de afrontamiento depende del caso y del momento, sí cabe hacer algunas generalizaciones basadas en la evidencia (Beierl *et al.*, 2020). Las estrategias de afrontamiento adaptativas contribuyen a que no aumente la traumatización y facilitan la recuperación gradual de la persona. Las estrategias de afrontamiento adaptativas se basan en la aceptación de que sucedió el evento traumático y una reinterpretación positiva del suceso; a nivel conductual se traducen en una posición activa de búsqueda de apoyo social y de resolución de problemas, en la que no se evitan situaciones que recuerden al evento traumático, sino que se enfrentan; finalmente, a nivel emocional se parte desde el desahogo emocional con personas de apoyo y se llega incluso a la compasión y el perdón. Las estrategias de afrontamiento desadaptativas, en cambio, tienden a perpetuar la traumatización y dificultan la recuperación de la persona. Parten de una negación o de una falta de aceptación del hecho, que a menudo lleva a quedarse anclado en preguntas sin respuesta («¿Por qué a mí?»), o al pensamiento desiderativo («Ojalá nunca hubiera sucedido»), conduciendo frecuentemente a una rumiación intrusiva. En el nivel conductual sería desadaptativa una respuesta de aislamiento social y de evitación de cualquier circunstancia que recuerde al suceso crítico, además del consumo de alcohol u otras sustancia, mientras que a nivel emocional predominarían el odio y los deseos de venganza, el resentimiento y la culpa (García, Barraza *et al.*, 2018).

Las estrategias de afrontamiento desadaptativas pueden verse como secuelas de estrés postraumático, como hábitos negativos adquiridos en el proceso de traumatización (van der Kolk, 2014), pero también como formas en que la persona intenta precisamente manejar las secuelas emocionales de la adversidad. Un buen ejemplo serían las conductas autodestructivas, que según la teoría de la «automedicación» se usarían para lidiar con los síntomas de estrés postraumático: abuso de alcohol, tabaco o drogas ilegales; autolesiones; sexo compulsivo, atracones; conducción temeraria (Chilcoat y Breslau, 1998; Haller y Chassin, 2014).

Desde la perspectiva de la Terapia Sistémica Breve, las estrategias de afrontamiento desadaptativas de la persona traumatizada o sus familiares funcionarían como «soluciones intentadas ineficaces» (Fisch *et al.*, 1982) que tienden inadvertidamente a agravar los síntomas que pretenden reducir. Las estrategias de afrontamiento adaptativas serían, en cambio, soluciones intentadas *eficaces* que permitirían superarlos, por lo que serán muestras de un afrontamiento exitoso (de Shazer, 1994). En ambos casos se tenderá a producir un aumento de la desviación (Bateson, 1936), bien creando círculos viciosos (la ira de la persona la lleva a aislarse socialmente, lo que a su vez aumenta la rumiación obsesiva, lo que incrementa la ira y refuerza el aislamiento, etc.) o bien creando círculos virtuosos (la aceptación de la persona le facilita retomar sus relaciones sociales, lo que a su vez reduce las rumiaciones, lo que contribuye a poner lo sucedido en perspectiva, lo que a su vez facilita las relaciones sociales, etc.).

Nos importa subrayar que, desde un planteamiento sistémico breve, las estrategias de afrontamiento no son por sí mismas positivas o negativas, sino que lo son en función del efecto que tengan en un momento concreto del proceso. Así, la negación sería en principio una estrategia de afrontamiento poco funcional, pero puede ser muy valiosa en los primeros momentos tras el impacto del evento crítico. Otro ejemplo sería la rumiación deliberada, que puede entenderse como una estrategia de afrontamiento funcional, pero puede generar efectos contraproducentes si no se obtienen respuestas adecuadas para entender la situación o resolver el problema. En la familia o en la pareja, conversar sobre lo sucedido es en principio una forma de reprocesarlo, pero si se convierte en el único tema de conversación es probable que contribuya a aumentar el sufrimiento. Por eso, en TSB interesa analizar en cada caso concreto qué es lo que está funcionando y qué no, tanto a nivel individual como familiar y de pareja, a fin de interrumpir los círculos viciosos y promover los virtuosos. De hecho, la capacidad de cuestionar si lo que uno está haciendo realmente le ayuda, y de buscar alternativas en el caso de que no sea así, es posiblemente una habilidad fundamental en el manejo del estrés postraumático y el duelo (Hone, 2017) y podría considerarse como una metaestrategia de afrontamiento.

ESTRATEGIAS INADAPTATIVAS	ESTRATEGIAS ADAPTATIVAS
Conductuales	
Evitación conductual que interfiere negativamente en la vida cotidiana de la persona	Exposición a situaciones/estímulos que pueden recordarle el suceso Resolución de problemas Planificación
Aislamiento social Acercamiento a personas inapropiadas Rechazo de ayuda terapéutica (cuando se necesita)	Búsqueda de apoyo social instrumental Búsqueda de apoyo social emocional Alejamiento de personas tóxicas Búsqueda de ayuda terapéutica (cuando se necesita)

Conductas autodestructivas:	Conductas constructivas:
Abuso de alcohol y drogas	Medicación controlada (si es necesaria)
Automedicación sin control	Implicación en conductas gratificantes sin riesgo
Conductas de riesgo (conducción temeraria...)	Conductas respetuosas o altruistas con los demás
Conductas violentas	Autocuidado
Conductas autolesivas	
Sobreimplicación en procesos judiciales	

Cognitivas

Atención selectiva a sucesos traumáticos pasados	Focalización atencional en situaciones actuales positivas o en proyectos de futuro
Rumiación intrusiva	Rumiación deliberada
Intentos deliberados infructuosos por olvidar	Olvido activo
Anclaje en preguntas sin respuesta («¿por qué a mí?»)	Aceptación del hecho
Pensamiento desiderativo («Ojalá no hubiera ocurrido»)	Reinterpretación positiva
Autoculpabilización	Poner la culpa en su lugar
Afrontamiento religioso negativo	Afrontamiento religioso positivo

Emocionales

Anclaje en sentimientos negativos:	Sentimientos positivos liberadores:
Nostalgia paralizante	Nostalgia positiva
Deseos de venganza e impotencia	Perdón, compasión
Odio, rencor, resentimiento	Dejar el suceso traumático en manos de la Justicia
Sentimientos de culpa	Desahogarse emocionalmente con seres queridos
Ira, hostilidad	

Tabla 1.1. Estrategias de afrontamiento ante sucesos potencialmente traumáticos (adaptada de Echeburúa y Amor, 2019 y de García *et al.*, 2018).

Capítulo 2

El legado de la traumatización

En las páginas anteriores hemos mostrado cómo el impacto de un evento potencialmente traumático depende de múltiples factores relacionados con las características de la víctima, con las circunstancias del evento traumático y con diversos aspectos del contexto social y cultural. Ello conduce a una considerable **heterogeneidad** en la respuesta a estos eventos, aunque parte de ella pueda ser predecible. Para empezar, aunque en la mayoría de las personas predominan los efectos negativos del evento traumático, hay otras en las que, pese al dolor y el sufrimiento, destacan más las consecuencias positivas. Pero también entre quienes sufren más secuelas la respuesta es heterogénea: hay personas supervivientes de un trauma que se muestran descontroladas y con problemas de conducta externalizante (agresividad, hiperactividad, abuso de sustancias, etc.) y otras que reaccionan cerrándose e internalizando sus problemas (depresión, ansiedad); personas que aparecen profundamente desorganizadas (bulimia, adicciones) y otras excesivamente rígidas e inflexibles (anorexia restrictiva, trastornos obsesivos). Además, hay víctimas que despliegan todo un abanico de síntomas, mientras que otras presentan solamente algunos aislados, aunque no por ello menos incapacitantes.

Los síntomas más comunes, y que son los que recogen los manuales diagnósticos como el DSM-5 y el CIE-10, son la hiperactivación, la evitación y la reexperimentación, a los que se añaden también el embotamiento emocional y la disociación, entre otros. Estos síntomas tienden a aparecer muy pronto luego del evento traumático y tendrían un valor adaptativo, aunque esto varía de persona a persona. Por ejemplo, en caso de un terremoto, la sobrevivencia depende de nuestra capacidad de reaccionar rápidamente en caso de réplica, evitar espacios físicos donde aún hay riesgo, repasar mentalmente la actuación inicial con el fin de corregir los errores, distanciarse de las emociones más abrumadoras de forma que no se desborden y perder el control, y a veces incluso generar un distanciamiento con el propio cuerpo o una sensación de irrealidad que permita tolerar el horror o el dolor de la situación actual, al menos hasta ponerse a resguardo. El problema mayor es que a veces estas reacciones se mantienen en el tiempo aun cuando la amenaza desaparece o son tan intensas que interfieren en la vida cotidiana y en las metas que orientan la vida de las personas. En este manual abordaremos estos distintos aspectos, por ejemplo, cómo disminuir los niveles de activación, enfrentar en lugar de evitar, manejar los pensamientos e imágenes intrusivas, acercarnos a nuestras emociones y reconciliarnos con el cuerpo, entre otros.

Finalmente, la intensidad de estos síntomas y el grado en el que interfieren en la vida de la persona afectada también varían. Pese a esta diversidad, sí cabe establecer algunos perfiles probables, y también destacar cómo unas secuelas de la traumatización pueden influir y realimentar otras. Conocer cuáles son las secuelas más probables, cómo funcionan y cómo interactúan facilitará a los terapeutas negociar objetivos para la intervención con supervivientes de un trauma y enfocar la intervención del modo más eficaz. También permite estar atento a los posibles efectos que esas secuelas pueden tener sobre la propia psicoterapia. Empezaremos este apartado reconociendo la diversidad de trayectorias posibles tras un evento traumático, para después analizar en profundidad las posibles consecuencias negativas de la traumatización y cerrar discutiendo sus efectos positivos.

2.1. Trayectorias tras eventos potencialmente traumáticos

Dentro de la heterogeneidad que acabamos de reconocer, puede describirse un curso temporal esperable tras el impacto de un evento traumático, que recogemos en la *figura 2.1*. Tras el impacto inicial es probable que la persona vaya remontando en una etapa de *heroísmo* que, si está acompañada de un fuerte apoyo social y comunitario, puede generar incluso una verdadera fase de *luna de miel*, caracterizada por una percepción de fortaleza y capacidad. En un momento posterior se pasaría a una etapa de *desilusión*, en la medida que se va retirando el apoyo comunitario y se evidencian más las pérdidas y los efectos negativos que ha generado el evento traumático. La *etapa de reconstrucción* es una etapa de duelo por lo perdido y también de reactivación de recursos y generación de nuevos significados.

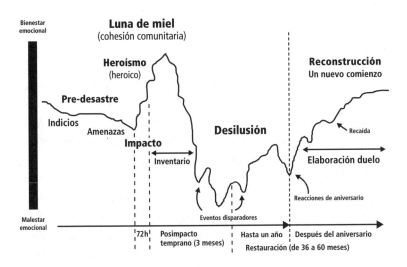

Figura 2.1. Impacto temporal de las experiencias traumáticas (adaptado de Zunin y Myers, citado en DeWolfe, 2000).

Este esquema temporal no es una prescripción de cuál deber ser la trayectoria temporal en la superación de un trauma, sino una mera descripción del curso más probable. De hecho, hay personas que, tras un evento crítico, muestran desde un inicio fuertes síntomas postraumáticos que se mantienen a lo largo del tiempo, mientras que en otras hay un rápido descenso de la sintomatología; hay quienes no llegan a tener secuelas postraumáticas y otros que las desarrollan tras un tiempo de aparente inmunidad (traumatización retardada). Hay que destacar también que una etapa no determina el resultado de la siguiente, de modo que se puede intervenir en cualquiera de ellas, aunque la intervención será en principio más sencilla y más eficaz cuanto más temprana sea (Navarro Góngora, 2021; Forbes *et al.*, 2020). De hecho, la disponibilidad o no de una intervención eficaz es uno de los factores que incidirá en si el curso es el descrito, culminando en un reajuste exitoso a la experiencia traumática, o si por el contrario evolucionará hacia la cronicidad y la psicopatología, o alternativamente a un funcionamiento subóptimo, en el que la persona recupera la salud mental pero se resigna a una vida con importantes limitaciones:

Germán perdió hace cuatro años dos dedos de una mano en un accidente de trabajo. Tras el incidente estuvo cinco meses de baja, con una fuerte depresión, frecuentes flashbacks *del accidente y una fobia creciente a su lugar de trabajo, su profesión e incluso sus compañeros. Tras un año con medicación psiquiátrica ha vuelto a estar de alta, pero ha cambiado de empresa, a un puesto bastante menos interesante para él. Ya no tiene síntomas de estrés postraumático, pero tampoco ha recuperado su vida anterior: ha dejado de lado a la mayoría de sus amistades previas al accidente y ha reducido mucho sus interacciones sociales, ya que siente que ya no «está entero». Cuando se encuentra con desconocidos, sigue ocultando su mano para que no se la vean. También ha reducido al mínimo las relaciones sexuales con su mujer, aunque tanto él como ella afirman que esto no les preocupa.*

Otra forma de describir el marco temporal de las experiencias traumáticas es como un proceso en el que la persona pasa de sentirse **víctima** a sentirse **superviviente**, y de considerarse como «superviviente de...» a dejar de definirse desde el trauma que superó y a ser simplemente **ella misma**. La implicación práctica de este esquema es que permite ajustar los objetivos de la intervención. Si la persona está sufriendo situaciones potencialmente traumáticas que no llega a percibir como tales (por ejemplo, una situación de maltrato por parte de su pareja), la prioridad terapéutica será ayudar a la persona a que identifique el maltrato como tal y pueda posicionarse como una víctima que necesita protegerse de ello. Si la persona identifica el abuso o el trauma sufrido pero se ha estancado en un rol pasivo de víctima, será terapéutico ayudarla a que se empodere y pueda pasar a actuar y sentirse una superviviente. Finalmente, la persona que ha recuperado su vida y sus relaciones, pero sigue encasillada como «superviviente de...», puede beneficiarse de una intervención que le ayude a situar las cosas con aún más perspectiva, de forma que el evento traumático pase a ser simplemente un suceso más de su vida, en vez de ser «El Suceso» que la define.

Laura, una mujer en la cuarentena, solicitó terapia para «reducir su estrés» comentando, ya en la llamada telefónica, que era una «superviviente de abusos sexuales infantiles». De hecho, de su relato se desprendía que había sufrido durante muchos años las secuelas y el estigma de los abusos, pero que con ayuda de psicoterapia había conseguido eliminar los síntomas y finalmente «pasar página». De hecho, llevaba muchos años muy activa en asociaciones de víctimas de abusos sexuales, publicando textos sobre violencia de género y participando en las redes sociales en discusiones sobre el tema. Se veía a sí misma sobre todo como una superviviente de los abusos y como una luchadora por la causa de la mujer. Trabajar en terapia con la «tarta de la vida» (Herrero de Vega y Beyebach, 2010) la ayudó a darse cuenta de que en buena medida su estrés derivaba de su continua autoexigencia y de que dedicaba más del 60% de su vida al tema de los abusos sexuales y su superación. Decidió equilibrar su vida y empezar a cuidarse más. Sin desentenderse del todo del activismo, terminó redescubriendo su pasión por la cocina y por los viajes gastronómicos, que había descuidado durante años.

2.2. Consecuencias negativas de los eventos traumáticos

En este apartado describiremos en detalle las posibles consecuencias negativas de los eventos traumáticos. Comenzaremos situando la cuestión en el contexto más amplio de las relaciones entre traumatización y enfermedad mental. Después describiremos cómo las experiencias traumáticas pueden afectar al sistema nervioso de las víctimas, para pasar a continuación a analizar sus secuelas cognitivas, afectivas, conductuales y sociales. Es importante volver a recordar que —tal y como hemos comentado más arriba— estas consecuencias negativas no se dan inevitablemente en todas las personas, y que su aparición o no, así como el grado en que se produzcan, depende de las circunstancias de cada caso.

2.2.1. Traumatización y enfermedad mental

En las últimas décadas han cobrado una importancia creciente los estudios en torno a las Experiencias Infantiles Adversas (*Adverse Childhood Experiences*, ACE). En su estudio pionero, Felitti *et al.* (1989) descubrieron que los problemas de salud física y mental, las conductas de riesgo y los problemas académicos y laborales de personas adultas correlacionaban con las ACE que hubieran sufrido durante su infancia. Las personas que habían sufrido un mayor número de los ocho tipos de ACE (abuso sexual, maltrato físico o maltrato emocional a manos de sus progenitores; presenciar violencia entre los padres; tener un familiar encarcelado; tener un progenitor con problemas de salud mental; consumo de sustancias ilegales en el hogar; el divorcio o la separación de los padres) tendían a padecer de adultos más problemas y más graves, en una relación lineal. Estas correlaciones se daban para diversos problemas de salud física (obesidad, cáncer, enfermedades autoinmunes...), mortalidad, salud mental (ansiedad, depresión), conductas de riesgo (consumo de sustancias, infecciones por VIH, embarazo adolescente...), conductas antisociales (violencia en relaciones íntimas), desempeño académico y problemas laborales. La asociación más fuerte se daba con los intentos de suicidio: una persona que en la infancia hubiera sufrido cuatro o más tipos de ACE tenía doce veces más probabilidades de hacer un intento de suicidio en la vida adulta que una persona que no hubiera sufrido ninguno. Estas correlaciones se mantenían aun controlando todo un abanico de variables sociales y demográficas, tal y como confirmaron replicaciones posteriores (Gilbert *et al.*, 2009) y sus metaanálisis (Hughes *et al.*, 2017). Estudios psiconeurológicos recientes (Teicher y Samson, 2016; Teicher *et al.*, 2016) están identificando qué áreas cerebrales son afectadas por los ACE, así como cuáles son los periodos sensibles de cada área cerebral para cada tipo de maltrato (Pechtel y Pizzagalli, 2011; Teicher y Parigger, 2015; Dunn *et al.*, 2017).

Con todas las precauciones que exigen los estudios correlacionales, la línea de investigación en torno a los ACE lleva a sospechar que una buena parte de lo que se suele etiquetar como «enfermedad mental» o «psicopatología» son en realidad secuelas de experiencias traumáticas complejas. Es algo que la investigación ha confirmado en problemáticas tan diversas como los trastornos de alimentación (Vanderlinden *et al.*, 2007), el abuso de drogas (Arteaga *et al.*, 2015), la violencia en la pareja (Walker, 1979), o el trastorno de déficit de atención con hiperactividad (García de Vinuesa *et al.*, 2014). Una consecuencia muy preocupante de esta situación es que, como sociedad, estamos probablemente medicando a muchos adultos y a muchos niños y adolescentes por secuelas de trauma, sin llegar a diagnosticar el trauma ni intervenir sobre él (Burke, 2018; van der Kolk, 2014), lo cual no solo supone solo una pérdida de nuestra capacidad de ayuda, sino que añade otra injusticia más a la injusticia que en su día supusieron los eventos traumáticos.

A los 6 años, Nuria sufrió durante varios meses graves abusos sexuales a manos de un hermano de su padre. Estos abusos nunca salieron a la luz, pero generaron en la niña problemas de ansiedad y falta de concentración que disminuyeron considerablemente su rendimiento escolar y, años más tarde, fueron diagnosticados como un trastorno de déficit de atención. Nuria sintió el diagnóstico como un estigma que se añadía al que ya suponía de por sí el fracaso escolar. Cuando, años más tarde, recordó los abusos y posteriormente fue capaz de trabajarlos en terapia, quiso hacer pública la situación a sus padres. Su tío ya había fallecido, pero ella encontró un gran consuelo en el hecho de hablar con sus padres y poner en su lugar la culpa por sus malos resultados académicos: no era suya, ni de un «trastorno mental», sino de quien se había aprovechado vilmente de una niña indefensa.

Reconsiderar los problemas de salud mental desde la perspectiva de los ACE abre perspectivas muy interesantes. Por una parte, porque justifica la apuesta por intervenciones preventivas que incidan sobre las causas interpersonales de los problemas, en vez de limitarse a tratar sus consecuencias en la salud mental, tal y como ya planteara desde hace más de medio siglo el pensamiento sistémico (Bateson *et al.*, 1956) y la terapia familiar (Minuchin, 1974). Por otra, porque invita a estar atento a posibles experiencias de traumatización que puedan dar sentido a síntomas psicopatológicos que, descontextualizados, resultan muy difíciles de entender. Verlos como posibles secuelas de experiencias traumáticas permite no solo darles un sentido, sino también resignificarlos como mecanismos protectores que en su día ayudaron a la víctima, aunque ahora ya no sirven como tales (por ejemplo, hipervigilancia), o como formas de «automedicación» con efectos secundarios indeseables (abuso de drogas, alcohol, autolesiones...). Aunque no entraremos en este libro en la traumatización infantil, sí queremos recoger la enseñanza de la investigación sobre los ACE para subrayar que muchos síntomas que detectamos en nuestros consultantes adultos no son algo irracional o inexplicable, sino que tienen sentido en un contexto de traumatización.

2.2.2. Secuelas en el sistema nervioso

Los eventos potencialmente traumáticos tiene un impacto profundo en la actividad del sistema nervioso humano, llegando incluso a «resetear» el funcionamiento del cerebro (van der Kolk, 2014). Aunque el impacto preciso dependerá del tipo de evento y de sus circunstancias, en líneas generales podemos esperar los siguientes efectos de un evento traumático:

- Una pérdida del **equilibrio entre el córtex prefrontal y el sistema límbico**, y en especial la pérdida de la capacidad del córtex prefrontal y del córtex cingulado anterior de regular la activación de la amígdala («amígdalas», en realidad, puesto que casi todas las estructuras cerebrales son bilaterales). En condiciones de estrés tolerable, la amígdala activa el sistema simpático como preparación para el ataque o la fuga, mientras que el hipocampo modula la respuesta indiscriminada de la amígdala y organiza la información contextualizándola, secuenciándola y almacenándola en forma de episodios. Pero cuando la amenaza es intensa se produce habitualmente lo que se ha bautizado como el «secuestro del córtex prefrontal» a manos de la amígdala cerebral: los estímulos sensoriales que llegan al tálamo no pasan primero por la «vía alta» al hipocampo y el córtex prefrontal, sino que llegan directamente a la amígala (por la «vía baja»), que se activa unas centésimas de segundo antes de que el hipocampo pueda contextualizar la información y el córtex prefrontal valorar racionalmente la amenaza. De esta forma, la persona queda a expensas de una experiencia emocional sin estructurar («terror puro», en palabras de Navarro Góngora, 2021), ante la que puede llegar a defenderse mediante la disociación, un mecanismo protector extremo cuyo nivel se asocia al riesgo de desarrollar trastornos mentales de larga duración (Terr, 1991; van der Kolk, 2014). Cuando la disociación es completa, la persona no puede recordar el evento traumático (el hipocampo, desbordado, no fue capaz de contextualizar y almacenar la experiencia), pero sí sentir las emociones negativas asociadas a él (almacenadas por la amígdala), sin entender de dónde proceden, ya que el córtex prefrontal no tiene acceso a la información de lo que sucedió.

En el caso de Nuria, la niña que había sufrido abusos sexuales a manos de su tío cuando ella tenía 6 años, se produjo una disociación de esas memorias traumáticas, que quedaron totalmente olvidadas. Reaparecieron súbitamente veinte años más tarde, cuando en un viaje en coche algo le hizo recordar lo sucedido. A partir de ahí inició una psicoterapia que la llevó finalmente a reelaborar el trauma.

• En personas traumatizadas encontraremos unas **amígdalas hiperactivadas**, en estado de constante alerta pese a que las amenazas ya no estén presentes, con un hipocampo debilitado y un córtex prefrontal y un cingulado anterior que no consiguen regularlas. Esta hiperactivación de nuestro «detector de incendios» explica, por ejemplo, la hipervigilancia de las víctimas de violencia, su tendencia a los altibajos emocionales, así como su desconfianza interpersonal, ya que se percibe a cualquier persona como una potencial amenaza.

• La hiperestimulación constante de la amígdala se transmite al hipotálamo, llevando a una **sobreactivación del sistema simpático** a través del eje hipotalámico-hipofisario-adrenal. La elevada activación del sistema simpático mantiene a la persona en un estado de preparación para luchar o huir, que se traduce en una alteración hormonal constante (adrenalina, cortisol) y en respuestas fisiológicas como el aumento de la tensión arterial y la tasa cardíaca, la sudoración intensa, la contracción muscular... con el consiguiente impacto sobre su salud física. A su vez, la activación del sistema simpático implica la inhibición del **sistema parasimpático**, lo que interferirá con las «labores de mantenimiento» de las que se encarga esta rama del sistema nervioso autónomo. Esto puede traducirse, entre otras cosas, en problemas digestivos, incapacidad de relajarse, dificultades para dormir, etc.

• Que el sistema límbico esté constantemente enviando señales de amenaza interfiere con el funcionamiento del **córtex prefrontal**, no solo en su capacidad de regular las amígdalas cerebrales y otras estructuras subcorticales, sino también en sus propias funciones. Por eso las personas traumatizadas suelen tener problemas de atención, dificultades en el razonamiento y la toma de decisiones, así como para monitorizar sus propios procesos mentales y regular su propia conducta de acuerdo con sus valores. Explicar esto a los consultantes puede resultar muy desculpabilizador, como vimos más arriba en el caso de Nuria.

• Puesto que el estrés crónico afecta también al **hipocampo**, una estructura cerebral implicada en el aprendizaje (y la única parte del cerebro en la que se crean nuevas neuronas en personas adultas), las personas que están siendo maltratadas o que han sido traumatizadas por maltratos previos pueden ver también disminuida su memoria y su capacidad de aprender.

• Las víctimas de sucesos especialmente traumáticos pueden llegar a perder el «sentido del sí mismo»: tienen dificultades para sentir su propio cuerpo y para conectar con su propio *self*. La parte de desconexión sensorial se explica por las secuelas que el trauma puede dejar en los **lóbulos parietales** del cerebro, encargados, por ejemplo, de procesar sensaciones del tacto; esto sucede especialmente en los casos de abuso sexual. Por otra parte, las dificultades en la conciencia del sí mismo estarían basadas en la afectación de un conjunto de estructuras que se hallan en la parte medial de nuestro cerebro: **el córtex orbitofrontal**, el **córtex medial** y la **ínsula**.

• Otra cuestión importante es que el efecto de los eventos traumáticos se inscribe sobre todo en el **hemisferio derecho** del cerebro, el que procesa la información de un modo no-verbal, más global y más emocional, de tal forma que el hemisferio izquierdo, típicamente verbal y analítico, no puede ejercer su función. Si a ello sumamos la disfunción del hipotálamo y la Red Neuronal por Defecto y la posible disociación, es fácil entender por qué las personas traumatizadas suelen tener dificultades para narrar de forma coherente, o incluso para recordar, su experiencia de traumatización: el episodio ha sido tan amenazante, tan extremo, que el cerebro no pudo procesarlo y el recuerdo ha quedado fragmentado, almacenado en forma de memorias inconexas y preverbales inaccesibles a la conciencia. De esta forma, estos recuerdos no pueden corregirse sobre la base de la información actual («Ya no hay peligro», «El agresor está en la cárcel», etc.) y siguen operando como si la situación traumática se mantuviera, pudiendo emerger en forma de sentimientos inexplicables, de emociones negativas e incluso como verdaderos *flashbacks* en los que se reexperimenta el evento traumático como si realmente estuviera ocurriendo en esos momentos.

• Finalmente, el trauma se puede inscribir también a nivel corporal debido a la acción del **sistema vagal ventral**, parte del sistema parasimpático que inerva todos nuestros órganos y todas las partes de nuestro cuerpo. Por eso es posible que, por ejemplo, una persona que ha presenciado un asesinato pierda literalmente la vista, que una persona que fue abusada sexualmente en su infancia tenga, años más tarde, sensaciones físicas desagradables en sus genitales o que una terapeuta que trabaja con una persona agresiva sienta la amenaza «en sus tripas». La teoría polivagal (Porges, 2011) explica también la paralización y la desconexión emocional del entorno como una respuesta del sistema nervioso: ante una amenaza grave, el sistema límbico dispara la reacción de huir o luchar, pero si esto tampoco es suficiente (porque, por ejemplo, la persona ha sido inmovilizada por su agresor y no tiene escapatoria), reacciona el **sistema dorsal vagal** y genera la reacción de paralización o *freezing*.

Todos estos efectos sobre el cerebro ponen de manifiesto que las huellas neurológicas del trauma se escapan en buena medida del control racional y verbal de las estructuras corticales, para alojarse en nuestro sistema límbico o incluso en lo que algunos autores han llamado «cerebro reptiliano» (MacLean, 1990) (rombencéfalo). En ese sentido, como afirma van der Kolk (2014), el trauma es preverbal. Ello nos permite entender que una función de la intervención profesional es precisamente ayudar a la persona a que vuelva a recuperar la capacidad de regular y controlar conscientemente sus propios procesos; por ejemplo, ayudándola a narrar el episodio traumático de una forma coherente, facilitando nuevas comprensiones de lo sucedido y posibilitando que se integren las memorias traumáticas. Pero, a su vez, el carácter preverbal del trauma también señala los posibles límites de una intervención puramente basada en la palabra, que en ocasiones será interesante complementar derivando a profesionales que puedan actuar directamente sobre el cuerpo mediante el masaje o la reeducación postural, por ejemplo.

Lógicamente, el impacto que un suceso traumático o una serie de sucesos traumáticos tenga en el sistema nervioso depende en gran medida de su grado de maduración. El impacto es mayor cuando se produce en cerebros que aún están en proceso de maduración neurológica, es decir, en adolescentes y especialmente en niños. Como hemos señalado en el apartado anterior, hoy en día la investigación psiconeurológica permite predecir en qué partes del cerebro tendrán un mayor efecto qué tipos de maltrato infantil (verbal, físico, sexual, negligencia) y a qué edad, en función además del sexo del niño agredido (Pechtel y Pizzagalli, 2014; Teicher y Parigger, 2015; Dunn *et al.*, 2017).

Para los terapeutas que intervienen con víctimas adultas de traumas recientes, conocer los efectos psiconeurológicos de las experiencias traumáticas permite ofrecer un marco explicativo que da sentido a lo que sus consultantes a menudo viven como síntomas inexplicables. Ahora bien, nuestras explicaciones como terapeutas deben recoger también la cuestión de la plasticidad cerebral: del mismo modo en que el cerebro reaccionó y se adaptó a la experiencia traumática será posible que se readapte a la nueva situación de seguridad; si el cerebro fue modelado por experiencias negativas también puede reconfigurarse a partir de experiencias positivas. En el capítulo 5 veremos en detalle cómo.

2.2.3. Consecuencias a nivel cognitivo

Esquemas insuficientes para asimilar la experiencia

Las crisis, el estrés intenso y el trauma provocan efectos emocionales más graves cuanto más impactan en el sistema cognitivo de las personas afectadas. Por definición, un evento postraumático es aquel para el cual no tenemos esquemas cognitivos suficientes para asimilarlos y comprenderlos, es decir, nos pasa algo intenso, que nos obliga a enfrentarlo o adaptarnos, que nos trae malestar y que no podemos entender. Una característica habitual de los hechos traumáticos es que se convierten en experiencias inenarrables o inefables, es decir, que no se pueden transmitir fácilmente a otras personas, simplemente no existen en el marco del consultante palabras para ello.

Olivia había perdido trágicamente a su hijo pequeño. En sesión derramaba lágrimas mientras intentaba articular palabras para explicar la razón por la que había pedido la cita. Su relato consistía en frases inarticuladas e incompletas, no tenía palabras para contar lo que había vivido, para transmitir un relato de lo sucedido y su experiencia interna tras la pérdida. Quería hacerlo, pero no sabía cómo. Se la escuchó en forma paciente, se la animó a seguir a su ritmo, hasta configurar con todos los pedazos de su historia un relato que se le pudo devolver en forma de resumen. Sí, dijo ella, eso es lo que he estado viviendo.

Brewin et al. (1996), en su teoría de la representación dual, señalan que ante una experiencia traumática las personas tienden a generar un doble procesamiento, al primero lo llaman conocimiento situacionalmente accesible y corresponde a aquella información asociada a la situación de riesgo y que podemos explicar por las leyes de condicionamiento. El conocimiento situacionalmente accesible se activa cuando nos enfrentamos a estímulos similares en el futuro: el frenazo de un automóvil, la sirena de la ambulancia, la cercanía física de un desconocido, etc., y que se asociarían a algunos síntomas postraumáticos, como los *flashbacks* y la hiperactivación. Por otro lado, existe el conocimiento verbalmente accesible, el cual se ve fuertemente interferido cuando se experimenta una situación de peligro, y que es el que nos permite construir una narración de una experiencia significativa cualquiera. Al inhibirse este procesamiento, la consecuencia es que las personas parecen no encontrar las palabras para relatar el hecho o no recuerdan aspectos que facilitan la reconstrucción de una historia susceptible de ser contada a sí mismo o a otros. En el apartado 2.2.2 dimos una explicación psicobiológica a esta situación, señalando que ante una situación de peligro aumenta el funcionamiento de la amígdala cerebral (que controla las emociones y los condicionamientos básicos) y disminuye el funcionamiento del hipocampo (que participa en la construcción y acceso a los recuerdos). Esta situación, junto con el bloqueo del hemisferio izquierdo, explicaría las enormes dificultades que tienen las personas afectadas para recordar detalles de lo ocurrido, asimilarlo y luego convertirlo en una historia. La psicoterapia estaría orientada entonces a ayudar a esta reconstrucción de la historia, a este volver a contar (renarrar, reescribir) la experiencia, añadiendo (o construyendo) y reorganizando la información.

Resquebrajamiento de creencias básicas

Una experiencia potencialmente traumática no solo es difícil de asimilar pues no tenemos esquemas cognitivos que nos permitan entender lo que está ocurriendo, sino que además produce una ruptura de esquemas previos que sí existen, pero que se ven amenazados e incluso invalidados ante la situación. Janoff-Bulman (1992) señala que eso es precisamente lo que da carácter traumático a una situación altamente estresante; ocurre que las creencias básicas que nos permiten comprender este mundo se fracturan y ya no pueden seguir existiendo de la misma manera, creencias básicas que tienen que ver con uno mismo, con los demás o con el mundo.

Por ejemplo, las personas tienen ciertas ideas de sí mismas que configuran su identidad, estas ideas las identifican, orientan sus acciones, explican sus decisiones y le dan un sentido de continuidad a su existencia. Una creencia básica sería pensar «yo soy valiente», pero luego ocurre un hecho que me hace cuestionar esa cualidad, ya no me siento valiente y ante esa discrepancia puedo terminar no sabiendo quién soy. Es difícil moverse en el día a día, tomar decisiones y elaborar planes sobre el futuro si no sé quién soy.

También tenemos ideas básicas que nos permiten relacionarnos con los demás. Por ejemplo, la confianza en que un desconocido que pasa por la calle no nos hará daño es lo que nos permite salir cada mañana hacia el trabajo, desplazarnos por el transporte público y caminar con tranquilidad rumbo a nuestro destino.

Pero si un día una persona es asaltada por alguien a quien no vio venir, que no le despertó sospechas o que en principio parecía amable, ¿entonces en quién puede confiar? Lo más probable es que si esta persona se siente temerosa de que cualquier extraño pueda hacerle daño, entonces también presente dificultades para caminar por las calles, entablar conversaciones con desconocidos e incluso quedarse a solas con alguien. Es difícil moverse en el día a día, tomar decisiones y elaborar planes sobre el futuro si no se confía en otros seres humanos.

Además, tenemos creencias básicas respecto al mundo. Por ejemplo, el pensamiento de que el mundo es estable nos permite planificar nuestra semana, decir que el otro fin de semana iremos a la playa o que celebraré mi cumpleaños con mis mejores amigos o que participaré de ese curso al que me he inscrito con dos meses de anticipación. Pero llega una pandemia que nos afecta a nivel global y todos los planes quedan en suspenso y no sabemos cuándo podrán reanudarse. El mundo ya no es tan estable, ya no cabe imaginar un futuro posible, pues en cualquier momento puede suceder algo que altere todos nuestros planes. Una persona a veces ni siquiera se atreve a pensar qué podría hacer mañana, pues ni siquiera esa mirada a tan corto plazo es posible. Y eso suena muy parecido a la desesperanza. Es difícil moverse en el día a día, tomar decisiones y elaborar planes sobre el futuro si no se confía en el mundo en el que se vive.

De ese modo, restituir creencias básicas, hacerlas más flexibles, adaptativas, que den cuenta de la estabilidad de ciertas cualidades o condiciones y del permanente cambio al que estamos sometidos, constituye uno de los propósitos centrales de una terapia orientada a manejar las consecuencias de un evento traumático. Como veremos en los capítulos 4 y 5, la terapia centrada en soluciones y la terapia narrativa —dos de los ingredientes de la Terapia Sistémica Breve— nos proporcionan numerosas herramientas para acompañar a nuestros consultantes en este proceso de reconstrucción.

Los pensamientos repetitivos o rumiaciones

Podemos entender las rumiaciones como un tipo de pensamiento repetitivo que generalmente se incrementa ante situaciones de crisis, estrés intenso o trauma. Si bien, según Watkins (2008), las rumiaciones pueden ser tanto constructivas como desadaptativas, es su presencia en varios problemas de salud mental lo que ha llamado la atención de clínicos e investigadores. De hecho, se ha observado la presencia de rumiaciones en diversas psicopatologías, como el trastorno depresivo mayor y el trastorno por estrés postraumático.

Una de las formas más investigadas de rumiación ha recibido el nombre de *rumiación depresiva* (Nolen-Hoeksema, 1991), definida como pensamientos persistentes acerca de los síntomas del malestar que se experimentan y de las posibles causas y consecuencias de estos síntomas. Estaría caracterizada por la presencia de autorreproches, la comparación negativa de la situación actual con alguna norma no lograda, y el centrarse en los obstáculos que impiden superar los problemas (por ejemplo, «¿qué hice para merecer esto?»).

Benjamín había sufrido un accidente laboral que le hizo perder la pierna derecha desde la rodilla hacia abajo. Su vida había cambiado totalmente luego del accidente. Su estado anímico se había venido abajo y ya no tenía ganas de levantarse por las mañanas. Uno de los problemas que más lo angustiaba eran pensamientos repetitivos e improductivos que se centraban en los errores que había cometido en el trabajo y que le impidieron evitar el accidente. Repasaba una y otra vez el momento, autoinculpándose por no haber tomado otra dirección, por haber actuado tan lentamente o por no haber previsto lo que ocurriría. Estos pensamientos repetitivos se asociaban a palabras de autorreproche; «fuiste un estúpido», «te lo mereces por torpe», «eres una carga», que aumentaban aún más su desazón.

Weiss y Berger (2010) afirman que las rumiaciones ocurren ante la necesidad de revisar o restablecer las creencias básicas acerca de sí mismo, los demás y el mundo, y que han sido quebradas o alteradas por estos eventos. Por lo tanto, los procesos rumiativos buscarían en principio establecer comprensibilidad; serían un intento de los supervivientes de comprender que lo sucedido realmente sucedió y, por ello, serían necesarios para procesar cognitivamente un trauma. Por ese motivo, Tedeschi (1999) ha planteado que la rumiación sobre un trauma podría facilitar la aparición de algún crecimiento personal a partir del evento traumático, como se verá en el apartado 2.3.2.

Sin embargo, a pesar de que teóricamente la rumiación permitiría repasar en la mente un evento que no se consigue asimilar, a fin de lograr su comprensión y restablecer las creencias que han sido afectadas, su persistencia producen un malestar muy difícil de tolerar. De hecho, la rumiación no solo surge como estrategia de afrontamiento ante el malestar desencadenado por la crisis, sino que a su vez desencadena mayor malestar. Además, ciertas características de la rumiación, como la compulsión a seguir rumiando y la presencia de pensamientos improductivos y focalizados en el malestar emocional, con preguntas del tipo «por qué» («¿por qué me siento así?» o «¿por qué reacciono siempre de esta manera?») y «¿qué hubiera pasado si...?» («¿cómo habrían sido las cosas si yo hubiera hecho algo diferente?»), así como la presencia de emociones negativas antes y después de la rumiación, se han asociado significativamente con TEPT (Michael *et al.*, 2007).

Es probable que pensamientos del tipo «¿por qué?» y «¿qué hubiera pasado si...?», lógicos como reacción inicial ante un evento altamente estresante, resulten disfuncionales si se mantienen en el tiempo, ya que en ese caso pasan a funcionar como una forma de evitación cognitiva, en la medida que impiden aceptar que lo sucedido en efecto sucedió, lo que dificulta el procesamiento emocional del trauma. Además, no solo es la rumiación en sí la que se asocia a sintomatología postraumática, sino también la lucha contra ella: cuanto más intenta la persona «no pensar», más piensa en aquello que trata de evitar. Como ocurre al intentar apagar el fuego con bencina, los intentos muchas veces fracasados que hacen las personas por sacar de la mente estos pensamientos, en lugar de aceptarlos y enfrentarlos, es lo que finalmente provoca los altos niveles de malestar y trasforma estos pensamientos en improductivos, en «soluciones intentadas ineficaces» (Weakland *et al.*, 1982).

Esta constatación acerca de la naturaleza y la función de las rumiaciones ante un evento potencialmente traumático nos permite distinguir entre *rumiación intrusiva* y *rumiación deliberada* (Calhoun *et al.*, 2000). Tras un evento traumático tienden a experimentarse rumiaciones intrusivas de las experiencias vividas que progresivamente pueden ser sustituidas por un estilo más deliberado de rumiación, de modo que la reconstrucción de las creencias básicas que han sido afectadas pueda ser realizada. La rumiación intrusiva se define como la invasión no solicitada de pensamientos acerca de una experiencia y que uno no elige traer a la mente (Cann *et al.*, 2011); este es el tipo de rumiación que se ha asociado a la presencia de síntomas de estrés postraumático (García, Cova *et al.*, 2015; García, Vázquez *et al.*, 2019). La rumiación deliberada, en cambio, supone un esfuerzo más premeditado, centrado en el manejo de la situación, y estaría centrada en la reconstrucción de los significados amenazados por el trauma y en la búsqueda de beneficios a partir del mismo evento (Morris y Shakespeare-Finch, 2011). Se ha planteado que este tipo de rumiación sería el que contribuye al cambio de narrativa respecto al trauma y al crecimiento postraumático.

Dependiendo de las características de la rumiación que predominen se observarán consecuencias distintas. Si el predominio es intrusivo y depresivo, se incrementará principalmente el malestar psicológico (Kane, 2009), pero si existe un predominio deliberado y reflexivo, llevará a un procesamiento cognitivo de la experiencia traumática y a su posterior asimilación (García *et al.*, 2015a). La implicación práctica de esta distinción es que en psicoterapia podemos trabajar tanto para bloquear la rumiación intrusiva (mediante técnicas como la parada de pensamiento, por ejemplo), como para fomentar la rumiación deliberada (invitando a los consultantes a escribir sobre su experiencia, Pennebaker, 2004; van Emmerik *et al.*, 2013) o para transformar la rumiación intrusiva en deliberada mediante técnicas de prescripción del síntoma (Fisch *et al.*, 1982; Nardone y Watzlawick, 1990; Rohrbaugh *et al.*, 1981; Shoham y Rohrbaugh, 1997; Watzlawick *et al.*, 1974).

2.2.4. Consecuencias a nivel afectivo

Los traumas producen respuestas emocionales características, que son recogidas en el más actual de los manuales diagnósticos de la American Psychiatric Association (2015), el DSM-5, cuando declara como síntoma del TEPT la presencia de un estado emocional negativo persistente, tal como el miedo, el enojo, la tristeza, la culpa o la vergüenza.

Hay que comprender que las emociones son respuestas de nuestro organismo ante los estímulos que nos rodean y que tienen un papel fundamental en la supervivencia y la adaptación de los seres humanos a su entorno (Piqueras *et al.*, 2009). De ese modo, el miedo nos permite protegernos del peligro, el enojo nos lleva a enfrentar una amenaza, la tristeza comunica la necesidad de contención y moviliza el apoyo social, la culpa nos lleva a cuestionarnos sobre nuestra responsabilidad ante una situación adversa y la vergüenza es capaz de apaciguar la respuesta agresiva de un tercero dado sus componentes de sumisión.

Sin embargo, ante una situación traumática, en la que no pudimos defendernos, protegernos, proteger a otros, ni controlar la situación, las emociones se vuelven intensas, incontrolables e inefectivas y llegan a ser desbordantes e incapacitantes. Ante esto, muchas personas alteran el funcionamiento habitual que tenían antes del suceso y se vuelven emocionalmente más sensibles y reactivas. Más sensibles, pues reaccionan emocionalmente ante niveles bajos o inexistentes de amenaza; más reactivos, pues reaccionan en forma intensa e incontrolable, sin regulación. A veces esta situación lleva a que la persona trate de apaciguar estas emociones mediante medios poco afortunados, como el consumo problemático de alcohol, las drogas, las autolesiones o los psicofármacos.

Tras ser asaltado, Juan Antonio se refugió en casa ante el intenso miedo de que algo similar le sucediera de nuevo; tras una semana en esa situación, su novia decidió dejarlo, y él quedó sumido en un miedo, una tristeza y un sentimiento de soledad aún más intensos y persistentes. Eran tan desbordantes estas emociones y tan evidente para él su incapacidad para manejarlos, que comenzó a hacerse cortes en los brazos, una forma de desviar su atención hacia el dolor físico, bastante más soportable para él que el malestar emocional que lo antecedía.

Para otras personas, estas emociones llegan a ser tan desbordantes e inaceptables, que parecen disociarse de ellas, como si no sintieran nada, y pueden hablarnos de lo ocurrido en forma plana, como si estuviesen narrando algo que les ha ocurrido a otros y no a sí mismos. Finalmente, otras personas, advertidas sobre la inconveniencia de mostrar su emoción, reaccionan suprimiéndola, es decir, realizando esfuerzos conscientes y deliberados para que esta emoción no sea expresada y, por ende, notada por otros. Estas tres formas de responder: expresar en forma desregulada, disociarse o desconectarse y suprimir la expresión, terminan asociándose a niveles aún más altos de malestar emocional. De ahí la fuerte asociación de la exposición a eventos críticos con problemas psicológicos caracterizados por la presencia de emociones intensas e incontrolables, como el miedo en el TEPT y la tristeza en la depresión, o los intentos inefectivos que las personas realizan por apaciguar estas emociones. Que los terapeutas entiendan esta vinculación entre el evento traumático y las diversas consecuencias afectivas les permitirá ayudar a sus consultantes a que den sentido a sus emociones y las manejen mejor.

Una atención especial merecen los sentimiento de **culpa**, una emoción que en las personas que han sufrido eventos traumáticos aparece con mucha frecuencia y de formas diversas: culpa por no haberse dado cuenta del peligro; culpa por no haber sabido reaccionar o defenderse; culpa por no haber denunciado lo sucedido; pero también culpa por no haber podido ayudar a otros e incluso culpa por haber sobrevivido o por no estar (aún) más traumatizado. Puesto que cada uno de estos escenarios de los sentimientos de culpa invita abordajes terapéuticos distintos, los comentaremos con mayor detalle.

Durante el tsunami tras el terremoto de Chile de 2010, Esteban perdió su hogar y a sus mascotas, dos perros que estaban amarrados en su patio, todos arrasados por las olas. Con suerte, salvaron la vida con su esposa y sus dos hijas pequeñas. Luego de ello, Esteban fue invadido por intensos sentimientos de culpa por la muerte de sus perros y el efecto emocional que esto generó en sus hijas y en toda la familia. Si bien nadie le reprochaba nada, sentía que había sido egoísta al no pensar en ellos y repasaba en su mente una y otra vez los distintos escenarios en los que era posible haber rescatado a los animales, pero que en su momento no pasaron por su cabeza.

Como señalamos más arriba, el sentido evolutivo de la culpa es ayudar a las personas a cuestionar su parte de responsabilidad ante situaciones adversas y reducir así el riesgo de que se repitan. Hay eventos traumáticos en los que el sentimiento de culpa mantiene esta función, cuando la conducta de la persona realmente la puso en peligro, como por ejemplo la culpa por haber conducido a 140 por hora y haber provocado el accidente, o la culpa por no haber seguido las instrucciones de las autoridades y haberse quedado tras el primer temblor de tierra en un zona con riesgo de tsunami. En estos casos, el trabajo terapéutico con la culpa consistirá en ayudar a la persona a aceptarla y a ser consecuente con las enseñanzas que señala: conducir con más precaución en el futuro, trasladarse a otra zona de la ciudad, participar en campañas de concienciación, etc. Sin embargo, muchos eventos críticos son estrictamente inevitables, sobrevienen sin ninguna posibilidad de defenderse de ellos, y en estos casos sentirse culpable es una emoción dañina, moralmente *injusta*, que aumenta el sufrimiento de la persona y de hecho alimenta la deliberación intrusiva descrita en el apartado anterior. Una manera de entender estos sentimientos de culpa es hacerlo a partir de la necesidad de recuperar cierta sensación de control sobre algo que resultó terrorífico precisamente por incontrolable. Sentirse culpable por eventos incontrolables restablece una ilusión de control, la creencia de que la persona puede evitar eventos traumáticos futuros, como si sentirse culpable fuera más llevadero que sentirse indefenso ante las fuerzas de la naturaleza o la maldad humana. La implicación para los terapeutas es ayudar a deconstruir esta culpa y promover que la persona pueda aceptar la incontrolabilidad del evento traumático y, por tanto, también la incertidumbre que el futuro depara.

En los casos de violencia interpersonal, la culpa es a menudo el resultado de maniobras comunicativas deliberadas del agresor (Barudy, 1998; Navarro Góngora, 2015; Perrone y Nannini, 1997; Walker, 1979). Este fenómeno se aprecia claramente en muchos casos de abusos sexuales, bien porque los agresores los enmascaran (por ejemplo, presentando una violación como una relación sexual consentida) o porque explícitamente culpabilizan a la víctima (piénsese, por ejemplo, en los comentarios de sacerdotes pederastas que acusan a los niños violados por haberlos «tentado» con sus insinuaciones). De hecho, inducir culpa (y también vergüenza) en la persona abusada es una estrategia deliberada dirigida a perpetuar el secreto y a ocultar las agresiones. En estos casos, el terapeuta ayudará a la persona traumatizada a «poner la culpa en su lugar». Para ello puede ser útil la técnica de la externalización

(White y Epston, 1993), que describiremos en el capítulo 7, pero también reconstruir el relato de los eventos traumáticos, ayudando a la persona a que identifique las maniobras comunicativas que su agresor o agresores utilizaron para intimidarla y condenarla al silencio, como veremos en el capítulo 5.

La culpabilización puede ser también el resultado de comentarios no intencionados de personas que intervinieron en la fase peritraumática, incluso con la buena intención de ayudar a la víctima. Como hemos señalado más arriba, en los momentos posteriores al evento crítico la persona es especialmente vulnerable y es fácil que se creen guiones de culpabilización a partir de las reacciones y comentarios de los demás (Navarro Góngora, 2021), como, por ejemplo, que el sanitario reciba a los padres en urgencias diciendo: «¿Pero por qué no me lo han traído antes?», o que el policía cuestione por qué la víctima paseaba por ese barrio a esas horas, o que una madre, tras la violación de su hija en una fiesta, le reproche haberse embriagado. Conociendo la relevancia de lo sucedido en estos momentos posteriores al evento traumático, el terapeuta estará atento a esa parte del relato, a fin de identificar estos mensajes culpabilizadores y ayudar a la persona a cuestionarlos y deconstruirlos.

Especialmente difícil de manejar resulta la «culpa del superviviente», los sentimientos de culpa derivados de haber corrido mejor suerte que otras personas implicadas en el mismo suceso: los compañeros que fueron también tiroteados pero no sobrevivieron; los miembros de la familia que sí perecieron en el incendio; la hermana que fue también abusada por el abuelo pero sufre muchas más secuelas. ¿Qué motivaría a una persona a sentirse responsable por el destino de otras personas y, por ende, sentirse culpable por ello? Muñoz (2018) nos propone una hipótesis que podríamos considerar: señala que se debería a la necesidad de mantener la creencia en que el mundo es justo y por el vínculo afectivo con aquellos que han sufrido el daño del que ellos se han salvado. La creencia en un mundo justo implica, por un lado, la idea de que todo lo que ocurre sucede por una causa explicable y rastreable (orden) y, por el otro, la idea de que cada quien recibe lo que merece (retribución). Cuando la creencia en un mundo justo se ve atacada por la evidencia, por ejemplo, cuando un inocente es vulnerado, las personas que creen en el mundo justo intentarán mantener su creencia tanto como les sea posible. La manera menos problemática suele ser ayudando a la víctima y, así, restableciendo de alguna manera el orden que se había roto. Sin embargo, es bastante común que el testigo no pueda hacer nada para ayudar a la víctima y el daño se produzca de igual forma a pesar de la percepción de fuerte injusticia. En ese caso, una forma de preservar la creencia en el mundo justo sería culpando a la víctima; de ese modo se logra el orden que la aparente evidencia en contra parece cuestionar. Sin embargo, cuando existe identificación con la víctima, es decir, cuando la persona tiene una fuerte relación de apego con ella o se siente parte del mismo grupo que ha recibido daño (por compartir ideologías políticas, religiosas, grupo étnico o nacional, etc.), entonces la persona cree que era tan merecedora del daño como la víctima y, por lo tanto, no debió sobrevivir.

Desde el punto de vista terapéutico, entender que en los hechos traumáticos pudo haber un responsable, y que este responsable no fue el consultante, sino el perpetrador, puede transformar la culpa en indignación o resentimiento, y encauzar esa nueva emoción en acciones que permitan restablecer la idea del mundo justo, por ejemplo, una acusación, un manifiesto, un testimonio, que ponga las cosas en su lugar e implique un castigo real o simbólico del verdadero culpable. Además, en estos casos estaría más indicado un enfoque más simbólico y emocional, por ejemplo, construyendo rituales terapéuticos (de despedida, de perdón) o trabajando la gratitud y la compasión.

Finalmente, compartir con los seres queridos lo que sucedió o el sufrimiento que le causa se convierte a veces en otra fuente de sentimientos de culpa: la persona siente que con ello está generando sufrimiento en los demás o incluso que está siendo una carga para ellos. Esta percepción no solo genera sentimientos de culpa, sino que también tiende a generar distancia emocional con las personas que en condiciones normales servirían de apoyo, como veremos más abajo. Para los terapeutas que trabajan con supervivientes de trauma es útil estar atentos a las posibles consecuencias afectivas de la traumatización, con el objeto de poder señalarlas y resignificarlas como secuelas lógicas y esperables de lo sucedido. Esta normalización es el primer paso para que los consultantes se enfrenten a ellas de una forma más eficaz, como veremos en el capítulo 5.

2.2.5. Consecuencias a nivel conductual

Los eventos traumáticos no solo pueden generan secuelas de tipo emocional o cognitivo, sino que también tienden a instaurar hábitos derivados de la experiencia traumática (van der Kolk, 2014). Los cambios de comportamiento tras un evento altamente estresante son frecuentes. La conducta más característica es la **evitación**, que aparecen con la finalidad de impedir la exposición a nuevos peligros.

En un principio, la evitación aparece como una conducta que permite alejarse del estímulo estresante, con el fin de protegerse de las consecuencias negativas asociadas a él. De ese modo, la evitación cumple un rol protector. Por ejemplo, una persona con miedo a contagiarse de una enfermedad infecciosa evitará saludar con la mano, asistir a lugares muy concurridos o, lisa y llanamente, salir a la calle. Otra persona con miedo a que una nueva réplica del terremoto amenace su vida evitará entrar en edificios dañados, caminar por calles llenas de cables o permanecer en lugares sin una vía de evacuación expedita. Tal como señalan Fernández-Liria et al. (2006), no parece que tenga sentido hablar de evitación como un problema o un síntoma cuando la amenaza real continúa vigente; el estado de hiperalerta y la evitación de situaciones de riesgo aumentan evidentemente las posibilidades de sobrevivir a la segunda granada durante un bombardeo o a que la mujer sea golpeada por su marido cuando está ebrio. Sin embargo, si el evento estresante rompe creencias básicas, entonces la evitación permanecerá aunque haya cesado la amenaza. Puesto que la persona ya no confía en sí misma, en los demás o en el mundo, entonces en cualquier momento puede volver a ocurrir algo que amenace su vida o su integridad, por lo que debe estar constantemente alerta para evitar cualquier indicio de exposición al mismo riesgo o a uno similar. Entonces la persona sigue evitando entrar en un edificio, salir a la calle o encontrarse a solas con un desconocido en un ascensor, y así la vida cotidiana empieza a verse afectada seriamente, impidiendo que la persona cumpla con sus proyectos, objetivos y tareas. A veces, la cantidad y la rigidez de las restricciones que la persona traumatizada se autoimpone a fin de evitar una nueva situación de riesgo pueden llegar a dificultar enormemente llevar una buena vida.

Durante la epidemia por SARS del año 2002, Jennifer, una enfermera canadiense que atendió a muchas personas infectadas por el virus, mantuvo muchas conductas de evitación que eran admisibles mientras duró la crisis, entre ellas evitaba las aglomeraciones y saludar de mano. Una vez terminada la crisis, estas conductas de evitación se mantuvieron e incluso se ampliaron, afectando su calidad de vida y su relación con su familia, pues ya no los acompañaba al centro comercial, era incapaz de entrar a un supermercado y rehuía el contacto físico con sus seres queridos.

Por ese motivo, una acción fundamental en una terapia orientada a manejar los efectos nocivos de una experiencia traumática es ayudar a la consultante a conectar de nuevo con sus deseos, objetivos y prioridades (por ejemplo, mediante la Pregunta del milagro, que presentaremos en el capítulo 6), y asimismo ayudarla a retomar aquellos aspectos de su vida que le permiten cumplir con sus proyectos, lo que requiere superar la evitación. Para ello necesitará armarse de herramientas que le permitan enfrentar sus miedos, utilizando con ese fin desde sus propios recursos y cualidades hasta el aprendizaje de nuevas estrategias que faciliten su exposición a situaciones estresantes, como las técnicas de relajación y respiración. Una vez que la persona se exponga y verifique que el peligro ya no existe o que tiene suficiente control de la situación y de la emoción asociada, entonces irá recuperando su agencia personal afectada por el evento estresante.

A veces resulta difícil deslindar hasta qué punto la amenaza ha cesado o no, hasta qué punto ciertas conductas de evitación resultan o no disfuncionales. En este caso será útil examinar con la consultante qué parte de sus conductas de evitación es verdaderamente protectora, y qué parte es en realidad un innecesario y destructivo legado del trauma; como veremos en el capítulo 4, las preguntas de escalas y porcentajes son una buena herramienta para deslindar esta cuestión.

2.2.6. Consecuencias a nivel social

Otra de las áreas afectadas en las personas que han sufrido un evento traumático es su capacidad para relacionarse con otras personas. Esto resulta especialmente desafortunado, ya que dificulta a la persona recibir apoyo social justamente en los momentos en que más lo necesita. Esta disrupción es mayor cuando el evento traumático fue provocado por otros (accidentes de tráfico, negligencias médicas) y todavía más grave cuando tuvo un carácter deliberado (asaltos, abuso sexual, torturas). Por ejemplo, en el caso del abuso sexual infantil, este por lo general ha sido perpetrado por alguien que gozaba de mucha confianza por parte del niño/a o de su familia; incluso en un gran porcentaje, el abuso ha sido cometido por un familiar directo (Kamsler, 1993). Por ello, en estos casos y en otros, la desconfianza hacia los demás se instala como una especie de nuevo esquema que lleva a valorar en forma suspicaz cualquier relación cercana en el futuro.

Marta había sido abusada sexualmente en una fiesta por un compañero de carrera. Cuando hizo la acusación, mucha gente no le creyó y otra la culpabilizó por haber asistido a la fiesta, por haber bebido o por la ropa que vestía en la ocasión. De ese modo, terminó encerrándose en sí misma, sin atreverse a compartir su experiencia con otras personas ni a pedir ayuda. La única que parecía escucharla y comprenderla era su madre, pero era tal el dolor que le hacía padecer cuando le contaba algún detalle, que decidió que no tenía derecho a hacer sufrir a su madre por su mala experiencia, por lo que también comenzó a callar y a aislarse aún más.

Por otro lado, a diferencia de eventos masivos como los desastres naturales o las guerras, muchos eventos traumáticos han sido vividos como situaciones privadas y personales (abuso sexual, asaltos, accidentes), por lo que la persona cree que nadie será capaz de entenderla. Las enormes dificultades para construir una historia capaz de ser comunicada y entendida por otros, es decir, el carácter inenarrable del trauma, ahonda la percepción de la persona de que su experiencia no puede ser comprendida por otros. Cuando a esto se le añaden emociones ligadas a la vergüenza y la culpa, que impulsan a ocultarse, o a la sensación de que otros podrían no creerles o responsabilizarlas por la situación experimentada, o a la convicción de que nadie hará nada para proteger su integridad, entonces el aislamiento social se acentúa. Por eso es tan importante que los terapeutas que trabajan con supervivientes de un trauma conozcan bien los factores implicados y sus posibles matices, a fin de poder realizar una escucha empática y desculpabilizadora, pese a todas las dificultades para la comunicación que el trauma genera.

Otro elemento que contribuye a aislar a la persona traumatizada de los demás es el temor de que si comunica a personas cercanas lo que ha ocurrido o el sufrimiento que ello le ha generado, estas podrían verse también afectados por la situación, lo que por supuesto no se desea. Una mujer joven afectada por una situación prolongada de abuso en un contexto laboral, consultada sobre la razón por lo que no le había contado nada a su familia, respondió que había preferido callar porque no quería que sufrieran «tanto como estoy sufriendo yo».

En suma, las personas se aíslan socialmente porque ya no confían en los demás, porque piensan que no van a ser entendidas o no se les creerá, porque suponen que serán responsabilizadas por la situación o porque quieren proteger a otros seres queridos del daño que les causaría enterarse de lo que han vivido. Por tal motivo, uno de los objetivos centrales de la intervención en trauma consiste en reconectar a la persona con sus redes sociales de apoyo directas, los familiares con los que pueda contar, que se han mantenido cerca y tienen disposición a apoyar y escuchar, o amigos significativos con los que es posible desarrollar conversaciones íntimas. Incluso pueden vincularse a grupos de autoayuda junto a otras personas que han vivido experiencias similares y que pueden compartir sus vivencias y sus formas de afrontamiento, además de reconocer que no están solos, que otros han vivido casi lo mismo que ellos y que han podido salir adelante.

También conviene estimular que las personas abran redes sociales alternativas, integrándose en nuevos grupos, aceptando la cercanía de otros y tomando la iniciativa social.

2.2.7. Consecuencias a nivel somático

Las experiencias traumáticas también pueden —y suelen— dejar huellas a nivel somático. Como afirma van der Kolk (2014), el cuerpo «lleva la cuenta», no solo desde el punto de vista de los desagradables síntomas de desregulación simpática/parasimpática (problemas para conciliar el sueño, digestivos, ansiedad, etc.) o las disfunciones prefrontales (dificultades de atención, concentración, etc.), sino también en forma de síntomas corporales concretos. Esto es más frecuente en personas que han sufrido violencia interpersonal, y más aún en casos de violencia sexual. Así, no es inhabitual que una persona que ha sufrido abusos sexuales encuentre grandes dificultades para tener un orgasmo o incluso simplemente para disfrutar o meramente recibir una caricia, o que haya partes de su cuerpo que literalmente no consiga «sentir». También es frecuente que haya rigidez corporal y dificultades para dejarse tocar o abrazar. A veces la persona llega a sentirse una extraña en su propio cuerpo, desconectada de él, o incluso lo percibe como su enemigo, como en el caso de los trastornos de alimentación derivados de experiencias de traumatización (Vanderlinden y Vandereycken, 1997).

De nuevo, será importante que el terapeuta pueda reconocer y nombrar estas experiencias como secuelas de la traumatización. Más allá de eso, «volver a recuperar el cuerpo» («reclaiming your body») puede pasar por animar a la consultante a hacer ejercicio físico, recibir clases de yoga, participar en actividades de danza o recibir masajes terapéuticos. La parte más simbólica y emocional puede abordarse mediante tareas creativas y rituales terapéuticos (Dolan, 1991) como los que describiremos en el capítulo 7.

2.2.8. La interacción entre diversos tipos de secuelas

Por desgracia, las secuelas negativas de la traumatización no suelen darse de forma aislada, sino que tienden a retroalimentarse entre sí:

Silvia fue agredida sexualmente por un paciente mayor en el hospital en el que trabajaba de enfermera. El paciente le pidió ayuda para ir al baño, y una vez allí consiguió cerrar la puerta y empezar a manosearla y a intentar besarla. La agresión la pilló totalmente desprevenida y, aunque consiguió zafarse, quedó profundamente afectada. Intentó seguir trabajando, pero aunque mantenía relaciones muy cercanas con sus pacientes, empezó a verles con enorme desconfianza y a estar atenta a cualquier señal de que alguien más quisiera también agredirla. Su hipervigilancia dio paso a un estado de ansiedad generalizada que la llevó a pedir la baja laboral a los tres días tras el incidente y a unos pocos días más interrumpió todo contacto con los compañeros de trabajo, pues no soportaba la idea de tener que dar explicaciones ni la sospecha de que quien la llamaba quisiera hablar del incidente. Esto llevó a sentirse cada vez más sola y más extraña. Pasó de evitar acercarse al hospital a prácticamente no salir de casa, donde permanecía rumiando el incidente y echándose la culpa por no haberse dado cuenta de las intenciones del paciente. También empezó a lavarse compulsivamente todas las partes de su cuerpo que el agresor había manoseado. Se sentía incapaz de tener intimidad con su pareja, a la que no había llegado a contar lo sucedido, y poco tiempo después le pidió que no pasara más por su casa. Su pareja reaccionó mal, sintiéndose excluido de la vida de Silvia y terminaron rompiendo. Aislada en su casa, las rumiaciones pasaron a ocupar cada día más espacio en su vida, lo que fue aumentando su malestar y haciéndole más difícil salir de casa o pedir ayuda.

Cuando las secuelas de la traumatización interaccionan de esta manera, la persona puede terminar sintiéndose solamente como una **víctima**, como si todas sus demás experiencias, recursos y relaciones pasaran a un segundo plano. La persona se define a sí misma desde el hecho traumático que le sucedió, con lo que pierde la oportunidad de actuar y recuperar otras facetas de su vida. A menudo el impacto de la traumatización se ve agravado por los círculos viciosos que se establecen con otras personas relevantes que sufren también el impacto del trauma:

Manuel perdió a su hijo en un accidente de tráfico en el que colisionó con otro vehículo. Tras una sentencia inicial que absolvía al otro conductor, Manuel entró en una batalla judicial tratando de que se le condenara. Su vida se centró en la búsqueda de una reparación judicial, descuidó su negocio, a su mujer y a sus otros dos hijos. Su mujer no compartía la visión de Manuel respecto a la culpabilidad del otro conductor y dejó de apoyarle; esto dio paso a conflictos cada vez más agrios entre los dos y complicó el duelo de toda la familia. Perder el apoyo de su familia llevó a que Manuel se obsesionara aún con las reclamaciones judiciales, que al día de hoy siguen sin resolverse a su favor.

2.3. Resiliencia y crecimiento en eventos potencialmente traumáticos

Los eventos traumáticos no tienen en sí mismos nada de deseable o inspirador. No deberían haber ocurrido jamás y resultaría frívolo presentar como una «oportunidad» el que hayan ocurrido. Sin embargo, sí hay fortalezas y recursos de la persona y su red social que pueden ponerse de manifiesto precisamente ante sucesos de este tipo. Recogemos esta visión desde dos conceptos relacionados: la *resiliencia*, la capacidad de recuperarse de un evento traumático y retomar el nivel de funcionamiento previo al suceso, y el *crecimiento postraumático*, el cambio positivo que puede terminar llevando a un funcionamiento superior.

2.3.1. Resiliencia

A pesar de que los eventos críticos a los que estamos expuestos en nuestras vidas producen por lo general respuestas de malestar difíciles de manejar y que a veces requieren apoyo psicoterapéutico, una buena parte de las personas parecen sobrellevar estos eventos sin desarrollar consecuencias emocionales que interfieran con sus planes de vida. Esta cualidad se ha denominado «resiliencia», una palabra que proviene de la física y que alude a la propiedad de algunos metales de retorcerse y, sin embargo, regresar a su estado original, sin que parezca que el esfuerzo por doblarlo haya dejado alguna huella. Así, los seres humanos nos caemos y nos levantamos una y otra vez, renaciendo de las cenizas, rehaciéndonos tras el caos que generan las crisis.

Verónica sobrevivió a la caída de su edificio durante el terremoto de Chile, en la noche del 27 de febrero de 2010. En el tiempo en que estuvo sepultada entre los escombros se entregó a las manos de Dios en caso de morir, grabó una despedida a sus padres en su móvil, buscó un documento de identidad que luego guardó en un bolsillo para ser identificada. Pero también se preparó para ser rescatada en caso de sobrevivir: se vistió como pudo con ropas llamativas, forró sus pies en tela y trató de ubicarse temporal y espacialmente mientras transcurrían las horas. Durante la larga espera, también recordó otros momentos críticos o cambios dramáticos de su vida y cómo había sobrevivido o se había adaptado a ellos. Luego de un tiempo, trabó conversación con otros sobrevivientes que estaban tan desorientados como en principio estaba ella, a quienes apoyó brindando información (el edificio se dio vuelta, las ventanas miran al cielo, el terreno está ahora a unos cinco metros de altura) y conteniéndolos emocionalmente. Ya de madrugada, fue rescatada por los bomberos. Se quedó a esperar a las personas que dialogaron con ella, para asegurarse de que eran también rescatadas. Días después, organizó a los sobrevivientes para actuar en comunidad y darse apoyo mutuo. Luego de esta experiencia extrema, Verónica no ha manifestado consecuencias psicopatológicas derivados de ella.

En la resiliencia, definida como la adaptación positiva a desafíos significativos (Masten et al., 2009) las personas parecen mantener el funcionamiento habitual sin verse excesivamente perturbadas por el evento. Es probable que los clínicos hayan tenido pocas ocasiones de ver en la consulta a personas resilientes ante eventos potencialmente traumáticos, pues en general las personas resilientes no piden ayuda. Esto provoca un sesgo en el clínico que lleva a asumir erróneamente que la mayoría de las personas que se ven afectadas por estos sucesos requieren ayuda profesional. Sin embargo, la realidad es muy distinta; estudios desarrollados por Bonanno (2004) nos muestran que una proporción sustancial de las personas expuestas a un evento altamente estresante son resilientes, equivaliendo del 35 al 65 % de la población total expuesta.

Ha sido difícil determinar qué condiciones hacen que una persona sea resiliente, principalmente porque al parecer la resiliencia no es un rasgo estable, sino más bien un proceso relacionado con las experiencias previas y los aprendizajes desarrollados por las personas ante cierto tipo de eventos. Por ejemplo, una persona puede ser extremadamente resiliente ante una enfermedad grave, pero se desarma completamente cuando su pareja la deja por otra persona. O personas que han crecido en condiciones sociales de extrema vulnerabilidad y que, pese a todo, han sido capaces de estudiar, alcanzar una profesión y salir de la pobreza, en la adultez pueden desarrollar síntomas depresivos ante las puertas que se les cierran en su intento de insertarse en el mundo laboral. De todos modos, hay ciertas condiciones que facilitan o predicen con mayor probabilidad que la persona responda en forma resiliente, entre ellas están:

a) Recordar selectivamente los elementos positivos en la memoria autobiográfica, con tendencia a obviar los negativos. Esta es una característica habitual en las personas optimistas (Carver *et al.*, 2010), y que se traduce en una narrativa cargada de buenos momentos, incluso cuando relatan situaciones potencialmente traumáticas. Como aquellas personas que, tras un terremoto, son capaces de narrar no solo los detalles del seísmo, sino también cómo salvaguardaron su integridad y la de sus seres queridos, tomaron buenas decisiones para guarecerse y ayudaron a otros a sortear los primeros caóticos días, pero que omiten (a menos que se les pregunte) sus miedos y dudas iniciales, las personas que se negaron a ayudar, la falta de agua y comida, entre otros factores negativos.

b) Aceptar cierta dosis de *impredecibilidad* en la vida. Existen personas que, si bien se apoyan en la creencia fundamental de que el mundo es relativamente estable, lo que les permite a fin de cuentas hacer planes para el futuro, de todos modos son capaces de tolerar los cambios de planes que ocurren tras un acontecimiento imprevisto. Como aquellas personas que, tras incendiarse su hogar, son capaces de entender que no es el momento de tomarse esas vacaciones soñadas y que habrá que ahorrar para poder mudarse a otra vivienda definitiva, quizás en otro barrio. Es probable que esta condición esté facilitada por una historia de vida en la que estos cambios imprevistos se han presentado con cierta frecuencia, y que tanto la persona afectada como sus figuras significativas no se desarmaron ante ellos, sino que fueron capaces de reiniciarse y seguir adelante.

c) Aceptar que el malestar que sufre tras el evento es *normal* y que pasará con el tiempo. Tras un evento crítico es común que las personas presenten molestias o alteraciones en su rutina que pueden confundirse con respuestas psicopatológicas, como los problemas para dormir, el temor a exponerse a ciertas situaciones, o cierta labilidad emocional. Tras una pérdida significativa, la persona puede llorar, pero acepta su dolor, pues ¿de qué otra forma podría reaccionar si acaba de morir alguien tan importante para su vida? Tras un terremoto, la persona se despierta al menor ruido, pero ¿de qué otra forma podría responder si en cualquier momento puede venir una réplica que destruya el lugar que ahora habita?

d) Percibirse como *supervivientes*. Una víctima es alguien a quien le pasa algo malo. Un superviviente es alguien que hace algo con lo que le pasa. Hace algo para mantenerse en pie y salir adelante. Por tal motivo, tras un evento potencialmente traumático, las personas que en su narrativa dan cuenta de aquello que hicieron para sobrevivir y se perciben a sí mismas como supervivientes, más que como víctimas, es posible que no requieran una intervención terapéutica posterior.

e) Trazarse *metas* y dirigirse a ellas. La capacidad de los seres humanos de trazarse objetivos a futuro y desarrollar planes para conseguirlos es una habilidad cognitiva superior que aparentemente no comparten otros animales. Sin embargo, esa capacidad se inhibe cuando las personas enfrentan eventos críticos que alteran la vida y los planes preformados. En fin, las personas pueden llegar a preguntarse, ¿qué gano trazando objetivos y desarrollando planes si en cualquier momento puede venir otro desastre y todos mis sueños se irán nuevamente a la basura? Esta actitud representa la desesperanza en la que quedan muchas personas tras vivir una experiencia de este tipo. Por lo tanto, la actitud contraria, mantener o corregir objetivos, adecuar los planes a las nuevas circunstancias y, sobre todo, persistir con la capacidad de soñar un futuro, son indicadores de que al menos esta cualidad se ha mantenido incólume, a pesar de los hechos. Como veremos a lo largo de este libro, en la Terapia Sistémica Breve es central el trabajo con las metas que los consultantes tienen en su vida.

Aunque la resiliencia suele describirse como un rasgo personal, puede aplicarse también a grupos humanos. Especial atención ha merecido desde los años noventa la investigación sobre «**resiliencia familiar**», que Patterson (2002) define como la capacidad de mantener el equilibrio entre las demandas y capacidades familiares tanto ante crisis normativas como no-normativas; las familias resilientes son capaces de seguir promoviendo el desarrollo de sus integrantes y la integridad familiar incluso ante desafíos extremos. Aunque la investigación sobre este concepto es más dispersa que la desarrollada sobre resiliencia personal (Becvar, 2013), hay consenso en torno a que la resiliencia familiar tiene que ver con factores estructurales y procesuales que son algo más que la suma de las resiliencias individuales e interaccionan además en diferentes niveles del sistema y el ecosistema (Henry *et al.*, 2015). Por ejemplo, Patterson (1991) diferencia nueve procesos de afrontamiento que tienen efectos protectores para familias con un hijo con discapacidad: 1) atribuir un significado positivo a la situación; 2) equilibrar la atención a la discapacidad con las necesidades de los demás miembros de la familia; 3) mantener límites familiares claros; 4) desarrollar una comunicación competente; 5) mantener la flexibilidad familiar; 6) mantener el compromiso con la unidad familiar; 7) ejercer un afrontamiento activo de los problemas; 8) mantener la integración social; e 9) desarrollar relaciones colaborativas con los profesionales.

Este tipo de modelos conceptuales permiten desarrollar programas de prevención para promover la resiliencia familiar, tanto en la prevención universal como ante la constatación de situaciones de crisis (Walsh, 2006, 2012). Desde el punto de vista clínico, la constatación de que en las familias interaccionan procesos de vulnerabilidad, protección y adaptación (Henry *et al.*, 2015) ofrece a los terapeutas la oportunidad de tenerlos en cuenta e incluirlos en sus conversaciones con los consultantes. Por ejemplo, conversando sobre cómo la pareja o la familia están apoyando y ayudando al consultante, sobre qué más podrían hacer para apoyar y ayudar, sobre la historia de resiliencia ante la adversidad de esa familia o pareja, etc.

2.3.2. Crecimiento postraumático

Si ahora atendemos a las pequeñas distinciones semánticas que usamos para referirnos a la capacidad de sobreponernos tras una crisis, resulta que algunas personas no solo no se caen o se levantan con o sin esfuerzo, sino que también son capaces de reconocer que cambiaron profunda y positivamente tras una experiencia traumática. Esta posibilidad parece no ser tan inusual, de modo que se ha podido investigar, diferenciándola de la idea de resiliencia. Hay personas que, tras un trauma, ya no solo vuelven a su estado original, sino que progresan de forma sostenida a un estado mejor, en el que estos aprendizajes y cambios le permitirán enfrentar sucesos similares en el futuro con nuevas herramientas. A esta capacidad de aprender de las crisis se la ha denominado crecimiento postraumático, un concepto en principio individual pero que se puede aplicar también en el nivel familiar (Berger y Weiss, 2009).

Tras el terremoto de Chile del año 2010, Esteban vio su hogar afectado por cortes de agua, luz y suministros, además del temor constante de que una turba llegara a saquearle su casa, al ser el suyo uno de los pocos barrios donde no hubo grandes pérdidas materiales. La misma noche del terremoto tuvieron que permanecer fuera de la casa, en el automóvil de la familia, ante el riesgo de que una réplica derribara finalmente el inmueble. Esa misma noche y al día siguiente estableció diálogos con sus vecinos del condominio, a los que antes ni saludaba ni conocía siquiera por su nombre. Entonces hicieron una olla común para aprovechar los víveres que cada hogar podía aportar y comieron todos juntos. Unas vecinas adolescentes se encargaron de cuidar a sus pequeñas hijas mientras él y su esposa salían a buscar algunas provisiones. En la noche se turnaban entre los vecinos del condominio para hacer vigilancia y evitar el asalto de alguna turba. Se sintió cuidado, protegido y finalmente agradecido de la comunidad que habían formado y que les permitió a todos finalmente sobrevivir por varios días antes de que se restableciera el orden. Cuando a Esteban se le preguntó, meses después, qué cambio positivo había percibido a partir del terremoto, mencionó que ahora valoraba mucho más que antes a sus vecinos, conocía sus nombres, dónde vivían, sus historias, los consideraba ahora personas confiables, con los que podía contar en una crisis, y valoró la construcción de una comunidad donde todos podían apoyarse.

Tedeschi y Calhoun (1996), promotores de este constructo, han definido al crecimiento postraumático (en adelante, CPT) de varias maneras a lo largo del tiempo, con pequeñas variaciones entre ellas. Haciendo una síntesis de los distintos matices y perspectivas, nos atrevemos a definir el CPT como *los cambios positivos percibidos por una persona a partir de la lucha que emprende para sobreponerse tras vivir un evento traumático.* Davis y Nolen-Hoeksma (2009) añaden que el término CPT debería reservarse para algo más que una apreciación de los posibles beneficios del evento crítico (que podría ser una forma de reducir la disonancia cognitiva preservando una ilusión de dominio) o una mejor capacidad de respuesta ante adversidades futuras. Según estos autores, debería emplearse solo para referirse a una verdadera transformación personal a partir del evento crítico, que se traduciría sobre todo en un cambio duradero y a largo plazo de sus objetivos, prioridades y proyectos vitales. Así, es probable que una persona golpeada por la COVID-19, que ha pasado semanas en la UCI y que tras el alta tuvo secuelas severas, llegue a valorar posteriormente que la enfermedad le permitió apreciar más el valor de la familia y de los amigos y relativizar la importancia del trabajo. Sin embargo, para hablar de un crecimiento postraumático haría falta que además se produjera un verdadero cambio en sus prioridades, que se tradujera, por ejemplo, en buscar activamente más tiempo para compartir con sus hijos, cambiar a un trabajo menos exigente o involucrarse activamente en una ONG. El CPT no es algo que surja de inmediato, de hecho es más probable que inicialmente la persona luche más bien por sobrevivir o aminorar su sufrimiento, y solo con la distancia que permite el tiempo llegue a reconocer los nuevos aprendizajes. En un estudio longitudinal que desarrollamos con personas que habían sufrido un accidente laboral, observamos que el salto en los niveles de CPT se produjo entre los seis meses y un año después del evento (García *et al.*, en revisión).

Según Tedeschi y Calhoun (1996) estos cambios percibidos pueden representarse en a) cambios en uno mismo, por ejemplo, percibiéndose como una persona con una capacidad insospechada para afrontar dificultades; b) cambios en las relaciones interpersonales, por ejemplo, percibiendo que hay personas en las que uno puede confiar o apoyarse en momentos de debilidad, en contra de la opinión previa de que cada uno se defiende solo, y c) cambios en la espiritualidad o en la filosofía de vida, por ejemplo, percibiendo que Dios les ha deparado una misión o sintiéndose capaces de distinguir entre lo importante y lo superfluo. Como acabamos de señalar, este tercer nivel puede entenderse como un cambio de objetivos, prioridades y proyectos.

Factores predictores del CPT

Uno de los desafíos más relevantes a la hora de estudiar el CPT es determinar cuáles son sus factores predictores, es decir, qué características se asocian a un mayor CPT. De este modo sería posible incentivar estos factores también durante la intervención profesional. Haremos a continuación una revisión de algunos de ellos.

Optimismo

El optimismo es la tendencia a esperar resultados positivos y favorables en el futuro (Carver *et al.*, 2010) y a hacer interpretaciones positivas del pasado (Peterson, 1991). Este optimismo parece reducir el impacto negativo de algunos eventos sobre las personas afectadas (Sumer *et al.*, 2005; Vernberg *et al.*, 2008) e influir positivamente sobre el bienestar psicológico y subjetivo (Vera-Villarroel *et al.*, 2012). Por ejemplo, se ha documentado una relación positiva del CPT con el optimismo en pacientes con distintos tipos de cáncer (Bozo *et al.*, 2009; Ho *et al.*, 2004) o que han sobrevivido a un terremoto (García *et al.*, 2014a).

Esperanza

Snyder *et al.* (2000) conceptualiza la esperanza como un proceso interactivo, de tipo cognitivo-emocional, entre tres variables: los objetivos de una persona, su capacidad de generar planes para alcanzarlos *(pathways thinking)* y su capacidad de llevar a cabo esos planes *(agency thinking)*. La esperanza se construye fundamentalmente a partir de los éxitos del sujeto en alcanzar objetivos emocionalmente valiosos para él. Para Snyder, el trauma puede dificultar o incluso impedir el logro de objetivos y, por tanto, disminuir momentáneamente la esperanza de los supervivientes. Por otra parte, una esperanza alta tras el trauma amortiguaría sus efectos, reduciendo los síntomas postraumáticos y promoviendo el crecimiento postraumático al propiciar que la persona reduzca su rumiación negativa y se siga movilizando para conseguir sus objetivos (Ciarrochi *et al.*, 2015; Levi *et al.*, 2012).

Apoyo social

Uno de los factores psicosociales que presenta una relación positiva más fuerte con el CPT es el apoyo social, especialmente por parte de la familia, la pareja y los amigos (Zimet *et al.*, 1988). Un alto nivel de apoyo social percibido después de un hecho altamente estresante disminuye el impacto cognitivo del evento, permite regular mejor las emociones negativas, controlar conductas disfuncionales, reforzar las actividades de distracción y gratificantes, y resolver mejor los problemas prácticos (Prati y Pietrantoni, 2009).

En un estudio realizado en el sur de Chile, donde una comunidad fue duramente reprimida por la policía tras manifestar su necesidad de mejores condiciones de vida, observamos que la búsqueda activa de apoyo social era el predictor más importante de CPT controlando otras formas de vinculación social como el compartir social de la emoción y la participación social (García, Villagrán *et al.*, 2015).

El compartir social de la emoción

El compartir social de la emoción consiste en traducir una emoción a un lenguaje socialmente compartido y, al menos en un nivel simbólico, dirigirse a algún destinatario (Rime *et al.*, 1998). A través de la autorrevelación y de compartir sus experiencias con otros, las personas pueden descubrir aspectos positivos del trauma de los que no se habían percatado, además de construir nuevas narrativas y modificar sus esquemas (Schexnaildre, 2011; Tedeschi y Calhoun, 2004).

Participación social

Otra forma de vinculación social, de gran relevancia cuando hablamos de movilizaciones ciudadanas, es la participación en manifestaciones públicas o acciones de resistencia. Velásquez y González (2003) entienden la participación como un proceso social que resulta de la acción intencionada de individuos y grupos en busca de metas específicas relevantes para la comunidad. Beristain (1999) afirma que las experiencias de resistencia frente a la represión pueden considerarse como experiencias positivas de afrontamiento.

Un estudio realizado en Croacia observó que la participación frecuente en actividades sociales, tales como marchas y manifestaciones, se asociaba a menores síntomas de TEPT vinculados a la reciente guerra civil (Kunovich y Hodson, 1999). Gasparre *et al.* (2010) demostraron que la participación en rituales colectivos por parte de las víctimas de genocidio en Guatemala se relacionaba positivamente con el CPT; asimismo, los ritos fueron asociados a un mayor apoyo social y a un mayor compartir social del evento traumático.

Religiosidad

La religiosidad parece ser un recurso personal, social y comunitario importante a la hora de enfrentar situaciones críticas. Por lo mismo, ha sido medida como una estrategia de afrontamiento, pero claramente es más que eso, pues se relaciona con el desarrollo espiritual, refuerza el sentido de identidad, brinda un marco de significado para los hechos de la vida, constituye una fuente de apoyo social, permite desarrollar un sentido de pertenencia y fomenta la participación en rituales sociales colectivos.

En el caso de eventos potencialmente traumáticos, la religiosidad sirve como un mecanismo de amortiguación y adaptación a las catástrofes, al otorgarle un sentido a hechos impredecibles e incontrolables (Páez *et al.*, 2011). Tras el terremoto de Chile del año 2010, una sobreviviente sepultada por escombros relató que el apoyo en Dios le permitió sostenerse en los momentos más duros de esa experiencia, afrontar la incertidumbre de lo que iba a ocurrir, otorgar consuelo y dar un sentido a lo que estaba viviendo (García, 2013). Sin embargo, Pargament *et al.* (2011) advierten que el afrontamiento religioso es multivalente, pues también puede conducir a resultados perjudiciales. Así, distinguen entre el afrontamiento religioso positivo y negativo. El primero se relaciona con el apoyo espiritual y la purificación religiosa. El segundo, en cambio, hace referencia a una apreciación religiosa punitiva y al descontento espiritual. En un estudio que realizamos con personas que vivían en campamentos posterremoto (García *et al.*, 2014b), encontramos que la religiosidad positiva predecía el CPT incluso controlando el apoyo social, y que la religiosidad positiva mediaba totalmente la relación entre la percepción de la severidad del evento y el CPT. En cambio, la religiosidad negativa no tenía ninguna relación con el CPT.

Afrontamiento centrado en el problema

Como señalamos en el capítulo 1, el afrontamiento tiene dos funciones principales: tratar con el problema que causa la angustia (afrontamiento centrado en el problema) y regular las emociones (afrontamiento centrado en la emoción) (Lazarus y Folkman, 1986). Rajandram *et al.* (2011) revisaron estudios que relacionaban las estrategias de afrontamiento y el CPT en pacientes con cáncer. Establecieron que el afrontamiento centrado en el problema correlacionaba con el CPT. En población afectada por el terremoto de Chile, hemos encontrado una influencia significativa sobre el CPT del afrontamiento centrado en el problema (García y Cova, 2013).

Al parecer, es justamente el uso de estrategias de afrontamiento diferentes lo que permite finalmente distinguir los procesos que conducen al CPT y los que llevan a la sintomatología postraumática (Park *et al.*, 2008). Por ejemplo, en el estudio en el que evaluamos las distintas vías que conducen al CPT y al TEPT mediante un modelamiento con ecuaciones estructurales, observamos que el afrontamiento activo conduce al CPT pero no a la sintomatología (García y Cova, 2013). La Terapia Sistémica Breve para supervivientes de un Trauma (TSB-T) incentiva un afrontamiento activo mediante dos vías principales: promoviendo que los consultantes utilicen sus capacidades para ir dando pasos hacia la consecución de sus objetivos, y bloqueando los posibles procesos de evitación cognitiva y conductual.

Rumiación constructiva

Como ya hemos indicado en el apartado 2.2.3, es necesario distinguir entre la rumiación intrusiva y la deliberada (Calhoun *et al.*, 2000). La primera se define como la invasión no-solicitada de pensamientos acerca de una experiencia que uno no elige traer a la mente (Cann *et al.*, 2011); la rumiación deliberada, en cambio, supone un esfuerzo más premeditado centrado en la comprensión o en el manejo de la situación (Taku *et al.*, 2009). Se ha observado que la rumiación intrusiva se correlaciona positivamente con los síntomas postraumáticos (Kane, 2009); en cambio, la rumiación deliberada muestra una relación positiva fuerte con el CPT (Morris y Shakespeare-Finch, 2011). La rumiación intrusiva solo conduce al CPT si se transforma en una rumiación más deliberada (García y Cova, 2013).

Implicaciones para la clínica

Como señalamos anteriormente, el conocimiento de las variables que influyen en la resiliencia y en el CPT podría ayudarnos a promover respuestas más apropiadas frente a eventos altamente estresantes, así como prevenir el malestar que generalmente se asocia a estas experiencias (García, 2011). A partir de estos hallazgos, nos atrevemos a realizar una serie de recomendaciones que pueden ser incluidas en cualquier psicoterapia con supervivientes de un trauma. Estas sugerencias se emparentan con técnicas desarrolladas desde la TSB, por lo que pensamos que la TSB-T puede ser una aportación significativa para promover la resiliencia y el CPT de los consultantes. No se trata de exigir que nuestros consultantes sean resilientes o experimenten un CPT, sino de aprovechar los conocimientos existentes sobre estos dos procesos a fin de apoyarlos en su recuperación.

1) *Incentivar el optimismo.* Los hallazgos sobre optimismo nos invitan a incluir en la psicoterapia intervenciones que busquen modificar el sesgo negativo de los consultantes. Esto se hace en la TSB-T mediante preguntas sobre las excepciones, que los orientan hacia sus avances y logros, e invitándoles a imaginar y describir un futuro preferido a través de las preguntas de proyección al futuro. El optimismo también se promueve en la TSB-T utilizando un lenguaje presuposicional que transmita nuestra confianza en que la persona mejorará, aunque sea poco a poco, y que avanzará hacia sus objetivos. En el capítulo 6 ofreceremos pautas específicas para ello.

2) *Fortalecer la esperanza.* Ayudar a la persona traumatizada a que identifique sus objetivos, construya planes para alcanzarlos y se sienta capaz de llevarlos a cabo fomenta la esperanza. En la TSB la construcción de objetivos ocupa un lugar central en las primeras sesiones de la psicoterapia, sea al negociar el proceso terapéutico o al utilizar la técnica de la proyección al futuro. El desarrollo de planes de acción está en un primer plano en el resto de las sesiones y se trabaja sobre todo mediante las escalas de recuperación. Finalmente, el empoderamiento de los consultantes es un proceso transversal en toda la intervención, en la medida que se promueve activamente

un *locus* de control interno. Por eso no dudamos en afirmar que la TSB es una verdadera «terapia de la esperanza».

3) *Conectar con redes de apoyo social.* Cuando trabajemos con una persona, familia o comunidad expuestas a eventos altamente estresantes, convendrá fomentar en ellas la conexión con sus redes sociales disponibles, en las que la familia, los amigos, los vecinos y los pares (personas que hayan vivido lo mismo, si las hay) son probablemente las fuentes más cercanas e importantes de apoyo. Si la persona se encuentra desconectada, lo que es característico en traumas más individuales como el abuso o violación, conviene promover su incorporación a otros grupos, como comunidades religiosas y grupos de auto-ayuda, entre otros. Como veremos en el capítulo 5, esta labor de conexión se inicia con la posibilidad de incorporar a las sesiones a familiares o amigos de los consultantes y continúa con diversos procedimientos y pautas de conversación que promueven una visión relacional.

4) *Facilitar el compartir social de la emoción.* Debemos generar espacios, tanto en la psicoterapia como dentro de sus redes sociales de apoyo, para que la persona pueda contar lo que desee contar acerca de su experiencia, así como expresar libremente sus emociones en un ambiente de aceptación y contención. Brindar los espacios no equivale a incentivar la expresión emocional a cualquier precio, como sugieren algunos procedimientos que han mostrado efectos iatro-génicos, como el *debriefing* (Aulagnier *et al.*, 2004) u otras técnicas catárticas. En el capítulo 5 explicaremos cómo crear un contexto de seguridad en sesión que permita la expresión de sentimientos.

5) *Fomentar la participación social* en actividades que empoderen a la persona, a su grupo social o comunidad. La participación en asambleas, coloquios, cabildos, marchas, acciones de resistencia ante la injusticia, la discriminación o la exclusión social, permiten que la persona se sienta parte de algo mayor

y que una sus fuerzas a otras personas con intereses similares, probablemente consiguiendo beneficios para sus vidas que de otro modo se demorarían mucho en lograr individualmente. Este puede ser uno de los temas de conversación con los consultantes en la TSB-T.

6) *Incentivar el afrontamiento religioso o espiritual.* Si la consultante es creyente en Dios, entonces su fe será un recurso valioso en las conversaciones que se entablen con ella. Ayudar a la persona a conectarse con su fe, buscar explicaciones a lo ocurrido dentro de sus creencias, participar en actividades o rituales de su comunidad religiosa y buscar el apoyo de figuras significativas dentro de su religión son vías adecuadas para propiciar el crecimiento o el aprendizaje luego de una experiencia extrema. En el caso de personas no creyentes, aparecerán probablemente alusiones a otros valores, como la creencia en la razón humana, el sentido de la justicia, el deseo de ser un ejemplo positivo para los propios hijos, etc. Una vez identificados estos valores centrales se puede conversar con los consultantes cómo seguir inspirándose en ellos y traducirlos en otras áreas de desarrollo.

7) *Incitar el afrontamiento activo o centrado en el problema.* Así como es importante permitir la expresión emocional en caso que la persona lo requiera, también debe promoverse el afrontamiento directo de las causas o consecuencias del evento estresante al que estuvo sometida. Será útil, por tanto, conversar sobre las acciones de la persona que le permitieron sobrevivir al evento traumático, empleando las preguntas de supervivencia que presentaremos en el apartado 5.4.6. También interesará preguntar cómo la persona consiguió salir adelante tras el suceso, utilizando las preguntas de afrontamiento que describiremos en el apartado 6.2.4. A partir de aquí podemos tratar de diferenciar qué estrategias de afrontamiento están funcionando y cuáles no, a fin de promover las primeras. Podemos complementar este trabajo

acordando con la persona un plan de actividades concretas a fin de terminar de tomar el control de su situación.

8) *Promover la rumiación deliberada.* La sensación de que no existe control sobre los pensamientos negativos reduce la agencia personal de la persona y puede generar desesperanza. Si bien, dadas las circunstancias, este tipo de pensamiento es esperable, la persona debería pasar a centrarse en cómo explicar y qué hacer frente a la situación. En las terapias sistémicas breves (García y Schaefer, 2015) existe una técnica llamada «prescripción del síntoma» que consiste, *grosso modo*, en pedirle a personas que manifiestan síntomas sobre los que no tienen control que los produzcan ellos mismos en forma deliberada. Los resultados de nuestros estudios brindan una base científica para explicar por qué estas técnicas funcionan (García *et al.*, 2017; Concha *et al.*, en revisión).

9) Las intervenciones narrativas que presentaremos en el capítulo 6 pueden considerarse una manera de apoyar la *resiliencia*, ya que conversar sobre cómo la persona está «volviendo a ser ella misma», librándose de las limitaciones que le había impuesto el trauma, o emplear las «escalas de recuperación» que describiremos en el capítulo 6, apela directamente a este concepto. En cuanto al CPT, partiendo de su conceptualización más ambiciosa como un cambio profundo y duradero en los objetivos y proyectos vitales de la persona (Davis y Nolen-Hoeksema, 2009), las preguntas narrativas promueven la reflexión en torno al «nuevo yo» y sus nuevos objetivos vitales. Los dos tipos de diálogo, sobre la recuperación de la identidad perdida y sobre la creación de una identidad nueva, pueden ser complementarios. Inclinarnos por uno o por otro dependerá de la posición de cada consultante y de la fase del proceso de recuperación en la que se encuentre.

Capítulo 3

Desafíos clínicos en la intervención psicoterapéutica con supervivientes de un trauma

3.1. Algunas secuelas de traumatización que pueden dificultar la psicoterapia

Los diferentes problemas que presentan los usuarios de una psicoterapia tienden a dificultar no solo su vida cotidiana, sino también las posibilidades de beneficiarse de una ayuda terapéutica: la persona deprimida tal vez no sea capaz de levantarse de la cama para asistir a su sesión de psicoterapia, y si lo consigue es probable que rechace los comentarios optimistas de su terapeuta debido precisamente al sesgo negativo que impone la depresión; o la persona con una fuerte fobia social tendrá lógicamente grandes dificultades para solicitar cita con un profesional y también para relacionarse con un terapeuta. Las personas que han sufrido traumas no escapan de este fenómeno común y tienden a repetir ante la terapia los patrones de conducta generados por la experiencia traumática, que les hacen sufrir en su vida cotidiana.

Por una parte, las personas que sobreviven a un trauma suelen tener dificultades para pedir ayuda e iniciar un tratamiento. En los casos más extremos, porque la disociación total de la experiencia traumática puede llevar a no recordar lo sucedido; cuando en estos casos las secuelas del trauma son poco específicas, es posible que la persona pase años en atención médica no especializada, sin recibir psicoterapia. Este es probablemente el caso en bastantes «trastornos somatomorfos», situaciones de quejas somáticas sin base orgánica que a menudo conducen a policonsultas y cronificación (Schade *et al.*, 2011). La evitación, la secuela más frecuente de los procesos de traumatización, también tenderá a mantener a la persona alejada de la terapia: sí es consciente de que sufre por el evento que la traumatizó, pero no se atreve a enfrentarse a él porque teme aumentar aún más su sufrimiento. El hecho de que los supervivientes de un trauma a menudo se encuentren aislados socialmente constituye un obstáculo añadido para su acceso a los dispositivos de ayuda profesional.

Por otro lado, las personas que han sobrevivido a un trauma y que llegan a contactar con un terapeuta tienden a tener ciertas dificultades para mantenerse en terapia, ya que el trabajo terapéutico puede inicialmente agudizar el sentimiento de baja autoestima o alimentar en primera instancia su malestar, con el consiguiente riesgo de abandono. Este riesgo es mayor en las situaciones en las que se mantiene un alto nivel de estrés tras el trauma o cuando existe una situación real de amenaza. También dificulta la continuidad de la terapia el hecho de que la propia consulta o la persona del terapeuta pueden convertirse en estímulos condicionados que desencadenen en la sesión síntomas postraumáticos como los *flashbacks* o ataques de ansiedad.

Finalmente, crear una buena relación terapéutica con una persona traumatizada puede ser especialmente desafiante. La desconfianza interpersonal, una secuela esperable en los casos de traumas interpersonales, tenderá a manifestarse también en la relación con el terapeuta. Es más, cabe esperar una fuerte reacción adversa ante una relación de intimidad como la que, al fin y al cabo, propone un psicoterapeuta. Además, el carácter preverbal de algunos traumas dificultará verbalizar la experiencia e incluso establecer cualquier conversación con el terapeuta.

Ser consciente de estas dificultades permite a los terapeutas adoptar un enfoque terapéutico proactivo, que minimice su posible impacto.

El riesgo de abandono puede conjurarse en parte metacomunicando sobre él en la primera entrevista, o incluso en la llamada telefónica, así como haciendo las sesiones con una frecuencia mayor de la que es habitual en la TSB; si es posible, convendrá tener inicialmente sesiones semanales y empezar a espaciar las sesiones solo cuando se empiecen a ver cambios y la relación esté afianzada. Hay también terapeutas que optan por intercalar seguimientos telefónicos entre las primeras sesiones.

El malestar que puede generarse en las sesiones puede compensarse graduando cuidadosamente la exposición a materiales complicados, y haciéndolo únicamente cuando se hayan ensayado mecanismos de relajación y autocontrol. Siguiendo la recomendación de Dolan (1991), nos gusta también comenzar las sesiones con el foco sobre las mejorías recientes (empezando con la pregunta «¿Qué ha ido un poco mejor desde la última sesión?») y cerrarlo con una conversación sobre mejorías futuras («¿Cuáles son los siguientes avances que te gustaría ver?» o «¿Cuál sería para ti una señal de que las cosas han mejorado medio punto más en la semana siguiente?»), dejando el posible trabajo con material problemático para la parte intermedia de la sesión, entre las dos conversaciones más centradas en soluciones. En el apartado 5.4.1 presentaremos algunas otras alternativas para prevenir y manejar el malestar en sesión.

En lo referido a la alianza terapéutica, como veremos en el capítulo 5, se trata sobre todo de crear un encuadre terapéutico seguro en el que se pueda desarrollar una relación colaborativa y de confianza, así como adaptarse a las necesidades y al ritmo del consultante. Además, es importante que el terapeuta monitorice constantemente el estado de la alianza terapéutica y esté dispuesto a hacer maniobras de reparación de la relación cuando esta se vea comprometida (Norcross, 2012; Norcross y Lambert, 2019). Anticipar algunas de las complicaciones previendo con el paciente los posibles momentos de dificultad también contribuirá a manejar esos momentos de manera colaborativa.

3.2. Algunos dilemas en la psicoterapia con supervivientes de un trauma

La intervención terapéutica con personas que han sobrevivido a un trauma tiene a nuestro entender varios riesgos. Por un lado, que se centre exclusivamente en el manejo de los síntomas actuales que presente la consultante, sin tener en cuenta el proceso de traumatización que los originó. Es lo que sucede cuando la persona no relaciona su ansiedad o su depresión con los abusos o el maltrato que sufrió, o cuando el terapeuta no explora el posible origen traumático de lo que preocupa a su interlocutor. La consecuencia es que se priva a la persona de dar un sentido a sus problemas y de poner su proceso de recuperación en un contexto más amplio. Tal y como evidencia la investigación sobre las Experiencias Infantiles Adversas que revisamos en el capítulo 2, no es inhabitual que las secuelas de traumatización sean tratadas como «enfermedades mentales», sin relacionarlas con los sucesos que los han generado. Este es el motivo por el cual se defienden cada vez con mayor vigor los *trauma informed treatments*, no solo en el campo de la psicoterapia, sino también en el de la atención médica y la escolar (Brunzell *et al.*, 2016; Burke, 2018; Wiest-Stevenson y Lee, 2016; Zacarian *et al.*, 2017). Por otro lado, también existe el riesgo de que los traumas funcionen en terapia como verdaderos «agujeros negros» que tienden a atrapar la conversación de modo que todo gire en torno al trauma original y termine atascándose en la revisión del evento traumático, fomentando sin pretenderlo la rumiación intrusiva. La consecuencia es que la persona siga en buena medida «congelada en el pasado» y no avance hacia sus propias metas personales. El resultado puede ser una terapia interminable que cristalice el malestar y no ayude a la persona a avanzar.

Tanto si la intervención se centra sobre los síntomas que ha dejado el trauma como si se trabaja directamente la experiencia traumática, es posible que se desatiendan los recursos y las fortalezas de la persona al mantener en un primer plano sus problemas. En este caso perderíamos la oportunidad de fomentar el crecimiento postraumático y de aprovechar las capacidades de nuestros consultantes, algo que, como veremos, consigue hacer la TSB. Pero también existe el riesgo contrario: centrar la intervención sobre las fortalezas de la persona y su crecimiento puede llevar a ignorar cuestiones problemáticas que necesiten ser tratadas; es el riesgo que corre, por ejemplo, la Terapia Breve Centrada en Soluciones (TBCS) ortodoxa aplicada a estos problemas (Froerer *et al.*, 2018). Las investigaciones realizadas por nuestro equipo (Concha *et al.*, en revisión; García y Concha, 2020; García *et al.*, en revisión) confirman que la TBCS ortodoxa tiene este efecto: por una parte consigue fomentar el crecimiento postraumático, pero, por otra, su eficacia con la sintomatología postraumática es reducida.

Por estos motivos entendemos que la atención a los supervivientes de un trauma debería realizarse de forma equilibrada, para que tengan cabida tanto el trabajo sobre el malestar y los problemas, como el trabajo sobre los recursos y las soluciones; tanto la reelaboración y resignificación de los eventos traumáticos, como una intervención centrada en el futuro y en la recuperación de la vida de la persona. Además, la intervención con personas que han sobrevivido a un trauma debería ser lo bastante flexible como para adaptarse a la heterogeneidad de las experiencias traumáticas y, sobre todo, a las características, necesidades y deseos de cada consultante en particular (Cloitre *et al.*, 2020; Norcross y Wampold, 2018). Como nos recuerda uno de los mayores expertos mundiales en trauma, Bessel van der Kolk, en los casos de traumatización «no existe un tratamiento de elección» (van der Kolk, 2014, p. 212), pero sí el imperativo de ajustarnos a la idiosincrasia de cada consultante y de cada situación.

3.3. ¿QUÉ DICE LA INVESTIGACIÓN EN PSICOTERAPIA?

3.3.1. Conclusiones de la investigación de resultados sobre la psicoterapia de personas que han sufrido experiencias traumáticas

En los últimos años ha crecido de forma exponencial la investigación sobre diversos tipos de psicoterapia para el tratamiento de los síntomas de estrés postraumático. De hecho, en su reciente publicación sobre el tema, la International Society for Traumatic Stress Studies (ISTSS) (Bisson *et al.*, 2020) revisa la evidencia procedente de 327 ensayos clínicos realizados con muestras de personas con diagnóstico de TEPT. En cuanto a qué tipo de terapia es más eficaz, el panorama es el habitual en el campo de la psicoterapia: hay intervenciones que tienen un mayor aval empírico que otras, pero que no son necesariamente las más eficaces, sino más bien las más estudiadas (Beyebach y Herrero de Vega, 2006) De hecho, la mayoría de los ensayos randomizados se han realizado comparando las intervenciones para pacientes traumatizados con «tratamiento habitual» o con lista de espera, siendo escasas las comparaciones directas entre las terapias supuestamente más eficaces. Aunque las recomendaciones de instituciones como la ISTSS discuten por separado la intervención temprana y la intervención después de los tres meses del evento traumático, vamos a comentarlas de forma conjunta, ya que el patrón de resultados es similar. De este cuerpo de investigaciones puede extraerse una serie de conclusiones que tiene relevancia para el planteamiento de este libro:

• En primer lugar, existen varias decenas de modelos terapéuticos que han demostrado una considerable eficacia para el tratamiento de los síntomas de estrés postraumático, con tamaños de efecto grandes e incluso muy grandes.

- Los tratamientos que la ISTSS considera que tienen una buena base empírica (*recommendation* y *standard recommendation*, Forbes *et al.*, 2020) son tremendamente variados. Si bien en los primeros años se generó ante todo investigación de eficacia sobre intervenciones conductuales (y en especial sobre la Terapia de Exposición Prolongada), el abanico de terapias bien investigadas se ha abierto considerablemente, incluyendo desde terapias puramente conductuales y terapias cognitivas hasta planteamientos narrativos y de inspiración psicodinámica. Los formatos también son diversos: terapias individuales y grupales; en persona o por internet; realizadas con un terapeuta o en formato de autoayuda supervisada; basadas en la conversación o en la escritura.

- Las cuatro terapias con una recomendación más fuerte de la ISTSS son la Terapia de Exposición Prolongada (EP; Foa *et al.*, 2007), la Terapia de Procesamiento Cognitivo (TPC; Resick *et al.*, 2017), la Terapia Cognitiva centrada en el Trauma (TC-TEPT; Ehlers, 2020; Ehlers *et al.*, 2005) y la Terapia de Desensibilización y Reprocesamiento mediante Movimientos Oculares (EMDR; Shapiro, 2001). Según plantea la ISTSS, estos cuatro tratamientos compartirían tres «factores nucleares comunes» que explicarían su eficacia. Uno de ellos es la activación en sesión de las memorias traumáticas, el trabajo directo con los peores recuerdos del evento. Otro factor común sería abordar directamente las cogniciones traumáticas, es decir, centrarse en las experiencias traumáticas y ayudar a los consultantes a que identifiquen y modifiquen las creencias problemáticas en torno a lo sucedido («fui una cobarde», «fue mi culpa») y a su futuro («estoy manchada para siempre»; «no vale la pena ayudar a los demás»). Como veremos en el capítulo 5, en la Terapia Sistémica Breve también realizamos una labor de resignificación del evento crítico cuando escuchamos la narración de lo sucedido. El tercer factor común sería abordar la evitación conductual, algo que también es central en la TSB-T al incorporar las propuestas de la terapia estratégica del Mental

Research Institute (MRI) de analizar e interrumpir las «soluciones intentadas ineficaces».

• Además de estos tres factores, hay a nuestro juicio otros tres ingredientes que aparecen en estas cuatro terapias. Por un lado, la psicoeducación, cuya eficacia por separado no se ha estudiado, pero que, como reconocen los autores de la ISTSS (Olff *et al.*, 2020), aparece de una forma u otra en cada una de las cuatro terapias mejor apoyadas y en prácticamente la totalidad de los demás tratamientos con aval empírico. Precisamente por la importancia de la psicoeducación, que en TSB-T trabajamos desde el diálogo con los consultantes, es por lo que nos hemos detenido en el capítulo 1 en una descripción tan detallada del proceso de traumatización. Por otro lado, un factor que podríamos llamar «la recuperación de la propia vida», es decir, promover que los consultantes recuperen intereses, actividades y proyectos interrumpidos o dejados en suspenso tras la experiencia traumática. Por ejemplo, en la TC-TEPT se incluye un módulo denominado «Reclaiming/rebuilding your life assignments», que enlaza directamente con las intervenciones para promover la esperanza y el crecimiento postraumático que planteamos desde la TSB. Finalmente, de forma más puntual aparecen en algunas de estas terapias lo que en TSB-T denominamos «activación de recursos». Por ejemplo, en la TPC se invita a los consultantes a dar y recibir elogios diariamente, o a hacer cosas agradables.

• Aunque las cuatro terapias que acabamos de analizar están centradas en el trauma, en la lista de terapias eficaces de la ISTSS aparecen también terapias que no lo están. Así, entre los tratamientos que reciben una *standard recommendation* (una buena base empírica) hay dos no focalizados en el trauma: la terapia centrada en el presente y la terapia cognitiva grupal. Además, la investigación reciente sugiere que, en las comparaciones *directas* entre intervenciones focalizadas en el trauma y los tratamientos estándar, las primeras son más eficaces, sí, pero solo ligeramente (Cuijpers *et al.*, 2020; Tran y Gregor, 2016). En nuestra opinión, esta doble constatación demuestra que se puede intervenir exitosamente con pacientes traumatizados aunque no se aborde directamente el evento crítico ni se reactiven las memorias traumáticas. Por otra parte, incluso en las terapias más centradas en el trauma se advierte la necesidad de no quedarse en el trauma: «La preocupación principal del paciente puede cambiar [...]. Que una persona cumpla los criterios de diagnóstico de un TEPT no significa que esos síntomas sean la preocupación principal [...]. Hay que ir más allá y [...] abordar los temas más amplios» (Olff *et al.*, 2020, pp. 181-182).

• Pese a la importante evidencia empírica acumulada a lo largo de las últimas dos décadas, hay un amplio margen de mejora para la terapia con personas que han sufrido experiencias traumáticas. No se trata solo de los altos porcentajes de abandono y de sintomatología residual en las clásicas terapias de exposición, sino de que incluso los tratamientos más modernos dejan a muchos pacientes sin atender (o sin estudiar: la mayoría de los ensayos clínico se siguen haciendo con rígidos criterios de exclusión, dejando fuera a menudo a los pacientes más complicados o con más comorbilidad). En este sentido, la ISTSS reconoce que «la evidencia es clara: incluso con los tratamientos más eficaces y más fuertemente recomendados hay un número considerable de personas con TEPT que no responden óptimamente» (Olff *et al.*, 2020, p. 181).

• Desde la famosa propuesta de Paul (1967), es evidente que los estudios de eficacia no deberían limitarse a comparar modelos de tratamiento para grupos homogéneos de pacientes, sino tratar de desvelar los mecanismos causales de estos tratamientos y responder en última instancia a la pregunta de qué tratamiento es más eficaz para qué paciente con qué problemas y en qué circunstancias. Además, tal y como muestran los modernos diseños SMART (Collins *et al.*, 2007), se necesita también apoyar empíricamente la toma de decisiones de los terapeutas en los diversos momentos de una psicoterapia. En este sentido, la personalización de los tratamientos para supervivientes de un trauma está todavía en pañales, pero es probable que ajustarse a las características, circunstancias y preferencias de los consultantes permitirá aumentar la eficacia. En este sentido, nos parece especialmente relevante que la TSB sea por definición un «tratamiento a medida».

En conclusión, pensamos que la abundante investigación existente aporta un apoyo empírico indirecto a muchas de las estrategias y técnicas de intervención que propondremos desde la TSB-T en los capítulos siguientes. Además, justifica la necesidad de no conformarse con los procedimientos avalados actualmente existentes, y más bien seguir desarrollando métodos de intervención que permitan ajustarse a la gran diversidad de situaciones y circunstancias que plantean nuestros consultantes, tal y como hemos hecho en los últimos años (García y Concha, 2020; Concha *et al.*, en revisión; García *et al.*, en revisión)

3.3.2. El estudio del Fondo Nacional de Investigación y Desarrollo (FONDECYT, Chile)

Desde 2018 hasta 2021, los autores de este libro realizamos una investigación FONDECYT financiada por la Agencia Nacional de Investigación y Desarrollo (ANID), del Ministerio de las Ciencias de Chile, cuyo objetivo fue evaluar la eficacia de tres modelos psicoterapéuticos breves para reducir el malestar y promover el bienestar en personas recientemente afectadas por un evento altamente estresante. Los tres modelos evaluados fueron Terapia Sistémica Breve (TSB), en este caso una combinación de terapia centrada en soluciones y terapia narrativa (dos intervenciones que describiremos en detalle en el capítulo siguiente); Terapia Cognitivo Conductual (TCC) en este estudio una combinación de terapia cognitiva conductual con aportes de la Psicología Positiva y una intervención de *mindfulness* breve. Los participantes del estudio fueron aleatorizados a los tres grupos experimentales más un grupo de control en lista de espera.

Las intervenciones consistieron en cuatro sesiones individuales y semanales de una hora cada una. Las atenciones eran realizadas por psicólogos titulados, con formación previa en cada uno de los modelos y entrenados en los respectivos protocolos de intervención. A los participantes se los midió antes de la intervención, una vez terminada la intervención de cuatro sesiones y en un seguimiento realizado seis meses después.

Los resultados finales de este estudio se encuentran aún en fase de análisis de datos y elaboración del informe final. Resultados preliminares que abordan solo la comparación pre-post entre los tres grupos de intervención más el grupo de control en lista de espera (García y Concha, 2020) arrojan algunos hallazgos interesantes:

- El modelo que produjo una mayor reducción de la sintomatología postraumática y depresiva fue la TCC, seguida de la TSB y luego el *mindfulness*. Todos los grupos superaron al grupo de control en lista de espera.
- El modelo que produjo un mayor incremento del crecimiento postraumático fue la TSB, seguida de la TCC, que superaron al grupo de control en lista de espera. No hubo diferencias entre el *mindfulness* y el grupo de control en lista de espera.
- Los modelos que generaron un mayor incremento del bienestar subjetivo fueron la TCC y la TSB, sin diferencias entre ellos, superando al *mindfulness* y al grupo de control en lista de espera. El grupo de *mindfulness* superó a la lista de espera.
- Respecto a las estrategias de afrontamiento, los participantes con TSB mostraron un incremento en las estrategias de

búsqueda de apoyo social, afrontamiento activo y reinterpretación positiva del evento estresante, respecto a los otros grupos y al grupo de control en lista de espera.

Evaluaciones preliminares del seguimiento muestran que a los seis meses, los grupos de TCC y TSB se igualan en la reducción de la sintomatología postraumática y en el crecimiento postraumático, lo que podría ser indicador de que un mayor crecimiento incide posteriormente en la reducción del malestar aunque este último no se aborde directamente en el protocolo de la TSB y que a su vez un menor malestar tras el fin de la intervención incide en que se perciba más crecimiento seis meses después, aunque esto no se haya trabajado directamente en el protocolo de la TCC.

Si bien estos resultados se encuentran aún en análisis, por lo que es necesario tomarlos con precaución, son indicadores de que la combinación de la terapia centrada en soluciones con técnicas narrativas actuaría directamente, posibilitando un mayor crecimiento en las personas que asisten a terapia, pero no logra reducir el malestar en un primer período con la eficacia de las técnicas provenientes del modelo cognitivo conductual. Por tal motivo, un modelo de Terapia Sistémica Breve adaptado a la intervención con supervivientes de trauma debería ocuparse también del malestar, incorporando, además de los elementos centrados en soluciones y narrativos, procedimientos que, si bien no provienen de su propio mundo, sean coherentes con sus principios y formas de operar.

3.4. ESTRATEGIA GENERAL PARA LA INTERVENCIÓN PSICOTERAPÉUTICA CON SUPERVIVIENTES DE UN TRAUMA

Lo expuesto en apartados anteriores nos permite distinguir distintas puertas desde las cuales entrar a brindar apoyo a personas que han vivido o están viviendo situaciones de crisis, estrés intenso y trauma. Estas son: a) salir de la rumiación improductiva, generalmente intrusiva y depresiva, y propiciar la resignificación del evento traumático, la asimilación de la experiencia vivida y la reconstrucción de creencias básicas amenazadas por el evento; b) reducir el malestar emocional que interfiere en las actividades cotidianas de la persona afectada; c) sustituir las estrategias de afrontamiento ineficaces, que aumentan la sensación de amenaza presente, por otras que encaminen hacia el crecimiento y la recuperación; d) activar la esperanza y el crecimiento tras el trauma; e) volver a conectar con las redes sociales que han sido afectadas por el evento, en especial, aquellas personas que han brindado apoyo en el pasado o que pueden brindarlo ahora; f) recuperarse también a nivel corporal, superando posibles secuelas del trauma.

No proponemos que la psicoterapia deba abordar necesariamente cada una de las áreas señaladas, ya que en función del caso puede ser adecuado centrarse más en unas o en otras, pero sí que la terapeuta esté atenta a las posibles necesidades de intervención en cada una de ellas. Por otro lado, estas áreas no son independientes entre sí. Al igual que en el capítulo anterior destacábamos las interacciones entre las diversas consecuencias negativas del trauma, queremos subrayar ahora los efectos beneficiosos que la mejoría en un área puede producir en otras, generando «círculos virtuosos» que aceleren el proceso de cambio:

Después de un despido traumático de la empresa en la que había trabajado durante más de treinta años, Rodrigo entró en una dinámica depresiva de encierro y rumiación, en la que oscilaba entre preguntarse ansiosamente por qué lo habían despedido precisamente a él y no a sus compañeros e idear estrambóticos planes de venganza. Estas rumiaciones le dificultaban conciliar el sueño, y la falta de sueño a su vez acentuaba su abatimiento y sus rumiaciones. Como había cortado toda relación con sus compañeros de trabajo y con sus amistades (casi todas relacionadas con su trabajo anterior) se exploró con él qué otras amistades podía recuperar. Cuando Rodrigo reconectó con dos amigos del instituto volvió a salir de casa y de hecho empezó a hacer ejercicio diariamente con uno de ellos. El ejercicio físico le ayudó a conciliar mejor el sueño, y las rumiaciones empezaron a pasar a un segundo plano.

A continuación daremos una visión global de cada una de estas áreas de posible intervención, dejando para los capítulos 5, 6 y 7 una presentación detallada de las opciones técnicas que la TSB propone para trabajar cada uno de estos aspectos.

3.4.1. Pasar de la rumiación improductiva a la elaboración del evento traumático

Como ya hemos dicho, los pensamientos repetitivos parecen surgir de la necesidad de comprender lo que se ha vivido y reconstruir creencias resquebrajadas. Sin embargo, su carácter intrusivo, su asociación con altos niveles de malestar y la solución aplicada de intentar que estos pensamientos desaparezcan con la sola fuerza de desearlo producen que toda esa rumiación termine siendo improductiva.

El desafío clínico consiste en permitir que las personas sean capaces de enfrentarse a sus pensamientos negativos, para lo cual deben aceptarlos en lugar de seguir evitándolos, y luego revisar sus significados, escuchar el mensaje detrás de estos pensamientos y reelaborarlos a través de una narrativa coherente que sea capaz de darles un sentido y una función. En los términos planteados en el apartado 2.2.3, pasar de una rumiación *intrusiva* a una rumiación *deliberada*.

Para ello podemos utilizar alguna técnica tan básica como «no hacer nada», es decir, permitir que los pensamientos aparezcan tal y como lo han estado haciendo hasta ahora, sin ningún intento de control, con la finalidad de conocer qué son, cómo operan y qué significan. El «no hacer nada» es más bien una forma de decirlo, pues el consultante sí tiene que hacer algo: observar sus pensamientos, es decir, observar qué momentos aprovechan para aparecer, qué mensajes le transmiten, cómo reacciona ante estos pensamientos, qué los apacigua, etc. En el capítulo 7 presentaremos en detalle diversas posibilidades para trabajar con las rumiaciones.

3.4.2. Reducir el malestar emocional

La persona que solicita nuestra ayuda en la consulta lo hace porque se siente mal, no porque quiera aprender algo positivo acerca de su experiencia. Lo hace para reducir su sufrimiento, no para ver su vida con ojos más optimistas. Es cierto que crecer ante la adversidad y reinterpretar en forma positiva las experiencias penosas que parecen sucederle en la actualidad pueden ser caminos útiles para lograr la recuperación que pretende, pero es difícil que se involucre en ello si sigue sintiendo una angustia que la paraliza, un miedo que le impide tomar decisiones, una tristeza que apenas la deja levantarse en las mañanas.

Ante esto, una de los primeros desafíos clínicos que tenemos es ayudar a la persona a reducir en parte ese malestar emocional y mejorar sus estrategias de afrontamiento para hacerlas más efectivas. A veces esto implica aprovechar lo que sí le ha funcionado a fin de reducir el estrés o amortiguar la intensidad de la emoción, como puede ser salir a caminar, hablar con amigos, meditar, pasear a la mascota, o lo que sea que le haya servido en el pasado o en el presente. Como veremos en el capítulo 7, en ocasiones el manejo del malestar también implica presentar a la persona estrategias que no están en su repertorio para que aprenda otras formas de actuar, como, por ejemplo, técnicas de respiración diafragmática, relajación muscular, hacer ejercicio físico regular, *mindfulness* o autohipnosis. En cualquier caso, será importante detectar y contrarrestar la tendencia a la evitación que pueden presentar los consultantes: la tentación de reducir el malestar a base de evitar situaciones, personas o circunstancias, una estrategia desafortunada que tenderá a aumentar el poder de los síntomas postraumáticos sobre la persona.

Andrés sufrió bullying en la escuela a lo largo de todo un curso escolar, a manos de quienes habían sido inicialmente sus mejores amigos. Finalmente cambió de colegio, pasando a un centro en el que fue muy bien acogido. Sin embargo, a resultas de su experiencia dejó prácticamente de relacionarse con sus compañeros: cuando se abría alguna posibilidad de estrechar los lazos con algún compañero o compañera sentía una fuerte ansiedad y su forma de evitarla fue mantener los contactos sociales en un nivel mínimo y superficial. En este caso, la reducción del malestar más obvio, la ansiedad, se conseguía a costa de una conducta de evitación que generaba un malestar emocional mayor, el resultado de encontrarse solo y sin amigos.

Para todos estos fines, nos puede ser útil el uso de un lenguaje externalizante, separar a la persona del malestar, como dos entidades que, si bien parecen unidas, no son en absoluto lo mismo (White y Epston, 1993). De ese modo, al hablar de la emoción negativa como algo que a veces aparece en su vida y otras veces desaparece, que ha interferido en ciertas áreas de su vida, que ha ayudado a protegerse en otras y que no se ha inmiscuido en la gran mayoría, permitirá evaluar con mayor claridad el impacto del malestar emocional en su vida y descubrir quizás estrategias que no había visualizado y que le han ayudado a preservar algunas áreas importantes de su vida de la influencia negativa de esta emoción. De esta forma, la externalización permite a la persona comprender que es posible responder de alguna manera a su malestar, dejando de lado el rol pasivo de quien se siente sometido y controlado por él, lo que puede ser una maniobra interesante para jugar con las posibilidades y construir nuevas soluciones para el futuro inmediato. En el capítulo 7 haremos una presentación más exhaustiva de esta técnica (apartado 7.2.1).

3.4.3. Promover el crecimiento postraumático y la esperanza

Antes de hablar del desafío clínico de colaborar con nuestros consultantes para que realicen un aprendizaje tras un evento traumático, queremos subrayar que en ningún caso constituye una obligación. En ocasiones las personas que han estado expuestas a un evento de este tipo señalan que no hay nada que aprender de lo que les sucedió, y en gran parte tienen razón. Un abuso sexual es algo que no tiene nada positivo, se mire por donde se mire, y preguntar a alguien «qué puede haber obtenido de bueno (o de positivo) en el abuso que sufrió» constituiría una real falta de respeto para quien ha vivido una atrocidad como esa.

Si bien no hay nada positivo en muchas de las experiencias traumáticas que viven nuestros consultantes, sí lo hay, y mucho, en todos los esfuerzos que han realizado por salir adelante a pesar del abuso, en todo lo que han hecho para preservar y cuidar aquello que valoran, ya sea la familia, el trabajo, los estudios, los amigos, el medio ambiente, etc. Pues a lo que nos referimos con el concepto de crecimiento postraumático es justamente a ser capaces de reconocer qué han hecho para lograrlo, en qué o en quiénes se han apoyado para sostenerse y qué nuevas cualidades y valores han desarrollado para ello. *No se aprende necesariamente del hecho traumático en sí, pero sí a partir del hecho traumático.* Y esos cambios y aprendizajes, que pueden promoverse en terapia, son útiles para enfrentar los problemas actuales que los aquejan y los desafíos futuros que están por venir. A nuestro entender, eso debería ser relevante para cualquier proceso terapéutico, independientemente del modelo que siga el terapeuta. Y, sin embargo, no lo es.

Muchas de las maniobras de la TSB se orientan hacia este fin. Si consideramos que para crecer las personas deben optar por un afrontamiento activo, mantener una mirada positiva sobre su pasado y esperanzada hacia su futuro y buscar el sostén de sus redes sociales de apoyo, entonces las preguntas de afrontamiento, las preguntas por las excepciones, las preguntas de proyección al futuro y las técnicas de revinculación social que veremos en el capítulo 6 deberían por sí mismas contribuir al crecimiento y a la esperanza de nuestros consultantes.

3.4.4. Promover la revinculación social y reactivar recursos interpersonales

Como hemos venido señalando en los capítulos anteriores, el apoyo social es un factor protector y de recuperación de primer orden en el afrontamiento de los eventos traumáticos y sus secuelas. A la vez es, por desgracia, uno de los aspectos a los que suele afectar con más crudeza la experiencia de traumatización: habiendo sufrido una experiencia posiblemente inenarrable, transida de dolor, paralizada por la ansiedad o la depresión, mortificada por la culpa o la vergüenza, es probable que la consultante se sienta incapaz de tener un contacto significativo con sus seres queridos y que se aísle o al menos se desconecte emocionalmente de ellos. Por eso una prioridad de la intervención debería ser ayudar a la persona a restablecer la vinculación social y, más allá de esto, recuperar la confianza interpersonal que el trauma posiblemente haya resquebrajado.

Una buena base de la que partir en el proceso de recuperación de la confianza en los demás es precisamente que la persona encuentre una relación terapéutica acogedora y contenedora, como veremos en el apartado 5.1. La terapia debe ser, en este sentido, un verdadero «puerto seguro» en el que la persona pueda abordar su malestar y sus temores, pero también elaborar sus proyectos y recuperar sus ilusiones. Sin embargo, es importante que la relación psicoterapéutica no reemplace la relación con la red social natural de la persona, un riesgo que existe incluso en una terapia de corta duración como típicamente es la TSB. Para ello, es conveniente que el terapeuta promueva desde el primer momento la conexión del consultante con su red social. Como veremos más adelante, la apuesta por el apoyo social se puede reflejar en casi todas las intervenciones del terapeuta: cuando invita a la pareja o al familiar de la persona traumatizada a la primera entrevista; cuando, desde un comienzo, se interesa y presta atención a cualquier referencia a otras personas cercanas al consultante; cuando pregunta desde la perspectiva de terceros; cuando conversa con su consultante sobre qué planes tiene para reactivar sus amistades; o cuando simplemente lo pone en contacto con una asociación o con un grupo de voluntarios. Todo ello, eso sí, respetando los ritmos de la persona:

Lorenzo y Jimena recibieron una noche, de madrugada, el aviso de la policía de que su único hijo, de 25 años, había fallecido en un accidente de tren. Quedaron devastados. Cuando acudieron a terapia, tres meses después de la pérdida, habían dejado de trabajar, apenas salían de casa y rehuían las conversaciones con familiares, amigos y conocidos por el temor a que les preguntaran por su hijo o por cómo estaban. Respetando la importancia de pasar el duelo como pareja y su deseo de restringir por el momento sus contactos sociales, el terapeuta, sin embargo, introdujo la perspectiva de los demás en la mayoría de las preguntas que hizo. Así, se interesó por quiénes serían los primeros en darse cuenta de que estaban empezando a «salir del pozo»; con quién se imaginaban pudiendo hablar de lo sucedido; qué amigos o familiares les harían sentir más acompañados, quiénes se alegrarían más de ver que estaban empezando a dar pequeños pasos hacia la recuperación, etc.

3.4.5. Recuperar el cuerpo

Como hemos visto en el capítulo 1, los eventos traumáticos pueden dejar una profunda huella en el cuerpo de las personas: rigidez, dolores, insensibilidad en ciertas parte de su cuerpo, dificultades para el contacto, entre otras. En el apartado 7.1 presentaremos algunas intervenciones específicas dirigidas a mejorar en esta área. Baste por ahora adelantar que en la terapia con supervivientes de un trauma conviene estar atentos a las señales corporales y posturales de los consultantes, no solo para detectar dificultades, sino también para constatar mejorías. Además nos interesaremos por el tema en las conversaciones con el consultante, por ejemplo, revisando situaciones en las que se encuentra físicamente más a gusto (en la ducha, en la bañera, paseando al aire libre...). Además, como estrategia general apostaremos por incentivar la práctica deportiva de cualquier tipo (que tiene además efectos ansiolíticos y antidepresivos), así como prácticas como el yoga o el taichí, que mejoran la conciencia del propio cuerpo y pueden ser un buen complemento para el *mindfulness*.

Arturo había presenciado durante su infancia en repetidas ocasiones cómo su padre golpeaba y vejaba a su madre. Su madre terminó la relación con su maltratador, pero el niño siguió sufriendo síntomas de estrés postraumáticos que no fueron tratados. Cuando llegó a terapia, ya adolescente, presentaba una notable rigidez corporal, de la que ni siquiera era consciente. En alguna de las sesiones de psicoterapia le animamos a empezar a hacer deporte; cuando conversamos sobre el tema se puso de manifiesto que de pequeño le gustaba nadar, pero que había dejado de hacerlo cuando su madre y él cambiaron de residencia. Se apuntó a un cursillo de natación y, tras las dificultades iniciales, empezó a disfrutar mucho este deporte, que además funcionó como una técnica de relajación y le ayudó a manejar mejor las rumiaciones. Según nos contó más adelante, los primeros tres meses de natación ¡le habían ayudado más que las tres terapias que había tenido anteriormente!

En el capítulo siguiente veremos de qué forma la TSB responde a los desafíos clínicos en cada una de las áreas generales de intervención que hemos identificado en este capítulo. Esto nos llevará a plantear una Terapia Sistémica Breve para supervivientes de un Trauma (TSB-T) y a describir sus ingredientes fundamentales. Seguidamente, en los capítulos 5, 6 y 7 presentaremos en detalle cada una de sus técnicas de intervención y las formas de implementarlas.

Capítulo 4

La terapia sistémica breve como opción terapéutica para personas traumatizadas

4.1. La Terapia Sistémica Breve

Podemos definir la Terapia Sistémica Breve (TSB) como un conjunto de procedimientos y técnicas de intervención que pretenden ayudar a los consultantes (individuos, parejas, familias o grupos) a movilizar sus recursos para alcanzar sus objetivos en el menor tiempo posible, abordando el contexto interpersonal de los problemas y sus soluciones desde una posición de colaboración activa con los usuarios (Beyebach, 2006, 2009; Herrero de Vega y Beyebach, 2010; Falicov, 2016; García, 2013). En este sentido, la TSB se inscribe en el cambio de foco desde los déficits y los trastornos hacia los recursos y las fortalezas que se ha producido en las últimas décadas en muchos campos diferentes, desde la psicología (Seligman, 2002a, 2002b), al trabajo social (Saleebey, 2006), el desarrollo comunitario (Kretzmann y McKnight, 1993) o la terapia sistémica (Stratton, 2005).

Se trata de un enfoque en el que convergen al menos tres modelos, con una base epistemológica y teórica común: i) la Terapia Breve Estratégica (TBE), creada originalmente en el Mental Research Institute (MRI) en Palo Alto, California; ii) la Terapia Breve Centrada en Soluciones (TBCS), creada por Steve de Shazer e Insoo Kim Berg, en Milwaukee, Wisconsin y iii) la terapia narrativa (TN), encabezada por Michael White en Australia y David Epson en Nueva Zelanda. A ellos se suman aportes que provienen de otros modelos teóricos o clínicos, como la Psicología Positiva, las terapias sistémicas familiares y las terapias cognitivo-conductuales. Esta integración de modelos se ha realizado con acentos ligeramente distintos en diferentes parte del mundo: en Estados Unidos (Metcalf, 2018; Quick, 1996 o Selekman, 2005); en Latinoamérica (García, 2013 o Charles, 2008) y en Europa (Beyebach, 2009; Beyebach y Rodríguez Morejón, 1999; Rodríguez-Arias y Venero, 2006).

La integración de estos tres modelos se fundamenta tanto desde el punto de vista epistemológico, como en el nivel de estrategias de intervención y en el nivel técnico (Beyebach, 2015). Desde el punto de vista epistemológico, los tres enfoques comparten una visión contextual, constructivista y construccionista de la terapia. En lo contextual, se nutren de los planteamientos del antropólogo Gregory Bateson, en especial de sus reflexiones sobre comunicación y relación, por lo que asumen una visión de los problemas y de su resolución que incluye el contexto en el que estos se producen, en especial la pareja y la familia. Respecto a la visión constructivista y construccionista, asumen que la realidad que el consultante expresa en una conversación terapéutica está construida de acuerdo con las posibilidades que le otorgan:

a) Su sistema perceptivo, que le permite capturar una porción de la realidad y excluir otras. Todos sabemos que nuestro sistema biológico capta solo un margen del rango de luz o de las ondas sonoras que nos rodean. Hay sonidos que no escuchamos, como aquellos que inquietan a los perros o permiten la geolocalización a los murciélagos.

b) Sus experiencias personales, que contribuyen a la creación de esquemas cognitivos que le permiten comprender y organizar el mundo que le rodea. De ese modo, es posible que interpretemos nuestras vivencias de acuerdo con cómo las hemos vivido en el pasado. Por ejemplo, si hemos sido criados en un contexto de apego inseguro en la niñez, si en la vida adulta una pareja sexual no responde inmediatamente un mensaje de texto por redes sociales es interpretado como desinterés o abandono (y reaccionamos con dolor, celos o furia).

c) De su lenguaje, que permite la construcción social de la realidad que es posible asimilar y transmitir a otras personas o a sí mismo. Tal como decía Wittgenstein, los límites de mi mundo son los límites de mi lenguaje. Es sabido que los esquimales tienen distintas formas de referirse a la nieve, pues tienen el léxico para hacer distinciones que un hombre occidental o de zonas cálidas no posee.

A pesar de esta confluencia epistemológica, cada uno de los modelos reclama un referente epistemológico diferente: por ejemplo, Heinz Von Foerster para la TBE, Ludwig von Wittgenstein para la TBCS y Michel Foucault para la TN. En cualquier caso, el planteamiento constructivista y construccionista es perfectamente adecuado para entender el efecto de los eventos críticos ya que, como hemos señalado en el capítulo 1, el trauma es siempre construido, es decir, depende en gran medida de cómo sea vivido e interpretado por quien lo experimenta. Desde el punto de vista psicoterapéutico, este planteamiento constructivista es enteramente compatible con el de las terapias cognitivas centradas en el trauma, en la medida en que enfatizan el papel central de cómo la persona perciba y procese los eventos traumáticos (Ehlers, 2020; Ehlers y Clark, 2000; Ehlers et al., 2005; Resick et al., 2017).

Desde el punto de vista de las estrategias de intervención, los tres modelos que integran la TSB le otorgan un papel central a la alianza terapéutica y promueven el ajuste a la posición de los consultantes, siguiendo en esto la influencia de Milton H. Erickson y su concepto de la utilización: emplear a favor del cambio todo lo que aporta el consultante, incluso lo que pueda parecer problemático. Esto se traduce en la estratégica posición *one-down* (por debajo) que adopta el terapeuta inspirado por la TBE y en la de «no-saber» o «no-entender» del terapeuta centrado en soluciones, para poder entrar en la experiencia de sus consultantes desde su propia visión del mundo.

Por otro lado, los tres modelos están decididamente orientados hacia el cambio y la brevedad de la intervención. Como señalan García, Mardones *et al.* (2016), «breve» significa optimizar el trabajo terapéutico, de modo que su labor contribuya efectivamente a resolver los problemas de los consultantes. Por tal motivo, probablemente no se promuevan conversaciones que profundicen en las heridas causadas por los problemas, ni en los antepasados remotos de los problemas actuales, ni en la estructura profunda que explica el comportamiento de las personas; tampoco se ocuparán largas e interminables sesiones en procesos psicodiagnósticos aplicando una prueba tras otra o tratando de encajar al consultante en una categoría nosológica, tipo DSM.

En nuestra opinión, la fuerza de la TSB para el abordaje de las secuelas de la traumatización radica en que cada uno de estos tres modelos subraya estrategias diferentes pero complementarias para conseguir el cambio terapéutico: la idea de bloquear patrones problemáticos, central en la TBE, mantiene una relación dialéctica con la de potenciar patrones positivos que caracteriza a la TBCS, y ambos planteamientos se ven enriquecidos por la conexión con los patrones biográficos y sociales más amplios que aporta la TN. En el terreno de la intervención con supervivientes de un trauma, el bloqueo estratégico de los patrones problemáticos (TBE) permite abordar diversos síntomas de estrés postraumático, como la rumiación intrusiva, la ansiedad o las conductas de evitación. La potenciación de patrones positivos corresponde a la activación centrada en soluciones de los recursos de la persona y su red social. Y la TN mostrará su utilidad para resignificar los sucesos traumáticos y conectar los avances de la persona con su biografía previa y sus planes de futuro.

La TSB, al complementar y combinar los aportes de los tres modelos centrales, enriquece enormemente el rango de posibilidades teóricas y prácticas que se pueden alcanzar. A su vez, cada uno de estos tres modelos suplementa las posibles debilidades o insuficiencias técnicas de los otros dos (Beyebach, 2015). Así, el énfasis de la TBCS y la TBE en establecer objetivos claros y cuantificables, que puede por momentos parecer excesivamente reduccionista, se ve compensado por la apertura a lo emocional y simbólico de la TN. Por otro lado, la tendencia en la TBE a centrar la conversación terapéutica sobre el presente se equilibra con la preferencia de la TBCS por conversar sobre el futuro, y se ve enriquecida por la incorporación, desde la TN, de los elementos del pasado biográfico. Además, la relativa parquedad de las maniobras de validación y empatía en la TBCS y la TBE puede complementarse con la validación expresa de historias de sufrimiento en la que son maestros los terapeutas narrativos.

Finalmente, en el nivel técnico, los tres modelos coinciden en que prestan una atención exquisita al lenguaje, entendido como principal herramienta de intervención. En este sentido, los tres aportan no solamente técnicas de entrevista y de diseño de tareas, los «qué» de la conversación terapéutica, sino que también ofrecen detalles sobre los «cómo», las formas de usar el lenguaje para producir el máximo efecto terapéutico. Este interés por el lenguaje se ha plasmado en diversos manuales clínicos (Beyebach, 2006; Nardone y Salvini, 2011; Prior, 2009) y en diversas líneas de investigación sobre el uso del lenguaje en terapia breve (Choi, 2019; Herrero de Vega y Beyebach, 2004; Korman *et al.*, 2013; McGee *et al.*, 2005; Neipp *et al.*, 2016, 2021; Sánchez-Prada y Beyebach, 2014).

A continuación describiremos algunas ideas centrales de los tres modelos que componen la TSB y de la Psicología Positiva, siguiendo un orden histórico y cronológico. Por eso, aunque el núcleo de nuestra forma de entender la TSB es el planteamiento centrado en soluciones, empezaremos por la TBE.

4.2. Los tres ingredientes de la TSB

4.2.1. La Terapia Breve Estratégica del Mental Research Institute

El modelo

Influidos directamente por las investigaciones sobre comunicación de Gregory Bateson y la práctica psicoterapéutica de Erickson, un grupo de profesionales liderados por el psiquiatra Don Jackson, y en el que participaron John Weakland y John Haley, entre otros, fundaron en 1958 en Palo Alto, California, el Mental Research Institute (MRI), con la objetivo de estudiar la comunicación humana y la influencia del contexto interpersonal sobre la psicopatología. Tras la incorporación de Richard Fisch y Paul Watzlawick, convencidos de que la terapia se podía realizar en un tiempo mucho más corto de lo habitual en esa época, iniciaron un proyecto de terapia breve, del que nació la Terapia Breve Estratégica (TBE) tal y como la conocemos hoy en día (Fisch et al., 1982).

Para los terapeutas del MRI, las dificultades son inherentes a la vida humana, pero los problemas surgen cuando las personas persisten en utilizar soluciones que no son efectivas para resolver el problema, formando verdaderos circuitos de retroalimentación o círculos viciosos. En otras palabras, el problema es el intento de solución fracasado que insistentemente las personas siguen utilizando, la *solución intentada ineficaz*. Bloquear este patrón de «más de lo mismo» es, entonces, en este modelo, el objetivo principal de la intervención terapéutica. Para ello se parte de una evaluación cuidadosa de cuál es el denominador común que caracteriza las soluciones intentadas ineficaces en un caso determinado, a fin de diseñar prescripciones ajustadas a ese caso en particular (es decir, «estratégicas»). En el contexto de la terapia sistémica en el que había surgido inicialmente el MRI, esta forma de proceder permitió que las terapias dejaran de ser necesariamente familiares y conjuntas, pues ya no se necesitaba contar con toda la familia en la sesión para producir el cambio. Se pasó así del planteamiento «la familia es el problema» (característico de las terapias sistémicas dominantes) al de «la solución (intentada) es el problema». Esto permitió también renunciar al concepto de homeostasis familiar, a la idea de que la familia mantiene miembros sintomáticos y se resiste a la terapia para preservar su equilibrio interno, y proponer que la posible resistencia de los consultantes se debía únicamente a las dificultades para romper la inercia del «más de lo mismo». En la TBE el secreto para sortear la resistencia al cambio radica en plantear cualquier propuesta terapéutica de una forma congruente con los valores y posición de los consultantes, que se aprovechan a favor del cambio.

El Centro de Terapia Breve del MRI, liderado por Dick Fisch, concluyó que una terapia podía durar diez sesiones y generar cambios duraderos y consolidados en las personas. El MRI se convirtió en una escuela que recibía a terapeutas de todo el mundo interesados en conocer sus propuestas, e influye fuertemente en la generación de otros modelos, como la terapia del grupo de Milán (Selvini *et al.*, 1978) o la Terapia Breve Centrada en Soluciones. A finales del siglo XX se actualizó en las sugerentes propuestas de Giorgio Nardone desde Arezzo, Italia (Nardone *et al.*, 2002; Nardone y Watzlawick, 1990).

Por desgracia, la creatividad clínica de los terapeutas del Centro de Terapia Breve del MRI no vino acompañada de una apuesta igualmente decidida por la investigación cuantitativa, por lo que generaron escasa investigación sobre los resultados terapéuticos de la TBE. Al otro lado del Atlántico, las propuestas de Giorgio Nardone tampoco se contrastaron en investigaciones rigurosas publicadas en revistas científicas, por lo que en realidad la base empírica más sólida para los planteamientos del MRI proviene de los estudios realizados por Varda Shoham y Michael Rohrbaugh. Aunque estos autores prefieren hablar de «procesos irónicos» para referirse a las soluciones intentadas (Shoham y Rohrbaugh, 1997), han demostrado cómo la persistencia en intentos de solución fallidos puede tener graves consecuencias sobre la salud física y mental de las personas y cómo revertirlos genera cambios duraderos (Robbins *et al.*, 2011; Rohrbaugh *et al.*, 2001).

Aportaciones de la TBE a la intervención con supervivientes de un trauma: bloqueando patrones problemáticos

Como abordaje exclusivo en el trabajo con personas que han sobrevivido a un trauma, la TBE presenta, en nuestra opinión, algunas carencias importantes. Por una parte, el énfasis sobre el mantenimiento de patrones problemáticos en el presente propicia desatender los elementos pasados que a menudo los consultantes traumatizados necesitan revisitar y resignificar. Por otro lado, la confianza en que interrumpir los patrones problemáticos será suficiente para desbloquear la situación y que los consultantes liberen todo su potencial de recuperación nos parece ingenuamente optimista, y lleva a desentenderse de ayudarles activamente en este proceso.

Sí resulta muy interesante para una psicoterapia con supervivientes de traumas la posición no-normativa de la TBE, la idea de que «un problema es un problema» y no el reflejo de alguna disfunción personal o familiar subyacente. De hecho, se entiende que, en buena medida, la persistencia en soluciones intentadas ineficaces es resultado del azar: la persona podría haber intentado otras soluciones o podría haber desistido al comprobar que no funcionaban; incluso se asume que esas soluciones ineficaces pueden haber funcionado en otro tiempo o en otras circunstancias. Esto es precisamente lo que sucede con muchos síntomas postraumáticos: son estrategias de afrontamiento que inicialmente ayudaron y protegieron a la persona, pero que, una vez terminado el evento crítico, ya no resultan adecuadas. Esta explicación es muy reaseguradora para nuestros consultantes.

Por otro lado, la TBE nos invita a examinar, como profesionales, cómo podríamos estar tal vez contribuyendo nosotros mismos, involuntariamente, a mantener determinados círculos viciosos. Por ejemplo, es posible que estemos fomentando la evitación si atendemos a la petición de espaciar más las sesiones; o quizás estemos propiciando inadvertidamente la rumiación si proponemos a la consultante que haga todo lo posible por distraerse y no pensar en el evento crítico.

Desde el punto de vista práctico, la TBE aporta diversas técnicas para la interrupción de los círculos viciosos en torno a los síntomas postraumáticos:

- Las intervenciones paradójicas, como por ejemplo pedir a un consultante que se obsesione deliberadamente, durante un tiempo prefijado o que «llame a la ansiedad» cuando lo decida. Con ellas se consigue que el consultante deje de esforzarse por no tener ansiedad o por no pensar en el evento traumático... esfuerzos que en realidad consiguen todo lo contrario —el proverbial «no pienses en un oso blanco» de Tolstói (Shoham y Rohrbaugh, 1997)—.

- La perturbación de patrones problemáticos mediante pequeños cambios en la secuencia problema (O'Hanlon y Weiner-Davis, 1990; O'Hanlon y Cade, 1995), ligeras modificaciones del orden de las conductas problemáticas, del lugar o del momento en el que se producen, del modo en que se realizan, etc. Por ejemplo, sugerir a una paciente que a menudo se corta con una cuchilla para salir del embotamiento emocional que, en lugar de cortarse, se raye la piel con una tarjeta de crédito; o proponer a una persona que se siente muy tensa en la compañía de ciertas personas, aun sabiendo que son inofensivas, que se imagine un gran elefante rosa defecando sobre su cabeza.

- Los reencuadres estratégicos, es decir, presentar los mismos hechos desde una perspectiva diferente, como cuando, por ejemplo, redefinimos el evento traumático como una «oportunidad de crecer» o cuando preguntamos a un consultante que se siente débil y cobarde de dónde ha sacado la valentía para contarnos lo sucedido.

4.2.2. Terapia Breve Centrada en Soluciones

El modelo

Steve de Shazer e Insoo Kim Berg se formaron y se conocieron en el MRI, por mediación de John Weakland, uno de los miembros más destacados del equipo de terapia breve. Tras su paso por Palo Alto, se casaron y se instalaron en Milwaukee, donde, en compañía de otros trabajadores sociales y psicólogos, crearon el *Brief Family Therapy Center*. Inicialmente trabajaron en la línea de la TBE, centrando sus terapias en bloquear las soluciones intentadas ineficaces de las familias con las que intervenían, pero pronto descubrieron que sus consultantes también hacían intentos de solución que sí funcionaban, aunque habitualmente pasaban desapercibidos bajo el peso del problema. Empezar a preguntar ya en primera sesión por las mejorías que se habían producido desde que se había concertado esa cita, y dedicar tiempo a conversar sobre ellas (Weiner-Davis *et al.*, 1987) llevó a que estos cambios pretratamiento, estas «excepciones» empezaran a pasar a un primer plano en su forma de entender la terapia (de Shazer *et al.*, 1986). Unos años más tarde desarrollaron la técnica de la Pregunta del milagro, la invitación a los consultantes a describir en detalle su futuro deseado, lo que orientó la terapia cada vez más hacia el futuro. El desarrollo de las preguntas de escala, y en especial de las escalas de avance hacia los objetivos, permitió combinar las conversaciones sobre el pasado reciente («¿Qué está mejor ahora que estás en este 4?», «¿Qué dirías que has puesto de tu parte para subir de 1 a 4?») con las conversaciones sobre el futuro inmediato («¿Cuál sería para ti la primera pequeña señal de que las cosas están ya un poco más arriba, en un 5?»). Con esto se terminó de configurar en lo esencial la Terapia Breve Centrada en Soluciones (TBCS; de Shazer, 1991, 1994; de Shazer *et al.*, 2007).

Si la TBE ponía un gran énfasis en el diseño de tareas, en la TBCS pasó a tener un peso cada vez mayor la conversación terapéutica, entendida como un proceso de co-construcción de soluciones mediante las preguntas del terapeuta y las respuestas de los consultantes. En este proceso se igualan la posición del terapeuta y sus consultantes, de modo que se considera que estos últimos, al fin y al cabo los expertos en sus propias vidas, son quienes deben establecer los objetivos de la terapia y valorar los avances. En este sentido, la terapeuta centrada en soluciones se posiciona «un paso por detrás» (Cantwell y Holmes, 1994), con una actitud de curiosidad y cooperación con sus consultantes como eje del proceso terapéutico (de Shazer *et al.*, 1986). En este sentido, los autores centrados en soluciones dan un paso más que la TBE: no se trata ya de aprovechar terapéuticamente la resistencia a favor del cambio, sino que directamente se sustituye el concepto de resistencia por el de «colaboración».

Esta forma de entender la intervención centrada en soluciones ha llevado a que en sus interpretaciones actuales más radicales (Connie, 2013; Iveson y McKergow, 2016) se haya renunciado a hacer sugerencias a los consultantes y a que incluso se considere que el terapeuta debe mantenerse neutral ante el cambio (George, 2019): su misión sería solamente abrir posibilidades en el diálogo, confiando en que el consultante elegirá las opciones más convenientes. Aunque valoramos la coherencia epistemológica de este planteamiento, a nuestro modo de ver pasa por alto el carácter estratégico que siempre tuvo la TBCS para Steve de Shazer e Insoo Kim Berg, es decir, la apuesta por un uso deliberado del lenguaje para generar pequeños cambios y para visibilizarlos ante el sistema relevante, la cuidadosa elección de qué preguntar o parafrasear y cómo hacerlo. Nosotros entendemos que se puede combinar un respeto exquisito por los objetivos de los consultantes, sus valores y sus visiones de mundo, con una postura activa de ayuda y de intervención.

La TBCS nació en un contexto de investigación clínica, en el que Steve de Shazer, Insoo Kim Berg y sus colegas en Milwaukee empleaban un proceso iterativo de observación de entrevistas, identificación de lo que funcionaba, utilización sistemática de los elementos exitosos y análisis de sus resultados (Lipchik *et al.*, 2012). Gracias al crecimiento exponencial de la investigación sobre TBCS a partir del año 2000, McDonald pudo constatar, en 2017, la publicación de más de un centenar de estudios controlados sobre la efectividad de la TBCS (McDonald, 2017). De los 94 estudios que comparaban este tratamiento con otra modalidad de intervención, 66 arrojaban resultados favorables a la TBCS y el resto encontraban resultados básicamente equivalentes, incluso en comparación con tratamientos alternativos muy potentes (Creswell *et al.*, 2017). Los estudios de resultados sobre la TBCS en solitario o en comparación con otros tratamientos se han reanalizado en una veintena de revisiones sistemáticas (por ejemplo, Bond *et al.*, 2013; Franklin *et al.*, 2020) y metaanálisis (por ejemplo Carr *et al.*, 2016; Kim, 2008; Kim *et al.*, 2015; Kim *et al.*, 2017), confirmando la tendencia positiva que acabamos de describir. En un estudio bibliométrico reciente pudimos identificar 169 ensayos clínicos aleatorizados con TBCS realizados a escala global, tanto en países desarrollados como en países en vías de desarrollo (Beyebach *et al.*, 2021). Este conjunto de investigaciones confirma que la TBCS es un tratamiento breve que permite obtener resultados positivos en un número reducido de sesiones, que la mayoría de las investigaciones publicadas sitúa entre 3 y 6. Los datos existentes indican que el impacto de esta intervención es entre moderado y grande: mientras que en los primeros metaanálisis se encontraron tamaños de efecto modestos, en los más recientes se están estableciendo tamaños de efecto superiores a $d = 1$. Desde un punto de vista español y latinoamericano es también relevante la existencia de un subgrupo de estudios sobre población latina (Suitt *et al.*, 2016) que avalan la utilidad de la TBCS también en esta población.

En el terreno de intervención con supervivientes de un trauma, han empezado también a publicarse algunas investigaciones controladas que comparan la TBCS con lista de espera o tratamientos alternativos. En su revisión de 2019, Eads y Lee identifican cuatro estudios controlados y concluyen que la TBCS tuvo efectos pequeños o moderados sobre la sintomatología postraumática y grandes sobre el crecimiento postraumático, algo que coincide con los resultados de nuestras propias investigaciones en Chile (Concha *et al.*, en revisión; García y Concha, 2020; García *et al.*, en revisión). Eads y Leads destacan que esto se consiguió sin abordar directamente las experiencias traumáticas.

Aportaciones de la TBCS a la intervención con supervivientes de un trauma: la promoción de la esperanza.

A nuestro entender, la TBCS, especialmente en su versión más ortodoxa (George *et al.*, 1995; Connie, 2013; Iveson y McKergow, 2016), presenta algunos «puntos ciegos» en el tratamiento del trauma. Puesto que los terapeutas centrados en soluciones suelen focalizarse en los recursos y las posibilidades, corren el riesgo de minimizar o incluso de ignorar los eventos traumáticos y sus efectos. Además, es probable que no se encuentren del todo cómodos si el consultante desea o necesita contar en detalle los sucesos traumáticos, lo que puede llevar a desaprovechar las posibilidades de generar cambios en la propia historia de traumatización. Sin embargo, hay varias aportaciones conceptuales que nos parecen especialmente interesantes en su aplicación al territorio de la traumatización (Bannink, 2014; Dolan, 1991; Froerer *et al.*, 2018; Henden, 2020):

• La confianza en los recursos y las capacidades de los consultantes entronca directamente con lo que las investigaciones en psicología muestran acerca de la resiliencia y la capacidad de superación de quienes sufren experiencias traumáticas. Además, la investigación sobre TBCS confirma que, como plantea la teoría, es posible intervenir eficazmente con supervivientes de un trauma sin necesidad de abordar directamente los eventos traumáticos. En este sentido, desde un planteamiento centrado en soluciones reconceptualizamos la terapia con supervivientes de un trauma como una «terapia centrada en la recuperación» *(recovery-focused therapy)* en vez de como una «terapia centrada en el trauma» *(trauma-focused therapy)*.

- La visión de la relación terapéutica desde la colaboración activa con los usuarios y el respeto por su idiosincrasia nos parece especialmente importante para evitar la posible retraumatización que pueden generar los planteamientos más asistencialistas o paternalistas. En la TBCS el consultante «siempre tiene la razón» (Beyebach, 2006) y se sitúa como «conductor del coche del cambio», y eso es especialmente empoderador para los supervivientes de un trauma, que habitualmente han sufrido fuertes experiencias de falta de control y de desempoderamiento.

- La visión del cambio como un proceso gradual, de pequeños pasos, hace más abarcable y menos atemorizante la empresa terapéutica. La noción de que los consultantes dan pasos hacia la recuperación prácticamente desde el mismo momento en que sufren el evento traumático (Furman, 2013) es una interesante redefinición de la situación.

- El minimalismo en la intervención, algo muy presente en el trabajo de Steve de Shazer (1994), nos recuerda la conveniencia de mantener el nivel de intervención al mínimo. De hecho, en la TSB el minimalismo es uno de los criterios básicos para integrar estrategias y técnicas procedentes de otros modelos (Beyebach y Rodríguez-Morejón, 1999).

Desde el punto de vista técnico, la TBCS aporta numerosas herramientas de intervención:

- La Pregunta del milagro y formas análogas de proyección al futuro son un recurso muy útil para fomentar la esperanza de los consultantes y su confianza en que podrán tener una vida mejor. Su efecto se acentúa cuando se emplea un lenguaje presuposicionalmente cargado, que da por supuesto que se producirán cambios positivos («¿Cuál *será* la primera señal para ti de que has superado del todo esta situación?»; «¿Entre tus familiares quién *estará* más orgulloso al ver que has conseguido retomar las riendas de tu vida?»).

- La visibilización de los cambios pretratamiento y el trabajo con las excepciones al patrón problema apoya los recursos de los consultantes y les ayuda a reconstruir su sentido de agencia, su autoeficacia y un *locus* de control más interno. Este proceso de reempoderamiento de los consultantes también contribuye al restablecimiento de la esperanza.

- La utilización de preguntas de escala construye el cambio como un proceso gradual, de pequeños pasos y hace más abarcable y menos atemorizante la empresa terapéutica. Las preguntas de escala permiten obtener *feedback* sobre el proceso de la terapia e identificar pequeñas metas intermedias, cercanas y alcanzables, lo que aumenta la motivación.

4.2.3. Terapia Narrativa

El modelo

David Epston, antropólogo de origen canadiense que utilizaba métodos narrativos para relacionarse con las personas, y Michael White, con su interés por los métodos interpretativos desarrollados por Gregory Bateson, inspiraron el surgimiento de la Terapia Narrativa (TN). Epston desarrolló su trabajo desde Nueva Zelanda y White desde Australia, al margen de los centros de poder que constituían y divulgaban el conocimiento oficial y legítimo en psicología y psicoterapia, y en contacto con las comunidades aborígenes marginadas. Este hecho parecerá secundario, pero marca de muchos modos a un modelo que se destaca justamente por cuestionar las relaciones de poder y el conocimiento oficial y legítimo que se establecen en el contexto psicoterapéutico.

White y Epston (1993) unieron sus esfuerzos para introducir en el proceso de la terapia la necesidad de desenmascarar, junto a las personas que consultan, las «verdades oficiales» que han sido contadas incuestionablemente y que restringen sus vidas. Esto permite poner de manifiesto las relaciones de poder en la vida de las personas y en la relación terapéutica. Se valieron de la deconstrucción para interrogar y observar los efectos que algunos discursos tenían, por ejemplo, en el sostenimiento del rol pasivo de la mujer frente a la violencia de género, o que psicopatologizaban los comportamientos como forma de control social.

La TN recupera la relevancia del relato que las personas hacen de su vida y de sus problemas. De ese modo, la narración del pasado vuelve a tener un espacio dentro de la conversación terapéutica, pero no porque importara conocer la historia «tal como ocurrió», pues entiende que existen múltiples formas de contar una misma historia y que la que nos cuenta el consultante es una de ellas. Lo que les importa es el pasado tal y como es narrado en el presente, en una conversación en la que inevitablemente influye el terapeuta con sus preguntas y sus respuestas. El pasado se construye y reconstruye en la medida en que se comparte con los demás, y por lo tanto, los terapeutas jamás conocerán el pasado «real» de las personas, sino más bien el relato de su pasado, un relato contado desde el presente y que se puede modificar.

La introducción de la voz del consultante en la psicoterapia desde una postura descentrada, pero con influencia del terapeuta, permite brindarle a él mismo la oportunidad de enfrentar sus problemas con la colaboración de un terapeuta entrenado en formular preguntas apropiadas que lo conduzcan a nuevas formas de verse a sí mismo, a los demás y al mundo. Por ejemplo, David Epston preguntaba a los padres antes de iniciar una conversación con un niño que venía a terapia traído por ellos: «Díganme, cuando yo vaya conociendo mejor a su hijo, ¿qué creen que es lo que más me va a gustar de él?».

Una de las prácticas narrativas más importantes en la TN es la externalización del problema, la creación de distancia entre la persona y el problema por el que consulta: «El problema no es la persona, el problema es el problema».

Así, se inician conversaciones que sitúan al problema como algo externo al consultante, como una especie de personajillo que se interpone en su vida y en sus relaciones, y se exploran sus efectos en diferentes áreas de su vida, para pasar después a conversar sobre la forma en que el consultante también consigue tener efectos sobre el problema y reducir su influencia. De esta manera se inicia un proceso de activación de la persona frente al problema externalizado (White y Epston, 1993).

Los creadores de la TN tuvieron desde sus inicios una postura escéptica ante la investigación cuantitativa. Esta desconfianza del paradigma científico tradicional ha llevado a que se haya generado muy poca investigación de resultados sobre la TN, aunque se han publicado algunas (por ejemplo, Lopes *et al.*, 2014a, 2014b; McGuinty *et al.*, 2017). En el terreno de las experiencias traumáticas, Chow (2018) trabajó con supervivientes de accidentes cerebrovasculares, quienes fueron asignados aleatoriamente ya sea a un grupo de intervención narrativa o un grupo que recibió psicoeducación. Se observó que los participantes del grupo narrativo mostraban mejoras significativas en las diversas medidas de resultado, entre ellas, autoestima, esperanza, significado en la vida y satisfacción con la vida, mejoras que se mantuvieron cuatro meses después de la intervención, a diferencia del grupo control, que no pudo mostrar mejoras similares. En un ensayo clínico cuasi-experimental realizado por García y Rincón (2011) se propuso una intervención preventiva de cuatro sesiones, basada en la TN, para mujeres que habían recibido un diagnóstico reciente de cáncer de mama. Se observaron menores síntomas depresivos y postraumáticos y menor molestia física en el grupo de intervención que en el grupo control. Dichos cambios se mantuvieron tres meses después.

Por fortuna, en los últimos años se ha generado mucha investigación sobre el uso de medios narrativos en la terapia con supervivientes de un trauma, aunque se haya hecho desde planteamientos teóricos diferentes a los de White y Epston. En este sentido, cabe destacar que la *International Society for the Study of Traumatic Stress* considera que la Narrative Exposure Therapy (Schauer *et al.*, 2011), basada en que los pacientes escriban sobre su experiencia traumática y que luego se expongan a la lectura de ese relato, tiene un buen apoyo empírico, y que metaanálisis como el de van Emmerik *et al.* (2013) documentan la eficacia de métodos terapéuticos como «Interapy», basadas precisamente en los ejercicios de escritura que se proponen a los consultantes.

Aportaciones de la TN a la intervención con supervivientes de un trauma: la reconstrucción de la identidad y de la coherencia

A nuestro modo de ver, las carencias de la TN como terapia para personas que han sobrevivido a un trauma residen en el riesgo de que la terapia se quede en el nivel más simbólico y cognitivo, sin descender a los detalles concretos y conductuales, ni en el análisis y bloqueo de los hábitos problemáticos ni en la descripción y promoción de los pasos hacia la recuperación. En este sentido, el énfasis pragmático y conductual de la TBE y la TBCS complementan bien la riqueza de la TN.

En cuanto a las aportaciones, desde el punto de vista conceptual el interés de la TN por las narrativas autobiográficas y por el restablecimiento de su coherencia encaja bien con la necesidad de que los supervivientes de un trauma reconstruyan su sentido del *self* tras un evento que ha sacudido radicalmente su visión de sí mismos, de los demás o del mundo. Además, la TN complementa el interés de la TBE por el presente y de la TBCS por el futuro con una puesta en valor del pasado, en este caso, un pasado previo al incidente traumático, que se convierte también en una fuente de recursos y posibilidades. En este sentido, la TN enlaza con los planteamientos narrativos en Psicología de la Personalidad (McAdams, 2009), aportando un planteamiento más interesado por lo emocional y lo simbólico, que, como hemos señalado más arriba, complementa bien el énfasis más conductual y cognitivo de la TBE y la TBCS.

Desde el punto de vista práctico, la TN aporta varias herramientas útiles para la superación de traumas:

• La externalización del problema es aplicable tanto a las secuelas del trauma como a la experiencia traumática en sí y se ajusta bien a la experiencia de los supervivientes de un trauma, que tienden a percibirlas como «objetos extraños» que han aparecido en sus vidas. El caso Michelle, que presentaremos en el capítulo 6, ilustra las posibilidades que ofrece esta técnica para generar diálogos con personas que han sobrevivido al trauma.

• La recuperación de narrativas empoderadoras mediante la apelación al «verdadero *self*» permite movilizar recursos del pasado y del presente: «¿En qué ocasiones ha aparecido en estas semanas la *Paula valiente* para plantar cara a la culpa?», «¿Cuál es la historia de esta valentía?», «¿Cuándo fue la primera vez en que, tal vez de adolescente, tal vez de niña, fuiste consciente de que eras tan valiente?».

• La escritura, entendida como una práctica de documentación o contradocumentación, es un interesante recurso terapéutico desarrollado en su día en la TN (White y Epston, 1993) y que ha reaparecido en algunas terapias focalizadas en el trauma (van Emmerik *et al.*, 2013; Schauer *et al.*, 2011). En la aplicación de la TSB-T, la TN está en la base de propuestas para hacer en casa como la «carta de despedida del trauma», la «carta desde el futuro» o las «cartas terapéuticas» para confrontar a los agresores, que describiremos con más detalle en el capítulo 5.

- La TN ofrece también toda una serie de rituales y tareas metafóricas que permiten activar los recursos de los consultantes de una forma simbólica: el «amuleto de la verdad» (Dolan, 1991), hacer dibujos o esculturas del problema externalizado o de la persona empoderada, etc.

- Dentro de las intervenciones clínicas más específicas de la TN se destaca la propuesta del Árbol de la vida (Denborough, 2008; Ncube, 2006), que cuenta con numerosos artículos en los que se expone en forma didáctica el proceso de trabajo y/o en los que se muestran análisis cualitativos de sus resultados (por ejemplo, Hirschson *et al.*, 2017; Randle-Phillips *et al.*, 2016; Vitale *et al.*, 2019). Este método consiste en el dibujo de un árbol que representa la propia vida del consultante, quien, en el proceso de dibujar, va integrando las personas, actividades y espacios que han sido relevantes en su pasado, los elementos relevantes de su vida actual, las fortalezas y virtudes con las que cuenta, sus expectativas hacia el futuro, las personas con las que cuenta en el presente, los «regalos» recibidos por las personas con las que cuenta y las amenazas que debe enfrentar («tormentas de la vida»), culminando generalmente con un ritual relacionado con su dibujo. Esta intervención se ajusta muy bien a las necesidades de supervivientes de un trauma y resulta coherente con la TBCS, dado su énfasis en las fortalezas y recursos, la exploración de sus expectativas futuras y la orientación a la solución de problemas presentes. Su desarrollo en detalle se presenta en el apartado 6.5.

4.3. Psicología Positiva

Se ha definido a la Psicología Positiva como el estudio científico del bienestar, la felicidad y el funcionamiento óptimo de las personas (Vázquez, 2006). En un sentido quizás más poético,

Peterson (2006) la definió como la ciencia de lo que hace que la vida valga la pena. Sus principales impulsores fueron Martin Seligman y Mijhail Csikszentmihalyi (2000).

Entre los temas estudiados por la Psicología Positiva se encuentran la felicidad, asociada a la idea de bienestar, y que clasifica en subjetiva, psicológica, social y de las naciones, entre otras. También se ha centrado en el optimismo, la gratitud, las fortalezas de carácter, las emociones positivas, el humor, la resiliencia y el crecimiento postraumático, las dos últimas operando en momentos de adversidad o sufrimiento.

Si bien la Psicología Positiva es eminentemente científica, muchos de sus hallazgos, e incluso algunos procedimientos de investigación experimental (por ejemplo, aquellos relacionados con el estudio del efecto de la gratitud en el bienestar), se pueden traducir en técnicas psicoterapéuticas que es posible integrar dentro de modelos más amplios, como la terapia cognitivo conductual o la terapia sistémica breve.

Por ejemplo, uno de los hallazgos más interesantes de la investigación en psicoterapia es que gran parte del cambio terapéutico se debe a factores «extraterapéuticos», es decir, que no tienen que ver con lo que sucede en las sesiones. Y de estos factores «extraterapéuticos», los más importantes son aquellos derivados del mismo consultante (Hubble *et al.*, 1999), en especial sus fortalezas, recursos, experiencias y relaciones previas o contemporáneas al desarrollo de una psicoterapia. En tal sentido, la Psicología Positiva nos puede ayudar a orientarnos hacia estos recursos con los que cuentan las personas y enfocarlos hacia la búsqueda de soluciones para su problema actual. Seligman (2002a) además ha hablado de la importancia de la Psicología Positiva para la prevención, pues se ha observado que los mayores logros en cuanto a prevención se han basado en perspectivas que promueven las competencias, no en las que intentan corregir las debilidades.

Tarragona (2015) menciona cuatro maneras de integrar la Psicología Positiva con la psicoterapia: 1) como una postura o actitud; 2) como una fuente de información útil; 3) como «intervenciones positivas»; y 4) como una autoayuda acompañada.

Actitud y postura positiva. Tiene relación con una postura de aprecio y curiosidad por todo lo que funciona bien en la vida del consultante, por sus fortalezas, talentos, valores y metas. No requiere técnicas especiales sino más bien orientar la atención hacia los aspectos positivos en la vivencia de los consultantes. En este caso, hay que realizar una lucha consciente con la formación recibida durante nuestra preparación como psicoterapeutas, que nos ha entrenado a reconocer lo malo, lo que no funciona, el déficit y la enfermedad, dejando de lado estos aspectos positivos. Es común que en nuestra labor de supervisores de terapeutas noveles les preguntemos al final de una entrevista, «¿y con qué recursos cuenta su consultante?», y que nos miren sorprendidos sin saber qué responder, simplemente no se han fijado en ello.

Fuente de información útil. Tiene relación con poner al servicio del consultante la información derivada de la investigación sobre la felicidad y el bienestar. En este caso, el terapeuta puede transmitir hallazgos empíricos que pueden ser relevantes para el consultante, por ejemplo, lo que sabemos hoy acerca del rol de la gratitud, las emociones positivas, el optimismo o el apoyo social para el afrontamiento de situaciones de crisis o estrés.

Intervenciones positivas. Son ejercicios diseñados para aumentar el bienestar, cuya efectividad ha sido probada empíricamente. Entre las intervenciones positivas más conocidas están el escribir un diario de gratitud, el saborear (disfrutar con atención plena alguna experiencia o recuerdo agradable) y conocer y utilizar las fortalezas de carácter. Las intervenciones positivas son probablemente la forma más conocida de aplicar la Psicología Positiva en la psicoterapia.

Autoayuda acompañada. Es posible aprovechar los libros de divulgación que se han escrito desde la Psicología Positiva. Entre ellos están *Aprender a fluir*, de Csikszentmihalyi (1997) y *La auténtica felicidad*, de Seligman (2002a), entre muchos más. Estos libros pueden considerarse como autoayuda de alta calidad y se pueden usar como complementos de la terapia, para que el consultante siga trabajando entre sesiones o incluso como medios terapéuticos en sí mismos. Una especie de biblioterapia, cuando no hay suficientes recursos para que los consultantes tengan una terapia completa.

Joseph y Linley (2006) y Tarragona (2015) mencionan a la terapia centrada en soluciones (de Shazer *et al.*, 1986) y a la terapia narrativa (White y Epston, 1993) como especialmente compatibles con la Psicología Positiva.

Si bien hay que reconocer que la TSB y la Psicología Positiva provienen de tradiciones intelectuales distintas y se basan en epistemologías diferentes, ambas critican la cultura del déficit que ha caracterizado a la psicología tradicional. En tal sentido, Tarragona (2015) describe algunos puntos en común entre estas corrientes:

Una postura de aprecio. Muestran una postura de aprecio por las capacidades, fortalezas, intenciones y metas de las personas, por lo que funciona bien en sus vidas, por las soluciones que han encontrado para sus problemas y la resiliencia con la que se han sobrepuesto a la adversidad.

Interés por las soluciones y las excepciones. Ambas corrientes se distancian del discurso y las prácticas orientadas hacia lo psicopatológico. Por ejemplo, en la TBCS casi todas las sesiones se dedican a explorar las soluciones, no tanto el problema, y en la TN los terapeutas se interesan por conocer a la persona separada del problema por el que viene a consulta, antes de obtener una descripción de este y sus efectos. La Psicología Positiva, a su vez, orienta sus esfuerzos por conocer y comprender aquellas circunstancias que permiten que la persona lleve la vida que desea, incluyendo sus fortalezas y sus esperanzas.

«Volver al futuro». Tanto la Psicología Positiva como la TSB se interesan más en el futuro que en el pasado. Seligman (2011) ha dicho que la psicología del siglo XX postulaba que las personas están «empujadas por el pasado», en lugar de «jaladas por el futuro», algo que la Psicología Positiva ha intentado corregir.

En la TSB se motiva al consultante para que establezca metas y luego se le ayuda a alcanzarlas. La orientación al pasado de la TSB, inspirada por la TN, no apunta a descubrir el origen o la causa de los problemas, sino a encontrar en el pasado acontecimientos que sirvan como evidencia de posibles historias alternativas, diferentes de la historia dominante, saturada de problemas, con la que la persona llegó a terapia.

La agencia personal e intencionalidad. Llamamos agencia personal a la creencia de que somos capaces y competentes y que podemos influir sobre nuestro medio ambiente. El sentido de agencia personal es fundamental en la Psicología Positiva, pues plantea que una parte de nuestra felicidad depende de las decisiones que tomamos y de nuestra voluntad, especialmente ante circunstancias adversas. Además de ello, un sentido de agencia personal promueve el optimismo y la resiliencia (Walsh, 2006). Por su lado, la TSB ve al consultante como un agente en su propia vida, ubicando a las personas como quienes dan origen a los desarrollos preferidos de sus propias vidas (White, 2007). El sentido de agencia personal tiene que ver con la intencionalidad; por ello, en la TSB se hacen preguntas sobre los valores, sueños y compromisos de los consultantes. Al hacerlo, se exploran las intenciones y el sentido de agencia personal de nuestros consultantes y, posiblemente, se contribuye a fortalecerlos, al permitirles encontrar más significado a través de la conversación.

Aportaciones de la Psicología Positiva a la intervención con supervivientes de un trauma

Durante años, se ha considerado que la única salida posible frente a una experiencia traumática era la traumatización del afectado, llevando a que tanto la investigación como las propuestas de intervención se hayan orientado a comprender y tratar el daño que estos eventos producían. En una psicología que durante décadas se ha centrado en el déficit, se dejaron de lado otras po-

sibles respuestas, más positivas, que también podían desarrollar
los supervivientes.

El advenimiento de la Psicología Positiva ha intentado corregir esa omisión, permitiendo descubrir finalmente que la gran
mayoría de las personas expuestas a un evento potencialmente
traumático no desarrollaba ninguna psicopatología, es decir, eran
resilientes, y que un porcentaje no menor, siendo afectado por el
evento, era capaz también de obtener algún aprendizaje a partir
de esa mala experiencia que le permitiera cambiar para mejor de
ahí en adelante, lo que se denomina crecimiento postraumático.

El estudio científico riguroso de la resiliencia y el crecimiento
ha permitido identificar diversas estrategias que las personas utilizan
para afrontar las experiencias traumáticas o sus consecuencias, estrategias que es posible promover, incorporando en la psicoterapia
algunas técnicas que permiten que estas estrategias, como el optimismo, la gratitud y la búsqueda de apoyo social, se desplieguen.
Ya presentamos el desarrollo de estas ideas en el capítulo 2.

4.4. Complementariedad de los cuatro ingredientes para el abordaje del trauma

En la *tabla 4.1* recogemos de qué forma los cuatro enfoques que
acabamos de describir, aplicados en la psicoterapia con personas
que han sobrevivido a un trauma, abordan áreas relevantes para
la intervención con esta población. Los tres primeros (abordar
cogniciones relacionadas con el trauma; activar y enfrentar las
memorias traumáticas; abordar la evitación experiencial) son los
tres «factores comunes» que la International Society for Traumatic Stress Studies (ISTSS) identifica en las cuatro terapias para
trauma que considera mejor apoyadas por la investigación (Olff
et al., 2020). Los otros tres (psicoeducación sobre el proceso de
traumatización y sus secuelas; recuperar la vida anterior al trauma;
activar recursos) son factores que aparecen también en algunas

de estas cuatro terapias y que nos parecen de gran importancia, aunque la ISTSS no los considere «factores comunes». Con esta figura pretendemos resumir qué aporta cada uno de los modelos que convergen en la TSB y la Psicología Positiva para la intervención con supervivientes de un trauma. Se puede apreciar que todas las áreas de intervención quedan cubiertas por la combinación de los cuatro modelos, excepto en el caso de la psicoeducación sobre la traumatización y sus posibles consecuencias. Este elemento falta en las terapias breves debido a su posición no-normativa, y en la Psicología Positiva por su foco predominante sobre el crecimiento y la resiliencia. Sin embargo, como veremos en el capítulo 5, integrarlo con los demás elementos de la TSB es relativamente fácil, siempre que lo hagamos de forma interactiva y a través del diálogo. A partir de ahora llamaremos a esta integración de modelos **Terapia Sistémica Breve para supervivientes de un Trauma (TSB-T)**.

Factores / Enfoques	Abordar cogniciones traumáticas	Enfrentar memorias traumáticas	Evitar la evitación	Psicoeducación	Manejo del malestar	Recuperar la vida	Activar recursos
TBCS	X					X	X
TEB				X		X	
TN	X	X			X	X	X
Psicología Positiva						X	X

Tabla 4.1. Aportaciones de cada uno de los ingredientes de la Terapia Sistémica Breve y de la Psicología Positiva en la intervención psicoterapéutica con personas que han sobrevivido a un trauma.

4.5. ADAPTACIONES DE LA TSB PARA LA INTERVENCIÓN CON SUPERVIVIENTES DE UN TRAUMA: LA *TERAPIA SISTÉMICA BREVE PARA SUPERVIVIENTES DE UN TRAUMA*

Como para nosotros el ingrediente principal de la TSB es el enfoque centrado en soluciones, explicaremos sobre todo en qué puntos nuestra propuesta de una TSB-T se aparta de las prácticas centradas en soluciones ortodoxas (de Shazer, 1994; George *et al.*, 1995; Froerer *et al.*, 2018).

Una primera cuestión tiene que ver con que en la TSB-T damos más espacio que en la TBCS al trabajo con la **parte problema**. Lo hacemos así en varios sentidos:

* Como veremos en el capítulo 5, exploramos explícitamente las posibles comorbilidades de los síntomas de traumatización con otros problemas, como el abuso de sustancias, la depresión, la ideación suicida, los ataques de pánico, las conductas autolesivas, los problemas de alimentación o el dolor crónico. A la inversa, si un consultante acude por un problema de alimentación, de autolesiones, abuso de sustancias, ansiedad o depresión, preguntaremos por la existencia de posibles experiencias traumáticas.
* Dedicamos un tiempo a escuchar hablar sobre la experiencia traumática. Aunque sea una escucha centrada en la detección de excepciones y recursos, tiene también el objetivo de resignificar y reencuadrar la experiencia, como veremos en el capítulo 5.
* Trabajamos, si es necesario, sobre las memorias traumáticas, promoviendo su reprocesamiento en sesión mediante EMDR o técnicas ericksonianas (capítulo 5).
* Reconocemos que la TBCS puede resultar insuficiente para la reducción del malestar (García y Concha, 2020), lo que lleva a emplear procedimientos más centrados en los problemas para manejar los síntomas de estrés postraumático, que describiremos en el capítulo 7.

- Reconocemos la posibilidad de que se produzcan momentos de estancamiento e incluso de retroceso durante la terapia. En este sentido, la TBCS incorpora la prevención y el manejo de recaídas como un elemento rutinario del trabajo terapéutico (Beyebach, 2006), como explicaremos en el capítulo 8.

Figura 4.1. La estrategia de los tratamientos centrados en el trauma.

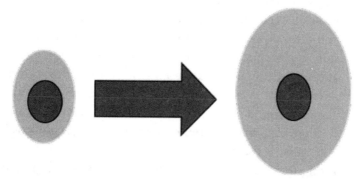

Figura 4.2. La estrategia de los tratamientos centrados en soluciones.

En términos gráficos, diríamos que, mientras que, por un lado, las psicoterapias clásicas centradas en el trauma, como la exposición prolongada, trabajan para reducir el estrés postraumático (figura 4.1) y, por otro, la TBCS ortodoxa se centra en ampliar la «parte sana», recontextualizando así la «parte enferma» (Dolan, 1991; Gutiérrez García, 1998) (figura 4.2), en la TSB tratamos de incidir en ambos procesos a la vez (figura 4.3). Así, en la TSB-T ampliamos lo que funciona movilizando los recursos del paciente y ayudando a que vaya recuperando su vida en positivo, mientras simultáneamente tratamos de reducir los síntomas postraumáticos y sus efectos mediante la modificación de los patrones problemáticos generados por el trauma.

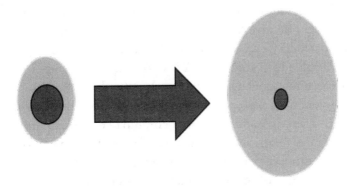

Figura 4.3. La estrategia de la TSB-T.

Otra adaptación al territorio del trauma es que en TSB-T tratamos de **cuidar la relación terapéutica** más allá del «ajuste» o la «colaboración» que se suelen proponer desde la TBCS (de Shazer, 1988). En concreto, pensamos que en el trabajo con consultantes que han sobrevivido a un trauma conviene proporcionar un contexto de máxima seguridad en el que se pueda dar también el máximo de opciones a los consultantes. Lo primero, como forma de contribuir a la contención emocional y a la creación de un clima de confianza y cercanía. Lo segundo, como manera de empoderar a los consultantes y de contrarrestar la inmovilidad e indefensión que ha generado el trauma. Como veremos en el capítulo siguiente, generamos seguridad cuando anticipamos qué vamos a hacer, cuando informamos de los procesos, cuando tomamos precauciones antes de escuchar o trabajar sobre la experiencia traumática o cuando invitamos a que la persona acuda a terapia con su pareja o con otro familiar. Dar opciones implica que la consultante tenga margen de elección en cuanto al terapeuta (hombre o mujer; mayor o más joven...), el día y hora de las citas y su frecuencia, por dónde empezar a trabajar, qué temas priorizar; qué tareas para casa hacer; pero también en cuestiones aparentemente menores como en qué silla prefiere sentarse o si hacer la sesión sentada o de pie.

Dar opciones a los consultantes es coherente con el significativo cuerpo de investigación generado en psicoterapia que avala la importancia de ajustar la relación terapéutica a las preferencias del consultante (Norcross y Wampold, 2018) y encaja con la posición tradicional de los terapeutas centrados en soluciones de «guiar yendo un paso por detrás» (Cantwell y Holms, 1994). En la TSB-T esta posición básica se combina con otros momentos en los que el terapeuta, siguiendo con la metáfora, se «adelanta» y ofrece su propia orientación y conocimientos expertos. Estos momentos de «**guiar yendo un paso por delante**» se dan cuando:

- Proporcionamos información, por ejemplo sobre los mecanismos neurológicos implicados en las experiencias traumáticas (capítulo 1), o sobre los mecanismos psicológicos que mantienen los síntomas postraumáticos (capítulo 2).
- Tratamos de generar un proyecto terapéutico que incluya la superación de las secuelas de la traumatización, incluso si inicialmente los consultantes piden ayuda únicamente por cuestiones más específicas. Por ejemplo, cuando una consultante acude para superar los atracones que tiene desde que sufrió una agresión sexual y tratamos de ampliar el contrato terapéutico más allá de la recuperación de la normalidad en la alimentación. En este caso, un proyecto terapéutico más amplio, como «recuperar a la Eva de antes», incluiría también volver a disfrutar del erotismo, superar las conductas autolesivas o plantearse volver a vivir sola.
- Cuando incluimos procedimientos ajenos a la tradición de la TBCS, como el EMDR (véase el apartado 5.4.7) o las propuestas referidas a la alimentación, el sueño o el ejercicio que describiremos en el capítulo 7.

- Cuando ajustamos la intervención teniendo en cuenta no solo la postura de los consultantes, sino también nuestros conocimientos expertos sobre los procesos implicados en la traumatización. Por ejemplo, es probable que los consultantes con un sentimiento de amenaza intenso se beneficien de pequeños experimentos de exposición conductual que les permitan romper el patrón de evitación, pese a que inicialmente se muestren reacios. Siguiendo el hilo del sentimiento dominante respecto de la experiencia traumática, para consultantes que sienten vergüenza por cómo actuaron durante el incidente será en principio productivo escuchar las opiniones y reflexiones de terceras personas y comprobar que no son tan críticas como se imaginan; mientras que para consultantes abrumados por sentimientos de injusticia propondremos escribir una carta en la que describan cómo les afectó el evento y expresen su rabia (Ehlers, 2020).

4.6. La TSB-T como terapia personalizada para supervivientes de un trauma

La mayor parte de la investigación de resultados en el campo de la psicoterapia se ha mantenido fiel al paradigma tradicional: demostrar mediante ensayos clínicos que un tratamiento X es superior al no tratamiento o a un tratamiento alternativo Y en su aplicación a grupos equivalentes de pacientes con un mismo diagnóstico Z. El problema de este tipo de estudios es que dan información sobre la eficacia de los tratamientos, pero no nos permiten inferir a través de qué mecanismos funcionan, cuáles son los ingredientes necesarios para que lo hagan, ni qué combinaciones de estos ingredientes serían más eficaces para según qué pacientes. Por eso, en los últimos años ha cobrado fuerza la opción de investigar los resultados terapéuticos mediante los diseños SMART (*Sequential Multiple Assignment Randomized Trials*, Collins *et al.*, 2007), en los que se hace una evaluación constante de cómo evolucionan los pacientes y en diferentes etapas del proceso terapéutico se les aleatoriza a una secuencia u otra de intervenciones. Un resultado de esta línea de investigación son las terapias modulares, en las que se personalizan los tratamientos ajustando la propuesta terapéutica a las características de cada paciente concreto y eligiendo entre un menú de módulos que previamente han demostrado su eficacia. En estas intervenciones modulares (por ejemplo, Chorpita y Weisz, 2009 para la intervención con niños deprimidos, ansiosos o con problema de conductas) la toma de decisiones acerca de qué módulos activar está en función del *feedback* del paciente y de una cuidadosa monitorización de sus progresos. Las investigaciones sugieren que los enfoques modulares consiguen resultados superiores a la administración de tratamientos homogéneos (Ehlers, 2020).

En el campo de la intervención con supervivientes de un trauma aún no se han generado resultados de investigación sobre terapias modulares, pero desde el punto de vista clínico es indudable que los terapeutas competentes ajustan sus intervenciones a las necesidades y circunstancias de cada paciente en concreto (Cloitre *et al.*, 2020). En este sentido, nos gusta plantear la TSB-T como una propuesta personalizada, en la que el clínico dispone de un menú de opciones de intervención entre las que elegir, en función del análisis del caso y de su evolución durante la terapia, pero también de las preferencias del paciente:

June había sufrido un intenso maltrato emocional por parte de su pareja, una persona tóxica que la había denigrado durante varios años, con algunos episodios de humillación extrema. Su prioridad era recuperar su vida y «volver a salir con hombres, sin miedo», ya que desde que había terminado esa relación se sentía incapaz de relacionarse afectivamente con otros hombres. En la primera entrevista se puso de manifiesto que habían ocurrido varias agresiones sexuales de su pareja anterior, y valoramos la opción de trabajarlas, bien con EMDR, bien con técnicas narrativas. June indicó que prefería centrarse primero en estabilizar su vida y trabajar para conseguir el «milagro» que había descrito, y dejar el trabajo sobre las memorias traumáticas para más adelante, cuando se sintiera «más fuerte». Anticipó también que en su momento seguramente preferiría trabajarlas en su casa y por escrito, ya que la escritura era una de sus grandes pasiones.

Dentro de la lógica de ajustar la intervención a las circunstancias de cada consultante se encuentra que los terapeutas analicen qué parte del problema resulta más acuciante o, en un lenguaje centrado en soluciones, qué pasos parecen más necesarios para avanzar. Por ejemplo, cuando predomine una evitación masiva motivada por un intenso sentimiento de peligro, será adecuado conversar sobre cuáles son los disparadores de ese sentimiento, crear mecanismos de seguridad y proponer experimentos de exposición. Si lo que predomina es una rumiación intrusiva, improductiva y constante, orientaremos las primeras intervenciones a reducirlas y transformarlas. Si lo que está afectando más al consultante es la vergüenza que siente por no haber obrado «bien» durante el evento traumático, será conveniente compartir en detalle cómo la reacción del sistema nervioso condiciona nuestra capacidad de acción en momentos críticos, y tal vez promover que visite a otras personas para comprobar que no reaccionan con el desprecio o las acusaciones que teme (Ehlers, 2020).

Dónde centrar inicialmente la intervención no es, en la TSB-T, una decisión unilateral del terapeuta, sino un proceso conjunto de decisión con los consultantes. Este proceso se basa en dos fuentes de datos: por una parte, el análisis de la terapeuta acerca de qué síntomas postraumáticos están bloqueando en mayor medida la recuperación y qué soluciones intentadas los mantienen; por otra, la escucha atenta de cuál es el futuro preferido que describen los consultantes, qué es lo que resulta más importante y valioso para ellos. Estos dos tipos de datos son complementarios. Por ejemplo, una persona atrapada por una evitación masiva y el aislamiento de sus seres queridos probablemente incluirá como parte fundamental de su futuro preferido el volver a salir de casa o reunirse de nuevo con sus amigos, mientras que una persona sumida en la depresión postraumática hablará sobre todo de «recuperar la ilusión» o volver a hacer y disfrutar de sus actividades. A partir de ahí, el terapeuta irá eligiendo, en función de la situación, entre las diversas opciones terapéuticas disponibles.

La toma de decisiones en terapia está orientada por las metas finales de los consultantes y por el proyecto de trabajo consensuado con ellos, así como por la monitorización de sus progresos en terapia. Este *feedback* puede incluir cuestionarios estandarizados de tipo general (SRS/ORS, Duncan y Sparks, 2018; OQ.45, Lambert *et al.*, 2013; CORE-OM, Barkham *et al.*, 2001) o específicamente orientados al trauma (Dolan, 1991; Gentry, 1998), aunque a nosotros nos resulta más ágil basarnos en datos aportados durante la propia entrevista:

- Los comentarios espontáneos del consultante («Estas sesiones me están ayudando mucho» versus «me siento bastante atascada en la terapia» o «no sé si en realidad estoy mejorando»).
- La descripción conductual de avances y de la consecución de objetivos específicos (partes del «milagro» que se van consiguiendo).
- Las respuestas a la escala de recuperación, en las que esperamos un avance progresivo y lineal, con posibles momentos de parada o de pequeño retroceso que ayudarán a recalibrar la intervención.[1]
- La evaluación de los avances de los consultantes, no solo en cuanto a la consecución de sus objetivos, sino también en

---

1. De hecho, tenemos datos que apoyan que las preguntas de escala no solamente son una herramienta clínica interesante en la TSB, sino también una fuente fiable de datos, que correlaciona con medidas estandarizadas como el Beck Depression Inventory (Estrada y Beyebach, 2007) o el OQ-45 (Herrero de Vega, 2007).

algunos de los procesos relevantes en situaciones de traumatización, como describiremos en el capítulo 5:

- De la rumiación intrusiva o la evitación cognitiva a la reflexión deliberada.
- De la evitación conductual a la reincorporación a todo tipo de actividades y relaciones.
- Del aislamiento social a la recuperación de la red social y las relaciones significativas.

- La información sobre bienestar físico: patrones de sueño, alimentación y ejercicio físico (incluyendo aquí danza, yoga, teatro o desplazarse andando por la ciudad).
- La información sobre el bienestar emocional: emociones positivas, relaciones significativas, involucramiento en proyectos, éxitos personales o profesionales, significado (modelo PERMA, Seligman, 2011).

Este *feedback* sobre cómo están avanzando los consultantes nos permite ajustar la intervención gradualmente. La idea básica es que mientras haya avances, aunque sea con pequeños momentos de estancamiento, mantenemos la línea de trabajo, haciendo, por tanto, «más de lo mismo» de lo que está funcionando; si se prolonga el estancamiento o se producen retrocesos, buscaremos hacer algo diferente, para no convertirnos en parte del problema y abrir nuevas vías de solución.

Capítulo 5

Una propuesta de intervención psicoterapéutica con supervivientes de traumas: creación del proyecto terapéutico y resignificación del evento traumático

En los siguientes tres capítulos presentaremos un protocolo detallado con la descripción de los principios y las técnicas que utilizamos en la TSB-T para abordar las distintas áreas afectadas por una experiencia traumática, y en el capítulo 8 mostraremos cómo integramos estas técnicas a lo largo un proceso terapéutico. El objetivo final en toda intervención sistémica breve es, ante todo, ayudar al consultante o consultantes a que alcancen las metas que ellos mismos se marquen; en los casos de supervivientes de un trauma, entendemos que esto debe incluir la superación de los síntomas postraumáticos, la salida de la fijación en el pasado y la (re)construcción del propio futuro. En términos narrativos nos gusta describir este proceso como un ayudar a los consultantes «a poner el trauma en su lugar», o también a pasar de víctima a superviviente y finalmente a ser simplemente «uno/a mismo/a». Desde la perspectiva centrada en soluciones hablaríamos de «avanzar en el proceso de recuperación».

Tal y como describimos en detalle en el apartado 3.4, trabajaremos con los consultantes para que consigan: a) reducir el malestar emocional que interfiere en su actividades cotidianas; b) salir de la rumiación improductiva y resignificar el evento traumático; c) sustituir las estrategias de afrontamiento ineficaces por otras que encaminen hacia la recuperación, promoviendo el crecimiento postraumático; d) volver a conectarse con sus redes sociales y restablecer las relaciones familiares o de pareja; e) volver a conectar y recuperar su propio cuerpo.

Como señalamos en el capítulo anterior, hay dos principios generales que presiden estas líneas de trabajo. Por un lado, el cuidado de la relación terapéutica, que exige generar un contexto de seguridad física y emocional, así como mantenerse en una posición cercana y colaborativa con los consultantes. Por otro lado, adaptar la intervención a cada consultante en cada momento, dando opciones y alternativas, y decidiendo de forma conjunta en caso de duda.

5.1. Relación terapéutica y posición en la relación de ayuda

La creación de una buena relación terapéutica es un proceso central en cualquier psicoterapia (Norcross, 2012; Norcross y Lambert, 2019; Norcross y Wampold, 2018), pero es especialmente importante en el trabajo con personas que han sufrido experiencias traumáticas. Como señalamos en el capítulo 2, una de las consecuencias más probables de una experiencia de este tipo es la pérdida de la confianza interpersonal, y esto se extiende también, lógicamente, a la figura del psicoterapeuta. Además, la persona superviviente de traumas que llega a terapia puede sentir que ninguna persona que no haya vivido lo mismo que ella será capaz de comprenderla; tal vez nunca haya contado la experiencia traumática que vivió, o teme que desvelar los detalles de lo sucedido podría causar dolor a personas que quiere. Por estos motivos, se requiere que la terapeuta comprenda las dificultades que el consultante tiene no solo para comunicarle en forma clara y fluida su experiencia, sino incluso para confiar en ella, y que haga un esfuerzo especial por crear una relación de cercanía y confianza. Para nosotros esto se consigue desde la empatía, la consideración positiva incondicional y una actitud de autenticidad y transparencia (Rogers, 1957).

La **empatía** es un ingrediente central de la relación terapéutica y hay una larga historia de investigación que demuestra su asociación con el resultado de la psicoterapia, con metaanálisis recientes que indican que justifica hasta un 9% de la varianza de los resultados de la psicoterapia (Elliott *et al.*, 2018). La escucha empática implica una disposición activa por entender la experiencia de nuestros consultantes, por «ponernos en su lugar», aunque debemos evitar expresar esta empatía con frases poco creíbles del tipo «entiendo lo que has pasado» o «te comprendo». En vez de ello, podemos hacer, cada cierto tiempo, paráfrasis y resúmenes de lo que nos vayan contando, que además nos permiten devolver en forma más organizada el relato posiblemente desestructurado que nos han brindado. También es interesante ir de vez en cuando un poco más allá de lo que ha dicho la persona (Elliott *et al.*, 2018), aunque la opción preferida desde un planteamiento centrado en soluciones es más bien utilizar las palabras exactas de los consultantes, pero seleccionando aquello sobre lo que interese en un momento dado focalizar (Korman *et al.*, 2013). Por ejemplo, si estamos ayudando a entender la peor parte del evento traumático y la consultante cuenta «me sentí muy mal, era una situación muy difícil, sentía un pánico enorme, estaba desbordada, era superior a mí», tal vez devolvamos «lógicamente *te sentías desbordada* en esa *situación tan difícil*, con ese *pánico enorme*». Si estamos trabajando para destacar recursos y, por ejemplo, el consultante comenta «hago lo posible por relacionarme con mis amigos, pero me cuesta, no es nada fácil», tal vez devolvamos «aunque *no es nada fácil*, estás *haciendo lo posible por relacionarte con tus amigos*». También resulta útil el uso del reflejo empático, entendido como una devolución que apela a la emoción involucrada en el relato; por ejemplo, si el consultante nos dice «cuando recuerdo mi vida antes de que todo ocurriera me desespero», podemos responder «yo en su lugar también *me sentiría triste* en esos momentos».

La **consideración positiva incondicional** conlleva no juzgar a nuestro interlocutor, respetarlo, entender que hizo lo que pudo y hace lo que puede dadas sus circunstancias. Esto quizás sea una tarea difícil para los clínicos acostumbrados a interpretar y teorizar sobre lo que sus consultantes les cuentan, pero es un ingrediente esencial de cualquier psicoterapia, como avala la investigación (Farber *et al.*, 2018), y además resulta una posición fundamental para un terapeuta centrado en soluciones. Concluir con un diagnóstico psicopatológico tras escuchar al consultante puede ser considerado un juicio (de hecho, lo es), que en lugar de permitir que la persona se siga expresando, más bien termine cohibiéndola. La aceptación incondicional también implica acoger la expresión de las emociones de los consultantes, por muy disruptivas que en principio parezcan, ya sea el miedo, el enojo, la culpa, o lo que estuviera presente. En el caso de que la persona cuente experiencias que le causan dolor, es probable que presente llanto o angustia, que el clínico debe aceptar, validar y contener. Es decir, aceptar esta expresión sin intentar frenarla de modo que la persona sienta que mostrar estas emociones es algo que puede hacer en terapia sin necesidad de guardar las apariencias, como probablemente ocurre en su medio social; sugerimos validar estas expresiones como algo necesario y comprensible dada la experiencia que vivió, y luego proponemos contener estas emociones con frases compasivas y una actitud corporal acogedora, de modo que la persona sienta la disposición del terapeuta por escucharla y acompañarla.

La consideración incondicional positiva y la empatía permiten también mantener la **autenticidad**, mostrar a los consultantes un interés personal y genuino por escucharlos y apoyarlos, más allá de que nos paguen por ello. De ese modo, al sentir los consultantes que enfrente tienen a una persona sincera, que no finge su preocupación ni su comprensión de lo que sucede, es más probable que consigna confiar en su terapeuta. Aunque resulte difícil, ser **transparente** implica estar dispuesto a poner todas las cartas sobre la mesa, no decir nada con intenciones ocultas, no pedir tareas con un fin cuando detrás se busca un fin distinto.[1] Yendo un paso más allá, también implica recabar un *feedback* constante sobre los avances de los consultantes y sobre el estado de la relación terapéutica, y comentarlo con los propios consultantes.[2] Finalmente, queremos resaltar que la relación terapéutica no es algo que se instaura al comienzo de una terapia y que a partir de ahí se mantiene inmutable. Por el contrario, la relación terapéutica es un proceso dinámico que suele tener fluctuaciones a lo largo de una terapia y, por tanto, debe ser monitorizada en todas las sesiones (Gimeno-Peón, 2021). Si el terapeuta detecta algún tipo de enfriamiento o deterioro en la relación debe hablarlo con su consultante y tomar medidas a fin de reparar la relación terapéutica lo antes posible. A nuestro juicio, el riesgo de deterioro de la relación terapéutica es especialmente grande en la intervención con personas supervivientes de experiencias traumáticas, ya que pequeños comentarios o actitudes del terapeuta, incluso bienintencionados, pueden disparar reacciones emocionales impredecibles. De ahí la importancia de redoblar la atención y el cuidado.

5.2. La creación de un contexto propicio para la intervención

La alianza terapéutica se crea dentro de cierto marco, dentro de un determinado terreno de juego que nos permita actuar de forma terapéutica. En este sentido, para nosotros la terapia se inicia

1. Esta transparencia es característica de la terapia centrada en soluciones o la terapia narrativa, que tienen una tradición más posmoderna y, por lo tanto, de horizontalidad de la relación, pero resulta ajena a modelos como la Terapia Breve Estratégica, en la que incluso la maniobra de «ponerse por debajo» o *one-down* es más bien una estrategia para manejar el devenir de la conversación y la terapia, y no un «ponerse por debajo» sincero (Fisch *et al.*, 1982).
2. En el capítulo 8 explicaremos varias formas de obtener y monitorizar este *feedback*.

con la **llamada telefónica inicial**, en la procuramos generar un clima de confianza y también de seguridad, entregando a la persona que lo pida información detallada sobre la terapia (número esperable de sesiones, costo, periodicidad, características del método terapéutico, etc.).[3]

La decisión más importante que se ha de tomar en el contacto inicial es a quién invitar a la primera sesión. En la TSB tendemos a convocar a la pareja o a la familia de la persona que llama, porque contar con más puntos de vista y más personas de apoyo contribuye a la eficacia y la brevedad de la terapia (Beyebach, 2006). Por lo tanto, no se invita a la pareja o a la familia porque se entienda que son parte del problema, sino más bien porque son parte de la solución. En la TSB-T mantenemos esta lógica cuando el trauma afectó directamente a una sola persona: proponemos que vengan a la sesión también su pareja (si el traumatizado es un adulto) o su familia (si es un menor) con la intención de que aporten soluciones, pero también para poder ayudar a los familiares en la medida en que es previsible que el trauma les haya afectado o les esté afectando también a ellos (Figley y Kiser, 2012; Rolland, 2018). Que lo sucedido se pueda hablar en familia permite contrarrestar el aislamiento de la persona que sufrió el evento traumático, pero, por otro lado, es probable que al consultante no le resulte fácil hablar de lo sucedido si la pareja o el familiar están presentes. Por eso es importante no violentar la intimidad de quien pide una cita: expresaremos nuestra preferencia por tener una sesión conjunta, pero aceptaremos la opción de que la persona venga sola si lo prefiere.

La necesidad de contar con los familiares es mayor si el evento traumático lo ha sufrido como tal la pareja o la familia, por ejemplo si viajaban todos juntos cuando se produjo el accidente, o si la casa familiar quedó arrasada en un incendio. En estos casos

---

3. Este contacto inicial puede hacerlo el propio terapeuta en respuesta a una solicitud del consultante, o personal administrativo entrenado con este fin.

entenderemos que estamos ante un problema no solo individual, sino también familiar, que necesitamos abordar de forma conjunta para contrarrestar el impacto que sobre la familia haya tenido el trauma, pero también para aprovechar y potenciar al máximo los procesos de resiliencia familiar (Walsh, 2006, 2012). Por eso insistiremos en celebrar una primera entrevista conjunta dando, eso sí, la opción de mantener una parte de la sesión en formato individual y otra en conjunto. Como hemos comentado, dar opciones y posibilidades de elección es una buena manera de contribuir a que las personas que han sobrevivido a un trauma vayan recuperando su sensación de control personal; convendrá, por tanto, ser muy flexibles a la hora de fijar día y hora para la cita, establecer la frecuencia de las sesiones o hacer sugerencias terapéuticas.

Empezaremos la sesión con el **encuadre** que habitualmente hagamos en nuestro centro de trabajo. La formulación concreta dependerá, por tanto, de nuestras propias circunstancias, pero la forma de plantearla debería ser lo más colaborativa posible, a la vez que asegure cierto margen de maniobra por nuestra parte: trataremos de orientar a los consultantes para que sepan qué sucederá a continuación y reduzcan su lógica ansiedad inicial. Un ejemplo puede ser:

«Bienvenida. Me gustaría antes que nada explicarle cómo trabajo y cuál sería mi plan para hoy, si le parece bien. Mi idea es conversar con usted unos 50 minutos, y después hacer una breve pausa para reflexionar sobre lo que hayamos conversado antes de despedirme de usted con algún comentario o alguna sugerencia. Si acordamos tener más sesiones, las iríamos poniendo de común acuerdo, cada semana o cada dos semanas. Trataré de que hagamos la menor cantidad de sesiones posible, pero por supuesto haremos todas las que usted necesite, así que dependerá de usted y de cómo vaya recuperándose. ¿Tiene alguna duda sobre esto que le acabo de explicar o algún inconveniente?».

Si a la entrevista acuden varias personas, solicitaremos la aprobación de cada una de ellas.

Una vez disipadas las posibles dudas o inquietudes de los consultantes acerca del procedimiento a seguir, haremos una **pequeña fase social**, con el objetivo de crear un clima positivo, seguir creando una buena relación terapéutica e introducirnos en el mundo de los consultantes. Es útil introducir esta fase de la entrevista con una metacomunicación:

> «*Antes de que me expliquen qué les trae por aquí*, me gustaría que nos conociéramos un poco, si les parece. Cuéntenme a qué se dedican y qué cosas les gusta hacer».

El sentido de esta metacomunicación es crear un espacio dialógico libre del problema, en el podamos acceder al mundo y al lenguaje del consultante: sus personas queridas, sus circunstancias vitales, sus proyectos, sus intereses. Además, esta fase social transmite nuestro genuino interés por la persona «más allá del problema», y sirve para ir creando una relación de cercanía emocional. A esto último contribuye compartir datos del propio terapeuta («vaya, yo también soy muy cinéfilo, pero no he visto aún esa película, me han contado que es muy buena»), hacer alguna broma o contar alguna anécdota personal; la investigación de procesos sugiere que las autorrevelaciones, dosificadas adecuadamente, se asocian a un mejor resultado terapéutico (Hill *et al.*, 2018).

En esta fase inicial solemos preguntar por las cualidades o fortalezas más destacadas de los consultantes (Selekman, 2005). Si tenemos a varias personas en la consulta, preguntaremos a unas sobre otras («Si yo le pidiera que destacara una cualidad personal de su marido, una sola, ¿cuál elegiría?»); si estamos hablando con un solo consultante utilizaremos preguntas desde la perspectiva de un tercero («Si yo le preguntara a su marido qué cualidades personales suyas destacaría, ¿qué me diría?»; «¿Y si le preguntara a su mejor amiga?»).

5.3. LA NEGOCIACIÓN DE UN PROYECTO TERAPÉUTICO

En la TSB, la creación de un contexto terapéutico culmina con la negociación de un proyecto terapéutico y la explicitación de un «contrato de trabajo» que marque en qué dirección procederá la terapia (Beyebach, 2006). Hablamos de negociación porque este proyecto se co-construye en la conversación entre el terapeuta y sus consultantes, conversación en la que se trata de que estos expliciten qué quieren conseguir con la terapia y den forma a su demanda con la ayuda del terapeuta. El terapeuta sabe cuáles son las características formales de un proyecto terapéutico viable (estar formulado en positivo, no depender de una tercera persona, ser alcanzable y entrar dentro de las capacidades profesionales, véase *tabla 5.1*), pero corresponde a los consultantes explicar qué necesitan o qué quieren conseguir.

	Proyecto terapéutico bien formulado	Proyecto terapéutico mal formulado
Entra dentro de las capacidades del profesional	«Ayudar a superar las secuelas psicológicas del accidente».	«*Elaborar un informe* sobre las secuelas *físicas* del accidente».
En positivo	«Volver a ser una persona independiente». «Ser capaz de defender mi criterio propio».	«*Dejar de* ser tan dependiente de los demás». «*No* dudar siempre de mi propio criterio».
Alcanzable	«Seguir adelante con mi vida y que lo que me sucedió quede solo como un muy mal recuerdo».	«*Borrar* de mi memoria lo que sucedió».
Depende o está bajo la influencia del consultante	«Aceptar que tras lo sucedido mi expareja no quiera estar conmigo y estar dispuesta a una nueva relación de pareja».	«Que *mi expareja vuelva* conmigo». «*Tener* nueva pareja».
Es compartido por los consultantes presentes	«Superar lo que pasó: que ella pueda volver a confiar en mí y que avancemos como pareja».	«*Que ella* no esté tan afectada» + «*Que él* deje de escapar del tema».

Tabla 5.1. Ejemplos de proyectos terapéuticos bien y mal formulados.

El proceso de negociación de un proyecto terapéutico viable no siempre es fácil. La manera más sencilla de comenzar esta conversación es preguntar a los consultantes qué esperan de la terapia (George *et al.*, 1995), pero no es infrecuente que estos respondan contando qué les pasa o qué les hace sufrir (**queja**), y que el terapeuta necesite repreguntar para acceder a lo que sus consultantes están pidiendo (**demanda**). Cuando hay varios consultantes en la sala es posible que tengan demandas ligeramente diferentes; en este caso será necesario identificar un mínimo denominador común (el **proyecto conjunto** o **contrato terapéutico**) que englobe a los dos.

T: ¿Cuáles son sus mejores esperanzas para esta terapia? ¿Qué les gustaría que cambiara en sus vidas después de estas sesiones?

Esposo: Bueno, sobre todo dejar de estar tan hundido. Tuvimos un problema muy grave hace más de dos años...

Esposa: Casi tres.

Esposo: ... y desde entonces no levantamos cabeza (QUEJA).

T: Ajá, tuvieron un problema muy grave (PARÁFRASIS). ¿Y qué esperan entonces de la terapia? (PREGUNTA POR LA DEMANDA).

Esposo: No sé... yo creo que recuperar los dos la paz interior, la tranquilidad... (DEMANDA BIEN FORMULADA).

T: Ajá, ¿de modo que si ustedes aprovechan las sesiones que tengamos para recuperar la paz interior, la tranquilidad, usted diría que valió la pena el esfuerzo?

Esposo: Sí, desde luego.

T: (a la esposa) ¿Para qué le gustaría a usted que sirvieran estas sesiones?

Esposa: Yo reconozco que estoy, suena un poco fuerte, pero estoy traumatizada por lo que pasó. No sé si es el momento de contarlo... (QUEJA).

T: Seguro, enseguida entramos en ello. Veo que es algo que la ha afectado mucho, que los ha afectado mucho a los dos. Ahora, primero me gustaría entender correctamente lo que me están pidiendo. ¿Para qué espera usted que sirva la terapia? (REPREGUNTA POR LA DEMANDA).

Esposa: Pues que nos ayude a no estar todo el día callados o hablando a gritos (DEMANDA EN NEGATIVO).

T: ¿Y en vez de eso, le gustaría...?

Esposa: ... me gustaría poder hablar, tener conversaciones tranquilas aunque sea sobre temas difíciles, sentirme comprendida (el esposo asiente).

T: ¿Cómo afectaría eso a la paz interior que mencionaba usted?

Esposo: Yo creo que si hablamos las cosas en vez de enfadarnos, estaremos los dos mejor por dentro.

T: Veo entonces que están de acuerdo en que quieren recuperar la paz interior y ser capaces de nuevo de hablar y tener conversaciones tranquilas sobre temas difíciles (DEMANDA BIEN FORMULADA).

(Asienten).

T: (a la esposa) Usted hablaba de que se sentía traumatizada. ¿El que recuperen ambos la paz interior y sean capaces de comunicarse mejor sería también señal de que ha superado eso que la traumatizó?

Esposa: Sí, desde luego que sí.

T: Estupendo, entonces me queda claro qué esperan de la terapia. Trataré de que estas sesiones sirvan para que pueda superar lo que la traumatizó, que los dos recuperen la paz interior y se comuniquen mejor (EXPLICITACIÓN DEL CONTRATO TERAPÉUTICO). Quería preguntarles entonces qué es lo que sucedió, qué fue eso que para usted resultó tan traumático. Cuénteme lo que se sienta con confianza para contar. Con total libertad: si en algún momento ve que no puede seguir, no pasa nada, no necesito todos los detalles ahora.

En la TSB tratamos de establecer el proyecto terapéutico antes de proceder con ninguna otra conversación (sobre el evento traumático, sobre el futuro preferido, sobre los cambios pretratamiento o las escalas...), pero con supervivientes de traumas es posible que contesten a la pregunta por sus expectativas iniciando el relato del evento traumático; en este caso suele ser más respetuoso escuchar primero este relato y, una vez escuchado, volver a preguntar al consultante qué espera de la terapia. En cualquier caso, es muy importante no confundir la queja (la enumeración de síntomas postraumáticos o la descripción del evento traumático) con una demanda (la petición de una ayuda para conseguir un objetivo); si lo hacemos, corremos el riesgo de ser nosotros quienes acabemos imponiendo el destino de la terapia en vez de dar al consultante la oportunidad de marcarlo.

Es interesante que, al trabajar con personas expuestas a una experiencia traumática, incluyamos en el proyecto de trabajo la superación del trauma o sus secuelas, como hemos visto en el caso del ejemplo. Esto nos da un permiso explícito para abordar los síntomas postraumáticos, y en especial la evitación, incluso si por momentos los consultantes prefieren no enfrentarlos. Puesto que limitarnos a seguir a un consultante evitativo implicaría el riesgo de hacer «más de lo mismo» (contribuir al patrón de evitación), es útil haber incluido este punto en la formalización del contrato. Una forma sencilla de hacerlo es recurriendo a la externalización del problema (White y Epston, 1993), hablando del trauma como de algo externo contra lo que pueden luchar los consultantes: «Poner el trauma en su lugar», «recuperar vuestra vida de las manos de la angustia», «pasar página respecto de lo que sucedió».

Una vez creado un proyecto terapéutico, podemos concretarlo mediante la especificación de objetivos conductuales e interaccionales o mediante la proyección al futuro, como veremos más abajo.

Es posible que el tema de las experiencias traumáticas no forme parte de la petición de consulta ni aparezca tampoco durante la negociación del proyecto terapéutico. No es inhabitual que la persona consulte inicialmente por un tema aparentemente no relacionado con un evento traumático (por ansiedad o depresión, por ejemplo) y que solo cuente lo que sucedió tras unas cuantas sesiones de psicoterapia, una vez que ha constatado que puede confiar en el profesional. En ese caso, tras agradecer la confianza de compartir esa información con nosotros, podemos, si fuera necesario, ampliar el contrato terapéutico inicial para incluir también la superación del trauma.

Hay algunos tipos de problema que tienen una alta probabilidad de estar relacionados con eventos traumáticos. Por eso, aunque de entrada los consultantes no lo planteen, preguntamos por posibles experiencias traumáticas en la primera sesión cuando nos consultan por problemas de alimentación, autolesiones, ideación o intentos de suicidio, abuso de sustancias o enfermedad mental grave. Tratamos de preguntar de forma cuidadosa y abierta, transmitiendo que estamos en condiciones de escuchar lo que ha pasado, si es que ha pasado algo:

T: De acuerdo, entonces por lo que hemos hablado podríamos dirigir estas sesiones a ayudarte a normalizar tu relación con la comida, a que puedas comer de una forma más ordenada en vez de alternar atracones y vómitos. Recuperar el equilibrio, como decías.

C: Sí, eso es.

T: Permíteme entonces que te pregunte una cosa. La investigación nos dice que una proporción importante de personas con problemas de alimentación como los que me has contado han sufrido maltrato u otras experiencias traumáticas en la infancia, como, por ejemplo, haber sufrido abusos. No tiene por qué ser así, pero puede suceder. ¿Te ha sucedido a ti algo de esto?

5.4. Técnicas para resignificar el evento traumático

En este apartado presentaremos diversas formas de promover la resignificación y el reencuadre del evento traumático y sus circunstancias. Nos movemos aquí en el terreno de cómo la persona construyó en su momento el evento y cómo lo sigue construyendo en la actualidad, algo que es central en las terapias cognitivas para personas traumatizadas y que también es muy relevante en la TSB.

5.4.1. Un contexto seguro para el relato: prevención y manejo de reacciones postraumáticas en la sesión

Resignificar el evento traumático requiere que los consultantes hagan un relato pormenorizado de lo que sucedió, porque es precisamente en los detalles donde podemos encontrar posibilidades para resignificar aspectos concretos del evento o reencuadrarlo en su conjunto. Lo que ocurre es que el hecho de volver a contar lo sucedido de forma detallada puede disparar en la propia sesión reacciones postraumáticas como *flashbacks*, ataques de pánico o de ira. Por eso es necesario no solo partir de una buena alianza terapéutica, sino también tomar algunas precauciones adicionales antes de invitar a los consultantes a que nos cuenten lo sucedido.[4] Destacamos aquí las siguientes:

- Mostrar con nuestra conducta no verbal nuestra disposición a escuchar cualquier cosa con entereza. De esta forma transmitimos seguridad y evitamos que la persona se calle por el temor a asustar o desbordar a su terapeuta.

---

4. A veces los consultantes se lanzan a contar el evento traumático aún antes de que les invite la terapeuta. En este caso no hay tiempo material de tomar ninguna de estas precauciones, pero, en nuestra experiencia, esto mismo indica que los consultantes están en condiciones de contarlo sin excesivos riesgos. El riesgo de reactivar síntomas postraumáticos es mayor precisamente cuando los consultantes inicialmente omiten el relato o lo retardan.

- Advertir a la persona que es posible que en algún momento de su relato experimente síntomas postraumáticos como *flashbacks*, ansiedad o ira. Añadiremos que estos síntomas son normales tras un evento traumático, pero que es importante tener en mente que ahora la persona ya no se encuentra en la situación traumática, sino en un espacio seguro donde está a salvo. En este punto puede explicarse la técnica de la doble conciencia que presentaremos en el apartado 7.3.3.
- Enseñar alguna técnica de relajación muscular (véase el apartado 7.1.3) para que pueda hacer el relato de lo sucedido en un estado de relajación (Dubi *et al.*, 2017).
- Antes de que el consultante comience el relato, enseñarle algunas formas de reorientarse en el caso de que las memorias traumáticas lo desborden: el 5-4-3-2-1 (véase el apartado 7.3.2) o incluso el 3-2-1 «aquí y allá»; el *grounding* (véase el apartado 7.3.1); o hacer inspiraciones lentas y profundas y espiraciones aún más lentas (como forma de activar el sistema parasimpático e inhibir el simpático). Si la consultante parece especialmente vulnerable puede instalarse un «lugar seguro»: pedimos a la persona que se centre en la imagen de un lugar que para ella sea símbolo de seguridad, y que nos lo describa con mucho detalle; hacer a partir de aquí un anclaje corporal o crear un «amuleto» permitirá recurrir a él si es necesario.
- Una vez creadas estas condiciones favorables, elicitamos el relato de lo sucedido de una forma permisiva: «¿Está bien si te pido que me cuentes qué sucedió? Por supuesto, tú decides qué contarme y qué no. *Lo que puedas y cuando puedas*» (Navarro Góngora, 2006). Por tanto, si la consultante prefiere no contarlo en ese momento, no hay inconveniente en dejarlo para otra sesión.
- Si el consultante viene acompañado de su pareja o un familiar, puede ser adecuado proponerles que se cojan de la mano durante el relato, ya que está demostrado experimentalmente que el contacto físico crea seguridad y disminuye la activación de

las amígdalas cerebrales (Coan *et al.*, 2006). El familiar queda así en una posición de apoyo y ayuda, pero le pediremos que no intervenga en la conversación y que deje que sea la persona traumatizada quien vaya articulando el relato. Cuando el relato haya terminado, podemos incluir al acompañante en la conversación haciendo alguna pregunta presuposicional y centrada en soluciones («¿Qué es lo que a ti te ha parecido más valiente por parte de Daniela en esta situación?»; «¿Eras consciente de que ella ayudó a otros antes de ponerse a salvo a sí misma?»; «Tu hija demostró una increíble entereza en todo este episodio, ¿cuál es la historia de esta entereza? ¿Cuándo supiste por primera vez que ella tenía esta cualidad?»).

5.4.2. Escucha centrada en soluciones del evento traumático

Cómo hemos visto en 5.1, una escucha empática y cercana es fundamental para crear una relación positiva con cualquier consultante, y más si se trata de alguien traumatizado por un evento adverso. Esta escucha centrada en el consultante es especialmente importante en los momentos en los que describa el evento traumático. El terapeuta empatizará con los consultantes manteniéndose como un contenedor emocional y un modelo de autocontrol, atento a las señales de desbordamiento y dispuesto a parar cuando sea necesario para que el consultante pueda recomponerse. El objetivo en estos momentos es entender cabalmente qué sucedió y cómo lo vivió la persona, para, desde ahí, encontrar oportunidades para generar construcciones alternativas mediante preguntas, comentarios psicoeducativos o explicaciones. Esto implica explorar con cierto detalle qué pasó, cómo actuó la persona, qué pensó o temió y también qué sentimientos fueron apareciendo en el proceso.

En la conversación sobre el evento traumático es fundamental un **uso extremadamente cuidadoso del lenguaje**, que evite una retraumatización («¿Pero por qué no pidió socorro antes?»; «¿Por

~~qué tardó tanto en llevar a su hija a urgencias?~~») y transmita nuestra posición básica a favor de la víctima, y nuestra convicción de que hizo lo que pudo y lo hizo lo mejor que pudo en las circunstancias en que se encontraba. Así, en vez de preguntar, por ejemplo: «¿Por qué crees que no te defendiste?», preguntaremos en todo caso: «¿Por qué crees *que no pudiste* defenderte?»; o en vez de: «¿Y por qué no llamaste a la policía?», preferiremos: «¿*Cómo* es que *no pudiste* llamar a la policía?». Además de preservar la autoimagen de la víctima, podemos contribuir a atribuir la responsabilidad a los agresores, si los hay, eligiendo con cuidado nuestras palabras: en vez de limitarnos a un: «¿Qué otras cosas hizo ese sacerdote?», podemos preguntar: «¿Qué otras *maniobras* utilizó ese sacerdote *para manipularte?*», o utilizar el tono emocional para seguir poniendo la culpa en su lugar: «¡Qué maldad, engañarte de esa forma!». Tener cierta idea inicial acerca de cómo terminó el evento traumático nos permite también localizar las actuaciones positivas de las víctimas que evitaron un desenlace peor: «¿Cómo supiste que era buena idea avisar enseguida a tu hermano?», como veremos con más detalle más abajo.

5.4.3. Psicoeducación dialógica

Como hemos visto en el capítulo 3, algo que comparten las terapias focalizadas en el trauma es que se explica a los consultantes cómo pueden afectar los sucesos traumáticos. Para nosotros, la función principal de la psicoeducación es crear un marco cognitivo desde el que la persona pueda entender y dar sentido tanto a sus vivencias y reacciones durante el suceso traumático como a las secuelas que este ha creado. Respondemos así a preguntas que, aunque los consultantes no nos formulen directamente, a menudo los atormentan, bien sobre lo sucedido («¿Por qué reaccioné así?»; «¿Por qué fui incapaz de gritar?»; «¿Por qué me oriné encima?»), bien sobre los síntomas postraumáticos que les hayan quedado («¿Por qué me pongo tan mal cuando tengo que conducir, si ya sé que no hay peligro?»; «¿Por qué sigo teniendo tantas pesadillas?»). En cuanto al suceso traumático, el objetivo es que la persona comprenda que durante el evento actuó de la mejor manera en que pudo hacerlo; y que en última instancia ponga la responsabilidad por lo que hizo o no pudo hacer en el propio evento o directamente en el agresor o agresores (si los hubo). Si el consultante tiene algún acompañante en la sesión, la información que hayamos ido ofreciendo será asimilada por ambos y eso creará un mapa cognitivo común que puede facilitar el apoyo futuro.

Al escuchar la historia traumática es útil compartir, de forma breve y en un lenguaje comprensible, algunos de los conocimientos sobre los procesos de traumatización que hemos presentado en los capítulos 1 y 2 de este libro. Para ello, en la TSB-T no damos largas explicaciones, sino que preferimos introducir algunas informaciones sobre la marcha, en el proceso de escucha del evento traumático, en forma de pequeños comentarios. Por ejemplo:

- «Claro, en esos momentos tu cerebro estaba únicamente ocupado en sobrevivir, en escapar». «Sí, por supuesto, imposible pensar con claridad. Eso nos pasa a todos: con una parte del cerebro chillando "¡peligro, peligrooooo!" es imposible tomar decisiones racionales».
- «Es terrible y por desgracia es muy común. Los datos dicen que la mayoría de las familias reaccionan con incredulidad cuando se desvelan los abusos, incluso negando los hechos más evidentes».
- «Eso es lo más injusto: casi siempre el agresor consigue que la víctima se acabe sintiendo culpable por cosas que son responsabilidad única y exclusivamente del propio agresor».

La devolución tras la primera entrevista puede ser una buena ocasión para dar una explicación más detallada, una narración más coherente que incluya las diferentes informaciones que hemos ido sembrando a lo largo de la escucha.

5.4.4. Preguntas para explorar el evento traumático

En función de lo que hemos visto en el capítulo 1, una buena exploración del evento traumático no se limitará al suceso en sí mismo, sino que se ampliará a los momentos previos y, sobre todo, a los *eventos peritraumáticos*, a lo sucedido en los momentos posteriores, y en especial a las reacciones de terceras personas: «¿Qué te dijo el policía que te atendió? ¿Qué efecto tuvo en ti?». «¿Cómo respondió tu madre cuando le contaste lo sucedido? ¿Cómo entendiste entonces esa reacción suya?».

En contra de lo que sería la posición natural de un terapeuta centrado en soluciones, al escuchar el relato del evento crítico aprovecharemos para explorar *la peor parte* de la experiencia traumática, ya que aquí es donde probablemente encontremos el mensaje generado por la experiencia (Navarro Góngora, 2021), las cogniciones negativas centrales que prolongan el impacto de lo sucedido (los «hot spots» en la CPT, Ehlers *et al.*, 2005; la «peor creencia sobre uno mismo» que se trabaja en EMDR, Shapiro, 2001). Algunas preguntas útiles serán:

- «¿Qué fue lo peor para ti? ¿Qué significó eso?».
- «¿Qué pensaste que iba a pasar? ¿Qué hubiera significado eso para ti?».
- «¿Qué es lo más incomprensible para ti?».
- «¿Qué más te complicó las cosas?».
- «¿Qué mensaje recibiste?».
- «¿Qué te dijiste a ti misma en ese momento sobre cómo habías actuado?».

5.4.5. Preguntas de resignificación

Para resignificar el evento o partes del evento podemos introducir preguntas presuposicionales sobre la marcha, según escuchemos el relato y según vayamos teniendo claro qué necesitamos resignificar. No se trata de hacer preguntas neutras desde la curiosidad, sino de transmitir un mensaje mediante los presupuestos implícitos en nuestras preguntas. Según muestran las investigaciones en pragmática de la comunicación, las preguntas son una forma especialmente eficaz de transmitir mensajes, ya que lo que transmiten es implícito y, por tanto, es difícil oponerse a ello (Healing y Bavelas, 2011; McGee *et al.*, 2005). El ejemplo proverbial es el de un fiscal que pregunta al acusado: «¿Ha dejado ya de pegar a su mujer? Conteste sí o no», dejando así acorralado al interrogado. Los mensajes que tratamos de introducir con nuestras preguntas dependerán del caso concreto, pero son variaciones sobre dos temas principales: atribuir a los consultantes las decisiones acertadas y/o las acciones meritorias, y atribuir la culpa a los agresores o a las terceras personas que no ayudaron. He aquí varios ejemplos:

- «¿Cómo interpretaste que ellos se inhibieran en ese momento en vez de apoyarte como era su obligación?».
- «¿En qué otras cosas la «cagaron» tus jefes?».
- «¡¿Cuánto tiempo te hicieron esperar en urgencias?!».
- «¿Cómo te afectó ver que tu madre, pese a todas las evidencias, no te creía?».
- «¿Cómo fuiste capaz de darte cuenta de que ese mensaje del psicólogo era en realidad una descalificación?».
- «¿Qué cosas hizo para imponerte el silencio? ¿Qué más maniobras utilizó para culpabilizarte a ti? ¿De qué más se aprovechó tu tío?».

Una vez completada la descripción del relato puede ser oportuno introducir algunas preguntas que permitan reflexionar sobre el evento introduciendo una metaperspectiva sobre lo sucedido. Esto puede hacerse introduciendo una diferencia temporal:

- «Si tú vieras ahora una escena como esta, ¿qué pensarías de la persona que está siendo insultada? [...] ¿Por qué dirías que no puede defenderse? [...] ¿Qué dirías que fue lo que hizo mejor en esos momentos?».

- «¿Qué significó eso para ti en esos momentos? ¿Y qué significa ahora?».
- «¿Qué sentiste entonces? [...] ¿Y qué sabes ahora?».

También puede ser terapéutico en esta reflexión posterior ampliar el marco temporal en sentido retrospectivo («¿Cómo crees que te pudo afectar el haber sufrido *bullying* antes?») o abrir la conversación hacia las perspectivas de otras personas «¿Qué diría X sobre lo que sucedió?». Un recurso clásico en las terapias sistémicas son las preguntas de normalización inclusiva (Tomm, 1987):

- «¿Te sorprendería saber que una alta proporción de lo que llamamos «fracaso escolar» en realidad es una consecuencia de haber sufrido *bullying*?».
- «¿Te das cuenta de que lo que me estás contando es exactamente lo mismo que cuentan los familiares de víctimas de terrorismo? ¿Qué te hace pensar eso?».

A veces, tras escuchar el relato, es posible emplear una pregunta sobre el conjunto del evento como una gran maniobra de reencuadre de la situación:

Anastasia, una niña de 9 años, y sus padres habían sufrido un accidente de tráfico espeluznante del que habían conseguido salir prácticamente ilesos, pero que les había dejado muchos síntomas de estrés postraumático: la madre había entrado en depresión, el padre tenía ataques de ansiedad y la hija se negaba a subir a un coche, a dormir sola y a ir al colegio. Relataron entre los tres cómo había sido el accidente y eso permitió ir localizando momentos de mucha entereza en cada uno. Cuando comentaron que estaban especialmente afectados ese día porque al siguiente se iban a cumplir tres meses desde el percance, el terapeuta vio una posibilidad de proponer un reencuadre:

T: Así que mañana se cumplen tres meses desde ese accidente tan terrible, tan horroroso para todos. ¿Cómo vais a celebrarlo?

M: (estupefacta) ¡¿Cómo?!

T: ¿Cómo vais a celebrar *que estáis vivos?*

Tras la sorpresa inicial, esta pregunta dio paso a una planificación detallada de una fiesta familiar para celebrar lo que ya no era percibido como una fecha luctuosa, sino que pasó a verse como un afortunado renacimiento de toda la familia.

Otro ejemplo de pregunta presuposicional:

A Arón le había despertado su pareja un domingo por la mañana, aún con resaca por la juerga que él se había corrido la noche anterior, para comunicarle que, tras seis años juntos, ya estaba harta de su inconsciencia, que cortaba la relación, y que Arón se tendría que ir de casa ese mismo día. Arón era consciente de que en los últimos años había sido, como él decía, «un jodido capullo» con su pareja, pero aun así la iniciativa de ella lo dejó absolutamente descolocado. Desde entonces estaba de baja laboral, profundamente deprimido y desorientado. No conseguía quitarse de la cabeza la frialdad con la que le había hablado su pareja ni la humillación de tener que empaquetar todas sus pertenencias ese mismo día y marcharse del que había sido su hogar durante seis años. Cuando Arón terminó de contar lo sucedido, el terapeuta planteó una redefinición en forma de pregunta, utilizando el lenguaje que el consultante había estado empleando:

T: Veo que ha sido realmente muy muy duro, durísimo... Dime, Arón, ¿cómo vas a aprovechar esta oportunidad, esta jodidísima oportunidad, esta oportunidad única... para dejar de ser un capullo y convertirte en la persona que quieres ser?

Arón se quedó pensando un rato, y después empezó a desgranar una lista de cosas que quería empezar, algunas incluso esa misma tarde: ir a la peluquería, ponerse ropa divertida, ordenar la habitación que había alquilado y hablar con su jefe para ir organizando su vuelta al trabajo. Una semana más tarde había llevado a cabo sus planes y estaba de nuevo trabajando. No hicieron falta más sesiones.

5.4.6. Preguntas para poner el mérito en su lugar: las preguntas de supervivencia

Como señalamos en el capítulo 1, entre los factores que determinan el impacto traumático de un evento están las propias actuaciones de la víctima durante el suceso. Tal vez la persona agredida haya tenido que humillarse en grado extremo para aplacar al agresor, se encontró con que se orinó encima, o que fue incapaz de moverse para escapar; este tipo de vivencias tenderán a dejar un injusto legado de vergüenza. O quizás protegerse a ella misma impidió que la víctima socorriera a otra persona cercana, o tal vez llegó a luchar contra otras víctimas por salvarse; en ese caso, la secuela emocional probablemente sea de culpa. En positivo, si la víctima de un suceso crítico pudo actuar para intentar protegerse o para proteger a otros, esta experiencia probablemente ayude a mantener cierta percepción de control interpersonal y a contrarrestar la vivencia de falta de control que implica todo evento traumático.

Las preguntas de supervivencia tratan de amplificar aquello que la consultante hizo bien durante el evento traumático y asimismo procuran resignificar aquello que inicialmente vivió como inadecuado, embarazoso o malo. Nuestra premisa es que tanto lo que hizo como lo que no, la protegió de males mayores: al fin y al cabo, si la persona está en consulta con nosotros es porque ha sobrevivido. Por tanto, asumimos que si las cosas no fueron aún peor (la consultante no resultó muerta ni ha quedado imposibilitada de pedir ayuda) es que algo hizo bien en esos momentos, que pese a todo consiguió protegerse al menos en parte durante el evento crítico. Escuchar un relato detallado de lo que sucedió y contrastarlo mentalmente con escenarios peores es una buena estrategia para generar preguntas de supervivencia; por ejemplo, la víctima resultó violada, pero no muerta; fue agredida sexualmente pero no violada; fue insultada y humillada, pero no agredida sexualmente, etc.

PREGUNTAS DE SUPERVIVIENCIA
Si la persona pudo actuar
¿Cómo conseguiste escapar?
¿Cómo pudiste mantener la sangre fría, hacer ver que le ibas a entregar el dinero y en ese momento huir?
¿Cómo pudiste agarrar el volante con tanta fuerza y evitar que el choque fuera aún peor?
¿Cómo supiste que lo que tu padre necesitaba en esos momentos terribles era precisamente eso?
¿Cómo tuviste la sangre fría de dejar ese rastro para que te encontraran?
¿Cómo supiste que en esos momentos lo más seguro era salir de la casa?
¿Qué más hiciste para protegerte en esos momentos y evitar que te mataran?
Si la persona no pudo actuar
¿Cómo supiste que no oponerte era tu única posibilidad para que no te mataran?
¿Cómo soportaste esos momentos eternos en que estabas lógicamente paralizada, «congelada»?
¿Cómo crees que te protegió el quedarte «congelada»?

Aunque lo más sencillo suele ser ir intercalando las preguntas de afrontamiento siguiendo el relato del consultante, una forma de organizar mentalmente la información, y por tanto ampliar esta parte de la entrevista, consiste en hacerlo en términos del cuadrante que propone Beaudoin (2005), que no solo sirve para poner de relieve el valor de ciertas respuestas ante la situación traumática, sino también para ligarlas con otras narrativas importantes para el consultante:

- *Acciones que sí tomó el consultante y que ha historiado de forma negativa.* Las preguntas irán dirigidas a rehistoriar estas acciones de forma positiva. Por ejemplo, si el consultante siente que huir fue una expresión de cobardía, podemos preguntar: «¿Qué tuvo de bueno que en ese momento huyeras?».
- *Acciones que sí tomó el consultante pero no ha historiado.* Así, a un consultante que siente que se quedó paralizado ante un ataque en vez de huir se le podría preguntar, por ejemplo: «¿Cómo supiste que hacerte un ovillo y taparte la cara era la mejor forma de proteger tu cuerpo de los golpes?».
- *Acciones que no tomó el consultante pero ha historiado de forma negativa.* Si por ejemplo el consultante se lamenta de no haber respondido a una agresión: «¿De qué forma te ayudó que decidieras no usar la violencia?», o «¿De qué manera fue eso expresión de tus valores de tolerancia y respeto?».
- *Acciones que no tomó el consultante y no ha historiado.* A un consultante que no está dando valor a su propia actitud pacífica o conciliadora tras una agresión: «¿Cómo has podido evitar la tentación de la venganza?».

5.4.7. Uso del EMDR en el contexto de una TSB-T

A veces el trabajo de resignificación y psicoeducación no es suficiente para que los consultantes reprocesen la experiencia traumática. En ese caso recurrimos a la terapia de Desensibilización y Reprocesamiento mediante Movimientos Oculares (EMDR; Shapiro, 2001), una propuesta de intervención que ha tomado fuerza en los últimos años. En el EMDR se pide al paciente que se centre en algún recuerdo traumático a la vez que ejecuta una serie de movimientos oculares (siguiendo movimientos de los dedos del terapeuta o de luces en dispositivos mecánicos). Aunque aún existe un considerable debate sobre cuál es el mecanismo de cambio, el sentido de esta técnica no es la exposición, sino el «reprocesamiento» de los recuerdos traumáticos, su integración en la red de recuerdos del paciente. En la aplicación del EMDR habitualmente las imágenes traumáticas van dando paso a otras menos perturbadoras, en un proceso que puede ser doloroso, pero no llega a ser tan desagradable como la exposición prolongada.

Como hemos señalado, la revisión para la ISTSS considera el EMDR como una de las cuatro terapias con mejor evidencia a favor de su eficacia; la revisión para el NICE sobre la eficiencia de diversas terapias aplicadas a TEPT (Mavranezouli *et al.*, 2020) lo sitúa incluso como la terapia con mejor relación coste/beneficio de todas las estudiadas. En su revisión de 53 estudios aleatorizados, Cuijpers *et al.* (2020) concluyen que el tratamiento mediante EMDR es claramente superior al no tratamiento ($g = .93$), y también a tratamientos alternativos ($g = .33$). El EMDR se puede combinar con otros planteamientos terapéuticos (Shapiro, 2001), incluyendo las terapias familiares (Shapiro *et al.*, 2007) y también la terapia centrada en soluciones (Dellucci y Tarquinio, 2015).

En la TSB-T la técnica EMDR puede ser una buena opción cuando las memorias traumáticas son muy intrusivas y amenazantes, cuando hay *flashbacks* del suceso, y cuando el trabajo de resignificación a partir del relato del evento traumático no está produciendo efecto. En ese caso nos parece útil dedicar un tiempo al reprocesamiento mediante movimientos oculares a lo largo de dos o tres sesiones. En este supuesto seguimos la estrategia de empezar las sesiones de forma centrada en soluciones, preguntando sobre los pasos dados en el proceso de recuperación y haciendo durante unos diez minutos el trabajo habitual de ampliación y atribución de control, para dedicar la parte media de la entrevista a reprocesar mediante EMDR y cerrar la sesión con una segunda y breve conversación centrada en soluciones, focalizando ahora sobre las señales de avance y los pasos a dar en los días siguientes. De esta forma nos aseguramos de que la paciente se vaya de la consulta centrada en el futuro, con tiempo para haberse recuperado del estrés que supone el reprocesamiento. Además, esta forma de proceder nos ayuda a que el EMDR —una terapia centrada en el problema que epistemológicamente está en las antípodas de los planteamientos de la TSB— no arrastre toda la terapia a focalizarse en los problemas. Para terapeutas que utilizan la TSB que consideren necesario en un momento dado promover el reprocesamiento de las memorias traumáticas, pero que no estén entrenados en EMDR, recomendamos un trabajo en coordinación con un terapeuta de su confianza con experiencia en EMDR.

Una tercera opción para el reprocesamiento de las memorias traumáticas es hacer este trabajo mediante ejercicios de reprocesamiento procedentes de la terapia ericksoniana. Este será el tema de nuestro siguiente apartado.

5.4.8. Técnicas centradas en soluciones para el reprocesamiento de experiencias traumáticas en sesión

Describiremos a continuación algunas otras opciones, ya más propias de las terapias sistémicas breves, para reprocesar las vivencias traumáticas. Se trata de intervenciones clásicas de raíz ericksoniana (Dolan, 1991; Isebaert, 2005), pero que se acercan mucho a algunas intervenciones cognitivo-conductuales modernas bien investigadas, como, por ejemplo, la Terapia de Reconsolidación de Memorias Traumáticas (Gray *et al.*, 2019) o el «si... entonces» de la terapia cognitiva (Ehlers, 2020; Ehlers *et al.*, 2005).

Proponemos que estos ejercicios de reprocesamiento de las memorias traumáticas se hagan inicialmente en sesión, bajo la supervisión de la terapeuta y con la oportunidad de monitorizar adecuadamente el proceso. Una vez practicadas en sesión, pueden plantearse también como sugerencias para hacer en casa, pero en ese caso haremos las propuestas de una forma muy estructurada, con una limitación clara del marco temporal y espacial, y con indicaciones explícitas de graduar su exposición y no forzarse a seguir adelante si se sienten excesivamente perturbados. También puede ser buena idea contar con la pareja o con un familiar como apoyo o para hacer alguna actividad conjunta después de que la consultante haya realizado la tarea.

El cine

Proponemos a la consultante que haga el experimento mental de entrar en un cine, en el que verá la «película» del evento traumático. Para ello cerrará los ojos y se imaginará una sala de cine que le agrade (basada o no en un cine real), elegirá una butaca confortable situada lejos de la pantalla, una butaca en la que se sienta segura (tal vez prefiere sentarse en un palco o en una de las últimas filas), y ajustará el tamaño de la pantalla para que no la intimide. Una vez que se encuentre cómoda, verá una película corta del evento, o una secuencia seleccionada, pero en blanco y negro y sin sonido, viéndose a sí misma en la pantalla como una actriz más. Como en todas las técnicas de imaginación, damos permiso a la persona para que añada o elimine elementos para procurar la máxima sensación de seguridad: tal vez prefiera una sala de cine bien iluminada, estar acompañada por alguna persona querida, ver la «película» en un autocine, etc. Para mayor precaución podemos incluso pedir a la persona que se imagine en una parte de la sala observándose a sí misma viendo la película.

La idea es ver esta película recordándose a sí misma que solamente es una película, fijándose en cómo puede tolerar la ansiedad y cómo esta va bajando. Una vez que la ansiedad haya bajado, se termina el ejercicio y se hace alguna actividad agradable (y social, si es posible) programada de antemano. A partir de aquí, en visitas sucesivas al cine puede ir cambiando partes de la película, como si fuera una guionista de la película o una directora, añadiendo algo que falte o modificando ciertos elementos e incluso introduciendo giros sorprendentes del guion. El último paso es añadir a la película un «final feliz» a modo de cierre.

Reprocesamiento mediante el dibujo

Como señalamos en el capítulo 1, las personas que han sufrido experiencias traumáticas a menudo tienen dificultades para expresar verbalmente lo sucedido, debido a que el trauma se inscribe en el hemisferio derecho, inaccesible a la racionalización y verbalización que predominan en el izquierdo. Por eso los dibujos y *collages*, u otros medios de expresión artística, como las esculturas en barro o en plastilina, son recursos interesantes tanto para expresar la experiencia traumática (Selekman, 2005) como para ir reprocesándola.

De Marga Herrero aprendimos la técnica de invitar a la consultante a que dibuje el recuerdo que más la atormenta, lo que es en sí mismo un acto de externalización (White y Epston, 1993) que permite tomar cierta distancia del evento. Durante esta actividad, la terapeuta mantiene una posición permisiva y de curiosidad, interesándose por el significado que tienen para la persona lo que está dibujando, sin tratar de imponer una determinada lectura o visión, y en todo caso invitando a la persona a sacar sus propias conclusiones. A partir de aquí se invita a la consultante a que vaya modificando aspectos del dibujo, añadiendo elementos positivos que tal vez echara en falta en la situación real o reorganizando la imagen de forma que le resulte más tolerable, de modo similar a como se edita la «película» en el ejercicio del cine.

También se pueden utilizar dibujos sucesivos como una forma de ir recogiendo la evolución de la persona a lo largo de la psicoterapia, o incluso como una manera de plasmar artísticamente cuáles serían los pasos siguientes en la recuperación. Ilustramos este procedimiento con los dibujos de una de las consultantes de Marga, una mujer joven que amablemente accedió a compartir sus creaciones para este libro *(figuras 5.1, 5.2, 5.3 y 5.4)*. En la secuencia de dibujos vemos cómo el recuerdo traumático «mordía la mano» de la consultante al principio de la terapia, y cómo ella se fue resituando respecto de él, inicialmente dando la respuesta creativa de «ponerle un palo en la boca para que no pueda morderme», y luego convirtiéndolo en un personaje cada vez menos amenazador. En esta serie de dibujos se aprecia cómo la consultante va recuperando su autonomía y volviendo a hacer las cosas que disfruta, sintiéndose de nuevo —son sus palabras literales— «empoderada frente al mundo».

Figura 5.1. El impacto de la experiencia traumática en primera sesión.

Figura 5.2. Reelaboración de la experiencia traumática.

Figura 5.3. Dibujo en la sesión de cierre. El trauma aparece encerrado en una esquina.

Figura 5.4. Dibujo en el seguimiento.

5.4.9. Tareas para el reprocesamiento de experiencias traumáticas

Presentaremos aquí dos opciones de sugerencias para casa, que propondremos como complemento al trabajo de reprocesamiento realizado en sesión y solamente si consideramos que los consultantes pueden hacerlas en condiciones de seguridad.

La colección de pesadillas

Esta sugerencia es útil cuando los consultantes informan sufrir frecuentes pesadillas relacionadas con la experiencia traumática. Se trata de proponerles que registren diariamente en un diario las pesadillas que han tenido esa noche, con un breve resumen de las partes más impactantes. Esta colección de pesadillas permite abrir diversas posibilidades: proponer que la persona dedique un tiempo al día a revisarlas y ordenarlas en momentos de tranquilidad y calma (lo que implica un proceso de exposición y desensibilización); pedir a la persona que imagine, escriba o dibuje para cada pesadilla un final distinto, más positivo (Barrett, 1996), con lo que se acerca a la tarea del cine o a la de los dibujos; o hacer un ritual de «leer y quemar» una vez que tenga un determinado número de pesadillas en la colección.

Tareas de escritura

En el capítulo 3 señalamos que los planteamientos de la Terapia Narrativa (White y Epston, 1993) habían sido poco investigados. Sin embargo, en los últimos años las terapias mediante la escritura desarrolladas desde otros marcos teóricos han recibido un apoyo empírico importante (van Emmerik *et al.*, 2013).

En esta línea caben múltiples variantes. Nos gusta especialmente la que en su día desarrollaron Lange *et al.* (2001) como modalidad de psicoterapia por internet: proponer a la persona que a lo largo de cinco semanas vaya haciendo dos ejercicios de escritura de 45 minutos cada uno por semana. En una primera fase, se trata de describir su trauma en primera persona y de la forma más detallada posible, incluyendo las sensaciones, sentimientos y pensamientos más dolorosos. En la segunda, escribe consejos y da apoyo emocional a un amigo imaginario que hubiera sufrido exactamente la misma experiencia. Finalmente, se cierra con una carta de despedida en la que describe el efecto que el trauma tuvo en su vida y cómo será su futuro sin él.

Otra opción interesante es «**escribir, leer y quemar**», una propuesta desarrollada inicialmente en el marco de la TBE como forma de prescribir y bloquear las obsesiones, pero que en la TSB-T tiene la virtualidad de funcionar como una tarea de reprocesamiento. Se trata de invitar a la persona a que, en un lugar y en un tiempo prefijados, escriba un relato pormenorizado del evento traumático; al finalizar el tiempo estipulado deberá leer el relato en voz alta y finalmente quemarlo de manera ritual (o deshacerlo en pedacitos y tirarlo a la basura, si es más seguro).

Las «**cartas curativas**» son una adaptación del ritual propuesto por Dolan (1991) para personas que han sufrido maltrato o abuso. Se trata de escribir cuatro cartas a la persona que cometió los abusos o el maltrato, a lo largo de varias semanas. En la primera carta la consultante escribe detallando qué hizo el agresor, qué efecto negativo tuvo para ella este maltrato o abuso y exige una reparación concreta. La segunda y tercera carta deben escribirse en un mismo día, una a continuación de otra: en la segunda, la consultante escribe la respuesta imaginaria y *más temida* de la persona que la maltrató, como si fuera esta persona la que estuviera contestando a la primera carta; en la tercera carta, escribe la respuesta que *desearía recibir*. Unas semanas más tarde se escribe la cuarta carta: de nuevo describiendo cómo la maltrató o abusó de ella el agresor, cómo ha afectado eso a su vida, y exigiendo una reparación. En sesión se comentan las diferencias que han aparecido entre la primera y la cuarta carta. Aunque no es el objetivo de esta tarea, si es factible y adecuado se puede animar a la persona a que realmente envíe o entregue la última carta.

Capítulo 6

Una propuesta de intervención psicoterapéutica con supervivientes de traumas: técnicas para promover la recuperación

En los siguientes capítulos partiremos de una doble premisa. Por una parte, la idea de que la recuperación de una experiencia traumática comienza desde el mismo momento en que esta se produce (Bannink, 2014; Furman, 2013). Por tanto, la labor del terapeuta no es iniciar la recuperación, sino ayudar a sus consultantes a que continúen con ella, acompañar en un proceso que los consultantes ya han empezado.

Por otra parte, la premisa de que, como hemos señalado en los dos primeros capítulos de este libro, los síntomas de estrés postraumático son respuestas normales a situaciones anormales, y no señales de locura o de trastorno mental. Por negativos que resulten en la actualidad, fueron en un origen respuestas protectoras de la persona e incluso puede que sigan teniendo en cierta medida un efecto protector: al fin y al cabo, la hipervigilancia y la ansiedad, por ejemplo, evitan exponerse a situaciones de riesgo; el embotamiento afectivo es un escudo ante posibles nuevas traiciones; el aislamiento social lleva a no sobrecargar a los demás, etc. En este sentido, un objetivo de la terapia será ir sustituyendo estos hábitos instaurados por la experiencia traumática por alternativas de acción que en las condiciones presentes sean más funcionales, por «hábitos virtuosos» (Selekman y Beyebach, 2013).

6.1. Técnicas para generar esperanza: proyección al futuro

Se puede considerar que la TSB es un procedimiento todo él dirigido a construir esperanza: los terapeutas generan esperanza en sus consultantes cuando se conducen con amabilidad y cercanía, cuando los tratan como interlocutores capaces de tomar sus propias decisiones, cuando exploran los éxitos de sus consultantes y fomentan su empoderamiento, cuando hablan con ellos de un futuro mejor o los ayudan a construir planes de acción para lograr sus objetivos. En este primer apartado queremos recoger solamente aquellos procedimientos que crean esperanza en la medida en que ayudan a las personas a mirar hacia delante, a describir de una manera pormenorizada los cambios que desean en el futuro. Esto se puede hacer de una manera más aséptica, concretando el proyecto terapéutico en una serie de objetivos conductuales («¿Cuáles serían para ustedes las pequeñas señales de que han conseguido eso?»; «¿Qué indicadores les harían pensar que ya no necesitan venir a terapia?») o empleando las preguntas de proyección al futuro que describiremos a continuación. Dejaremos para los apartados 6.2 y 6.3 las técnicas que construyen esperanza activando los recursos de los que los consultantes ya disponen.

Las técnicas de proyección al futuro consisten en invitar a los consultantes a que se imaginen un futuro en el que el problema por el que consultan está ya resuelto (o, alternativamente, un futuro en el que han alcanzado lo que espera de la terapia) y lo describan con detalle. El objetivo fundamental de la proyección al futuro es generar esperanza y emociones positivas al ayudar al consultante a describir *en detalle* el futuro que desea. Además, la proyección al futuro permite generar objetivos terapéuticos, en la medida en que la descripción del futuro preferido sea en términos conductuales y concretos. Asimismo, visualizar un futuro mejor puede generar ideas de cómo alcanzarlo y, por otro lado, facilitar la recuperación de *recursos* personales, en la medida que el consultante sea capaz de identificar qué acciones de ese futuro ya está realizando o qué parte de ese futuro ya se ha cumplido. Un efecto secundario relevante que surge a partir de estas conversaciones orientadas al futuro consiste en que el consultante, al notar que es capaz de visualizar un futuro sin el problema, aumenta también sus expectativas de que la terapia le será útil y disminuye su desmoralización (Neipp *et al.*, 2021).

Para que las técnicas de proyección al futuro tengan este efecto es muy importante que el consultante describa lo que *sí* va a hacer en vez de limitarse a contar lo que *no* haría en el milagro («hablar con un tono más bajo» mejor que «no gritar»); que aporte descripciones conductuales en vez de quedarse en generalidades («salir a correr media hora todos los días» versus «hacer más ejercicio»); que plantee objetivos alcanzables («bajaría 5 kg» versus «bajaría 30 kg») y que la descripción le incluya a él como actor protagonista y no como mero beneficiario de los cambios de otros («sería capaz de sentarme a hablar con mi suegro para intentar solucionar las cosas» versus «mi suegro no sería tan inflexible»).

Dentro de las técnicas de proyección al futuro se encuentran la «Bola de cristal», la «Pregunta del milagro» y la «Carta desde el futuro». Las dos primeras se trabajan en sesión, tanto en formato conjunto como individual; la «Carta desde el futuro» es más bien una tarea personal.

6.1.1. La Bola de cristal

La Bola de cristal deriva de la técnica de «pseudorientación en el tiempo» de Milton H. Erickson, quien mediante la hipnosis ayudaba a una persona a crear una sensación de distorsión temporal, de forma que podía ir con facilidad adelante y atrás en su propia historia. Una vez que la persona dominaba la distorsión temporal, Erickson la dirigía hacia el futuro, cuando su problema estuviera resuelto, y le pedía que imaginara un encuentro consigo misma en ese futuro imaginario, en el que su yo del futuro le contara cómo había resuelto sus dificultades. Una vez descrita la escena, Erickson le hacía olvidar esta experiencia por medio de la amnesia y la mandaba a casa. Tras cierto tiempo, estos pacientes de Erickson informaban haber resuelto sus quejas.

En rigor, la pregunta de la Bola de cristal (y cualquiera de sus variaciones) debe orientar al consultante a un futuro próximo o distante, y ayudarle a describir en detalle qué estaría haciendo, con quién estaría, cómo se daría cuenta de que el problema ya no existe y qué sería capaz de hacer entonces que hoy se le hace más difícil. Además, y tan importante como lo expuesto, el clínico debe preguntar al consultante cómo fue capaz de alcanzar ese futuro sin el problema, qué tuvo que hacer, qué acciones tuvo que realizar, qué decisiones tuvo que tomar, con qué personas pudo contar a fin de alcanzar ese futuro sin el problema. En una sesión más hipnótica puede pedírsele al consultante que su yo del futuro hable con su yo del presente y le cuente qué tuvo que hacer para alcanzar ese futuro (véase la *figura 6.1*).

Imagina que tienes frente a ti una bola de cristal, y en esa bola mágica eres capaz de verte en el futuro sin el problema...

... qué estás haciendo, con quién estás, cómo te das cuenta de que ya no tienes el problema...

... qué tuvieste que hacer para alcanzar ese futuro, qué decisiones tuviste que tomar...

Figura 6.1. La Bola de cristal.

Una joven que había perdido trágicamente a su padre cuando era adolescente cayó en ese momento en conductas autodestructivas que incluían consumo abusivo de alcohol y cortes superficiales en sus muñecas. Años después, tras pasar por una ruptura de pareja, temía volver a las mismas conductas autodestructivas de antaño, por lo que pidió ayuda psicoterapéutica. Al utilizar la pregunta de la Bola de cristal fue capaz de visualizarse un año más tarde ejerciendo su profesión y rodeada de personas valiosas. Esas personas existían actualmente, en el momento de la sesión, y eran quienes estaban más cerca de ella cuando enfrentaba alguna crisis: su madre y amigos íntimos. Al pedirle que su yo del futuro viajara al tiempo presente y le dijera qué había tenido que hacer para llegar a ese mañana que acababa de describir, su yo del futuro le recordó que en la actualidad ya estaba rodeada de mejores personas que cuando era adolescente, que confiaba en su madre en lugar de huir de ella y que contaba con estrategias que le permitían espabilarse con mayor eficacia que cuando era más joven, por ejemplo, animándose a sí misma a salir adelante a través de autoverbalizaciones. Tras terminar con la pregunta, el temor a volver atrás había desaparecido, pues su yo del futuro le había dejado en claro que la mujer de hoy no era la misma, que contaba con mejores redes de apoyo y con más aprendizajes que la adolescente del pasado.

6.1.2. Pregunta del milagro

Los terapeutas centrados en soluciones reelaboraron la técnica de la Bola de cristal transformándola en una técnica que no requiere trance hipnótico, la «Pregunta del milagro». Esta consiste en invitar al consultante a imaginar un futuro en el que se han cumplido ya sus expectativas para la terapia, pero, a diferencia de la Bola de cristal, en este caso esto ocurrirá esa misma noche, mientras el consultante duerme.

La Pregunta del milagro se formula en relación con lo consensuado como proyecto terapéutico (subrayado):

«Suponga que esta noche, mientras duerme, sucede una especie de milagro y usted consigue <u>volver a ser la persona tranquila y segura que era antes de que sufriera el accidente</u>. Eso no sucede como en la vida real, poco a poco y con esfuerzo, sino de repente, de forma milagrosa.

Como está durmiendo, usted no se da cuenta de que este milagro se ha producido. ¿Cuál sería, mañana por la mañana, la primera pequeña cosa diferente que le haga darse cuenta de que este milagro se produjo?».

Esta pregunta, tal como está formulada, será el inicio de una conversación más extensa consistente en explorar las distintas posibilidades que el milagro genera en la vida del consultante. Esta conversación puede extenderse por largos minutos, y en ocasiones por sesiones enteras, buscando y amplificando distintas aspectos del futuro preferido por el consultante. La idea es conseguir una descripción muy detallada, conductual e interaccional del «milagro», de forma que los consultantes entren en contacto con emociones positivas y aumenten su esperanza de alcanzar su futuro preferido. De todos, modos, en este punto el terapeuta que utiliza la TSB opera también con una perspectiva estratégica: tener una idea clara de cuáles son los síntomas postraumáticos más centrales para el consultante con el que está interviniendo y una comprensión inicial de qué círculos viciosos los mantienen, le ayudará a destacar y ampliar especialmente aquellos elementos del futuro preferido que supongan una diferencia respecto de este patrón.

Petra había solicitado consulta por las dificultades que tenía con su pareja Elena desde el fallecimiento de su padre en circunstancias traumáticas. En la respuesta que ambas dieron a la Pregunta del milagro aparecieron muchos objetivos relacionados con el ocio, las relaciones sociales y el bienestar individual. Aunque ninguna de las dos lo mencionó inicialmente, el terapeuta preguntó cómo mejoraría su relación en el milagro, y esta pregunta abrió una conversación fructífera sobre ellas.

Asier, un conductor de autobús, había sufrido un accidente en el que su vehículo chocó con una moto que estaba circulando en sentido prohibido. El cuerpo del motorista se estampó contra el guardabarros del vehículo y la sangre salpicó el parabrisas. El suceso fue tan traumático para Asier que desde entonces estaba de baja. A la Pregunta del milagro contestó describiendo cambios muy interesantes en su vida personal y en las relaciones con su familia y amigos, pero inicialmente no comentó nada acerca del trabajo. Sabiendo que Asier había dejado de conducir desde el accidente, el terapeuta le preguntó qué cambiaría tras el milagro «en el tema de la conducción». Asier empezó a explicitar sus deseos de atreverse a volver a conducir, primero su coche y luego también su autobús.

Algunas preguntas destinadas a profundizar en el milagro, a fin de tener indicadores concretos de lo que la persona espera cuando el problema se solucione, serían:

Conversando con la Pregunta del milagro
¿Cómo te darías cuenta de que el milagro ocurrió?
¿Cuál será la primera señal que te indicará que se produjo el milagro?, ¿y la segunda señal?
¿Quién será la primera persona que se dé cuenta, sin que tú se lo digas? ¿En qué lo notará? ¿Cómo reaccionará al verte así?
¿Qué más cosas serían diferentes en este milagro?
¿Qué te imaginas haciendo en tu milagro, que ahora no haces? ¿Qué efectos tendrá sobre ti?
¿Qué cosas diferentes te imaginas diciéndote a ti mismo en este milagro?
¿De qué cosas te imaginas estando más satisfecho?

Como también señalamos en relación con las preguntas narrativas, en el trabajo con la Pregunta del milagro son muy importantes las preguntas hechas desde la perspectiva de otras personas, incluso desde el punto de vista de seres queridos que han fallecido («Si tus padres pudieran verte en este milagro, ¿de qué se sentirían ellos más orgullosos?»). Si en la sesión participan varias personas, tendremos la oportunidad de preguntar a unas sobre las conductas y reacciones que imaginan en las otras: «¿Te sorprenderás mucho cuando él vuelva a proponerte una "escapada" romántica, como acaba de decir?»; «¿Qué significará eso para ti?»; «¿Cómo te imaginas que vas a reaccionar?»), o incluso de preguntar a uno sobre las diferencias que se imagina en la relación entre otras dos («¿Qué te imaginas viendo diferente en la relación entre tu mujer y tu suegra, en este milagro?»).

Una vez descrito el «milagro» con todo lujo de detalles, en positivo, de forma conductual e interaccional, puede ser útil abrir una segunda conversación con el fin de identificar soluciones (qué puede hacer para enfrentar y resolver el problema) y recursos (con qué herramientas, aprendizajes o avances cuenta para enfrentar y resolver el problema) para alcanzar esa meta deseada. Algunos ejemplos de esas preguntas serían:

Conversando con la Pregunta del milagro II

Si quisieras empezar a hacer algo de todo esto mañana mismo, ¿por dónde empezarías?

De todas las cosas que has mencionado, ¿cuáles son las más sencillas de poner en práctica?

¿Qué acciones podrías emprender en primer lugar para aproximarte a ese milagro?, ¿y en segundo lugar?

¿Qué partes de este milagro ya están ocurriendo (al menos parcialmente) o ya han ocurrido anteriormente? ¿Qué pusiste de tu parte para que ocurrieran?

Finalmente, la información obtenida a través de la Pregunta del milagro podría permitirnos proponer alguna tarea, como las siguientes:

Conversando con la Pregunta del milagro III

Eso que mencionaste que sería lo más sencillo de poner en práctica, ¿qué te parece si lo haces durante esta semana para ver qué es lo que ocurre?

Te voy a sugerir que mañana, al despertar, imagines que el milagro se produjo y actúes *como si* el problema ya estuviera resuelto, y que te fijes en qué efectos tiene eso.

A pesar de que la Pregunta del milagro genera muchas nuevas ideas al consultante y a su terapeuta, no puede considerarse una panacea, es decir, hay ocasiones en las que no nos brinda ninguna información relevante y es necesario intentar construir soluciones a través de otros caminos. Lo que ocurre con mayor frecuencia es que el consultante se compromete seriamente en respondernos, pero sus respuestas no nos resultan útiles y debemos ayudarle con nuestras preguntas para conseguir respuestas en positivo, conductuales, pequeñas e interaccionales. La *tabla* siguiente (basada en Beyebach, 2006) ilustra algunas posibilidades de repreguntar:

Manejo de dificultades con las Preguntas del milagro	
Si el consultante habla...	El terapeuta pregunta...
... en términos de **queja**: «yo creo que mi madre seguiría tratándome mal».	¿Y cómo te gustaría que cambiara esto?
... en **negativo**: «estaría menos nervioso», «no sería tan pesimista».	¿Y estarías más cómo? ¿Qué es lo que harás entonces?
... en forma **vaga**: «me sentiría mejor de ánimo».	¿En qué se va a notar esa mejoría del ánimo? ¿Cuál sería la primera cosa que harás cuando tengas un ánimo mejor?
... en términos de **cambio en otras personas**: «mi esposo estaría más cariñoso conmigo».	¿Cómo vas a reaccionar cuando él esté más cariñoso? ¿Cómo va a responder él cuando reacciones así?
Si se agota un tema: «creo que eso sería todo».	¿Qué otra cosa crees que va a cambiar? ¿Qué otra cosa entraría en tu «milagro»?

6.1.3. Otras formas de proyección al futuro

Como hemos señalado al analizar el concepto de crecimiento postraumático en el apartado 2.3.2, hay personas que a partir de un evento traumático se transforman de manera positiva. Otras formas de proyección al futuro, más narrativas, apelan a esta posibilidad:

- «Imagínate que pasan los años y llegas a ser una persona mayor y más sabia. ¿Qué consejo te darías a ti misma para superar estos momentos difíciles?» (Dolan, 2000).
- «Imagínate que van pasando los años y poco a poco terminas de asimilar y de sobreponerte a estos sucesos terribles que has vivido. No solo vuelves a recuperar todas las cosas valiosas de ti misma que tu exmarido te arrebató a base de golpes, sino que descubres que de alguna forma te has convertido en una mujer aún más fuerte y más sabia de lo que eras. ¿Qué te imaginas haciendo? ¿Qué personas tendrán la fortuna de ser testigos de estos cambios? ¿En qué los van a notar?».
- «Supón que pasan 30, 40, 50 años... y que finalmente has dejado todo esto atrás y has vivido una vida *plena y satisfactoria*. Estás en tu lecho de muerte, mirando al pasado. ¿Cómo ha sido tu vida? ¿Qué cosas has hecho? ¿Qué gente has conocido? ¿Qué lugares has visitado? ¿Dónde has visto los mejores amaneceres y anocheceres?» (adaptado de Henden, 2008).

6.1.4. La Carta desde el futuro

La Carta desde el futuro es una variación de la pregunta de la Bola de cristal que puede usarse como sugerencia terapéutica, es decir, como una actividad que el consultante puede realizar entre sesiones.

Consiste en una carta escrita por el propio consultante, donde hablará de modo ficticio a su yo del presente desde un yo del futuro que ha sido capaz de superar sus dificultades actuales. En esta carta describirá cómo se desarrolla su vida y qué tuvo que hacer para llegar a ese momento sin dificultades, qué decisiones tuvo que tomar, que ayudas recibió, qué habilidades supo usar o desarrollar, entre otras. La extensión es relativa, aunque sugerimos que sea de al menos un folio y como máximo tres. En su escritura no son importantes ni la ortografía ni la caligrafía. En la siguiente sesión se pide al consultante que lea la carta. Si es muy extensa, se le pide hacer un resumen, profundizando con preguntas como: ¿qué hace distinto en el futuro?, ¿con quién está acompañado?, ¿qué le ha dicho su yo del futuro? o ¿qué podría empezar a hacer desde hoy?

El siguiente es el extracto de una carta desde el futuro escrita por una mujer que había sufrido abusos sexuales en su infancia por parte de su padre:

«Hola Catherine. Has tenido una vida dura, difícil, pero los años te han ido enseñando que eres una mujer fuerte y aguerrida, que has sido capaz de seguir luchando a pesar de todo, con una fuerte convicción para conseguir lo mejor para ti y para tus hijos pequeños. Hoy te puedo decir que te has ganado el amor de tus hijos y de tus nietos, estás rodeada de gente que te quiere y te agradece por haber sido importante para ellos, por haber luchado para sacarlos adelante y que sean personas buenas y agradecidas de la vida, lo que no hubiesen logrado si no fuera por tu fuerza y por tu garra. Así que sigue adelante, vas por buen camino».

6.2. TÉCNICAS PARA ACTIVAR RECURSOS

6.2.1. Preguntas por excepciones

La exploración y utilización de las excepciones constituye una de las piedras angulares de la TSB. Al fin y al cabo, la terapia consiste justamente en que se produzcan excepciones a los problemas que los consultantes llevan a terapia y que estas excepciones se mantengan en el tiempo gracias a las competencias de los consultantes. Por ejemplo, si una persona llega a terapia debido a que le cuesta conciliar el sueño, el objetivo consiste en que logre dormir con mayor facilidad que como lo hace ahora y que posteriormente este cambio se prolongue en el tiempo gracias a que el consultante, por ejemplo, sea capaz de organizar sus actividades diarias, cambiar sus hábitos y lograr la tranquilidad necesaria de forma que consiga un sueño reparador.

Lo que busca la pregunta por las excepciones es que la persona reconozca momentos en la historia de su vida pasada o actual en los que su motivo de queja se atenúe o, sencillamente, no aparezca. Uno de los principios básicos de la TBCS, y por ende de la TSB, es que el cambio es inevitable. Asumiendo el precepto de Heráclito según el cual no es posible bañarse dos veces en el mismo río, sostenemos que los seres humanos estamos cambiando permanentemente. Michel Foucault decía «no me pregunten quién soy, ni me pidan que lo siga siendo». En otras palabras, si alguien se presenta en terapia señalando que es una persona «insegura», probablemente en su vida ha tenido episodios en los que esta inseguridad no se presentó o simplemente pudo hacer cosas que quería o necesitaba a pesar de esa inseguridad. El problema radica en que las personas, cuando llegan a consulta, se encuentran tan sumidas en sus dificultades, tan atrapadas en su encuadre de que tienen o incluso *son* un problema, que no son capaces de ver y centrarse espontáneamente en esas circunstancias excepcionales que podrían eventualmente darles herramientas, ideas y soluciones para superar los problemas que las aquejan.

El terapeuta que utiliza la TSB pregunta con insistencia por las excepciones durante la conversación terapéutica. Y cuando aparece aunque sea un pequeño indicio de estas, tira del hilo lo suficiente para que esta excepción aflore y pueda sacarse el mayor provecho posible de esta circunstancia que en principio ni siquiera aparecería en el relato del consultante. Vamos a dividir estas preguntas por las excepciones en tres tipos diferentes que, aunque se trabajan básicamente de la misma manera, abordaremos por separado: excepciones en el pasado, cambios pretratamiento y excepciones durante el desarrollo del proceso terapéutico.

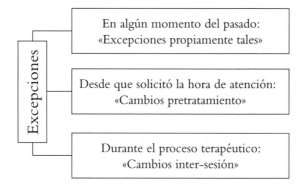

Excepciones	En algún momento del pasado: «Excepciones propiamente tales»
	Desde que solicitó la hora de atención: «Cambios pretratamiento»
	Durante el proceso terapéutico: «Cambios inter-sesión»

Excepciones en el pasado

Son aquellas excepciones que se han producido antes de iniciar la terapia. Por ejemplo, el consultante, con muchas rumiaciones luego de un asalto, refiere que cuando llega a su casa después del trabajo puede concentrarse en otras cosas y dejar de pensar en lo que ocurrió. Indagar sobre estos momentos permite encontrar posibles soluciones en forma de acciones exitosas que ha utilizado en el pasado y que podría volver a repetir para enfrentar su problema actual, además de conocer recursos por parte del consultante que puedan ser necesarios para su resolución; finalmente, permite descubrir lo que el consultante quiera que siga sucediendo, contribuyendo con ello a afinar los objetivos terapéuticos.

Planteamos cinco pasos posibles en la exploración de las excepciones (Beyebach, 2006) (véase la *figura 6.2*):

Elicitar. Consiste en promover la conversación acerca de las excepciones, para lo cual pueden usarse expresiones como las siguientes: «¿Qué momentos recuerdas en este último tiempo en los que se hayas sentido más animado o en los que simplemente te olvidaras de lo ocurrido?»; «¿En qué días te sientes mejor? ¿Qué sucede en esos días?»; «La última vez que pasaste por una situación similar, ¿cómo hiciste para salir adelante?». Estas preguntas iniciales[1] son el comienzo de una conversación centrada en sacar el máximo provecho a esa experiencia, pues es necesario seguir preguntando, ampliando y conectando a fin de que estas excepciones signifiquen un cambio o un camino para el consultante.

Marcar. La excepción no puede pasar desapercibida, debe cobrar importancia a los ojos del consultante y para ello es importante subrayar dicho acontecimiento. Puede hacerse a través de un sobrio: «Cuénteme más acerca de eso», o a través de expresiones más emocionales, como «¡Uau!, qué interesante lo que me está contando». También se puede demostrar nuestra curiosidad e interés por la excepción a través de un medio no verbal, como inclinarse hacia adelante, asentir con la cabeza, sonreír u otra acción semejante, de modo de animar a la persona a seguir profundizando en su relato. En ocasiones, no es posible explorar la excepción en ese momento, pero sí podemos apuntarla en una libreta a la vez que decimos: «Déjeme escribir lo que me acaba de decir, pues es muy importante, para volver a ello más adelante». De este modo estamos subrayando la excepción aunque no sigamos hablando de ella en ese instante.

Ampliar. Una vez identificada y subrayada una excepción, es necesario profundizar en ella a fin de que los contenidos extraídos tengan valor terapéutico, es decir, faciliten el cambio. Aquí puede ser útil preguntar: ¿Qué fue diferente de otras veces?; ¿qué

---

1. Obsérvese que en principio preferimos hacer estas preguntas de manera presuposicional, dando por supuesto que ha habido excepciones. Por eso preguntamos: «¿*Qué momentos* recuerda en los que se haya sentido más animado?», en vez de hacer una pregunta más cerrada («¿*Hay momentos* en los que se haya sentido más animado?»), que aumentaría la probablidad de una respuesta («No») que bloquease la conversación (Healing y Bavelas, 2011; McGee *et al.*, 2005).

efectos tuvo?; ¿con qué coincidió?; ¿cómo notaron esa diferencia los demás?; ¿cuál fue su reacción?; ¿qué pensaste entonces?

Atribuir control (o «anclar»). Una vez ampliada una excepción, es necesario que el consultante sea capaz de reconocer su contribución para que esa excepción haya ocurrido. La excepción debe ser considerada por el consultante como algo deliberado e identificar qué cosas hizo que posibilitaron que la excepción tuviera lugar. Es probablemente la fase más importante en la exploración de la excepción, pues es el reconocimiento claro del consultante de que algo hizo que le permitió generar o aprovechar ese momento lo que le permitirá volver a repetirlo para seguir avanzando. Si no existe este reconocimiento, si se atribuye a otras personas («ese día mi mejor amiga me llamó para invitarme a un café») o a circunstancias azarosas y fuera de su dominio («ese día había más sol»), es menos probable que lo pueda repetir. Y no es infrecuente que a los consultantes les resulte difícil identificar su contribución a las excepciones; al fin y al cabo, su encuadre negativo de su propia situación («soy un cobarde», o «soy incapaz») hace también más probable que las excepciones se atribuyan al azar. Las preguntas que podemos hacer en estas situaciones para ayudar al consultante a deconstruir el encuadre pesimista y determinar su contribución a la excepción pueden ser, por ejemplo: ¿Cómo es que decidiste aceptar la invitación de tu amiga?; ¿qué pusiste de tu parte para aprovechar ese día con más sol?; ¿¡cómo se te ocurrió hacer eso?!; ¿cómo conseguiste mantenerte todo el día?; ¿cómo hiciste para aprovechar ese encuentro casual con tu amigo y distraerte con él?

Recogemos las preguntas más habituales para atribuir control en la *tabla* siguiente:

Preguntas para atribuir control
¿Qué hiciste diferente?
¿Cómo lo conseguiste?
¿Qué pusiste de tu parte?
¿Cómo fuiste capaz de hacer eso?
¿Cómo se te ocurrió hacerlo?
¿Cómo fue que aceptaste?, ¿cómo fue que te diste ánimo?
¿Qué te dijiste a ti mismo?
¿Cuáles fueron las claves para que pudieras hacer esto?

Vincular. El clínico debe hacer el esfuerzo por relacionar la excepción con la problemática actual del consultante, a fin de que aporte al cambio que este busca en la terapia. No es necesario hacer esto inmediatamente después de que se haya conversado sobre la excepción; también es posible esperar a haber reunido información a través de varias excepciones exploradas, la descripción del milagro o la pregunta de escala, entre otras, para hacer la respectiva vinculación hacia el final de la sesión, cuando ya es necesario plantear alguna tarea. Para ello, pueden ser útiles preguntas como las siguientes:

Vinculando la excepción a los avances en el problema
De todas estas cosas que me han contado, ¿cuál es más factible seguir haciendo?
¿Cuál de ellas creen que puede ser un indicador de que vamos por buen camino si se repitiera?
¿Qué dice dicha excepción acerca de ustedes mismos?
Viendo que fuiste capaz de hacer esas cosas, ¿qué otras cosas te sientes capaz de hacer?
¿Qué tiene que pasar para que esto suceda más a menudo? ¿Cuál sería tu plan para seguir consiguiendo este tipo de avances?

Un esquema de las distintas fases de la pregunta por las excepciones se presenta en la *figura 6.2:*

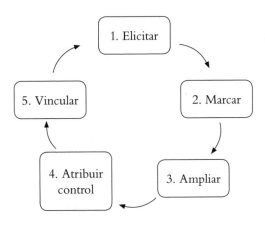

Figura 6.2. Fases en el trabajo con excepciones.

Según venimos señalando a lo largo de estos últimos capítulos respecto de todas las técnicas conversacionales, la conversación sobre excepciones también se beneficia de la inclusión de las perspectivas de otras personas relevantes, tanto si están presentes en la entrevista como si no:

T: ¿Qué cosas han ido algo mejor desde que sucedió aquello? ¿En qué notas que vas avanzando poco a poco en el proceso de recuperación?

Esposo: Yo creo que en nada. (SILENCIO).

Esposa: No sé, yo sí lo veo algo mejor.

T: Algo mejor ¿en qué cosas?

Esposa: A mí me parece que está menos perdido en sus cavilaciones.

T: ¿Qué te hace pensar eso?

Esposa: Pues que lo veo más hablador, compartiendo más.

T: Interesante. ¿Con quién lo ves hablando más?

Esposa: Conmigo, principalmente, pero también con nuestro hijo mayor. Se habían distanciado mucho por lo que pasó, y los he vuelto a ver charlando.

T: ¿Puedes ponerme algún ejemplo?

Esposa: Ayer por la tarde, sin ir más lejos. Vieron juntos un partido de fútbol y luego se quedaron charlando un cuarto de hora por lo menos.

T: (al esposo) ¿Tú ves esto también como una pequeña mejoría?

Esposo: Sí, claro, la verdad es que sí.

T: Qué interesante. ¿Cómo te hizo sentir ese rato de charla con tu hijo?

[...]

T: ¿Dirías que él también disfrutó ese rato?

[...]

T: ¿Qué dirías que pusiste de tu parte para que la tarde de ayer fuera tan positiva? [...] ¿Cuáles fueron las claves para conseguirlo?

6.2.2. Cambios pretratamiento

Los cambios pretratamiento[2] son aquellas mejorías que se producen entre el momento de concertar la sesión con una terapeuta y el momento en que la sesión tiene lugar. Un ejemplo es una pareja que se reprocha mutuamente por un accidente de tráfico en que ambos resultaron malheridos. Ante esto, deciden pedir ayuda a un especialista; desde el momento en que se les asigna una hora, las discusiones cesan o disminuye su virulencia.

En ocasiones, cuando los consultantes tienen la constancia de una pronta ayuda profesional, algo parece cambiar en su re-

---

2. En rigor sería más adecuado hablar de «*mejorías* pretratamiento», ya que lo que nos interesa son los cambios a mejor, no a peor, pero utilizamos el término «cambios pretratamiento» por respeto al trabajo pionero de Weiner-Davis, de Shazer y Gingerich (1987) en el que se acuñó este término.

lación con el problema. A veces lo manejan un poco mejor, en ocasiones se desentienden de él, o simplemente se sienten más animados a pesar de que el problema sigue presente. Incluso hay ocasiones en las que el problema mágicamente parece resolverse. Indagar sobre estos cambios facilita una construcción de la realidad en la que el cambio ya se está produciendo en la dirección deseada, incluso antes de acudir a consulta, lo que demuestra al consultante no solo que el cambio es posible, sino también que ha podido cambiar por sí mismo, antes de que interviniera el profesional.

Los cambios pretratamiento surgen aparentemente por el alivio que representa para las personas la expectativa de que alguien podrá ayudarlos. Por lo general, los consultantes se sienten agobiados por sus problemas, pero cuando por fin piden ayuda y esta se les otorga (se les asigna una hora de atención), entonces se produce un alivio natural que altera la pauta del problema. Por ejemplo, una persona muy angustiada por la posibilidad de un nuevo terremoto que afecte su vivienda puede sentir alivio al considerar que pronto alguien podrá orientarla sobre cómo lidiar con su malestar. En esas circunstancias el terapeuta debe indagar qué hizo la persona en lugar de angustiarse. Por ejemplo, el consultante podrá contestar que comenzó a pensar en otras cosas más agradables, se dio tiempo para la vida social, pudo concentrase en su trabajo, etc. Incluso si esta persona solo reporta haberse sentido mejor, pero es incapaz de reconocer qué hizo distinto en esos momentos, el terapeuta puede destacar que esa sensación de alivio representa que no todo el tiempo nos sentimos angustiados, que hay momentos en que la angustia desaparece, generando expectativas positivas sobre la posibilidad de un cambio en el futuro.

En otros casos los cambios pretratamiento se ponen en marcha porque la decisión de solicitar ayuda profesional ha llevado a romper un secreto (la adolescente, tras meses callada, ha contado a sus padres la agresión sexual que sufrió durante un campamento) o ha llevado a que la pareja o la familia hablara en otros términos para ponerse de acuerdo y pedir una cita. En estas situaciones el mero hecho de hablar del tema y de movilizarse para buscar soluciones es lo que inicia procesos de cambio, un cambio que la terapeuta procurará ampliar, anclar y vincular. La ventaja de indagar por los cambios pretratamiento es que cuando los consultantes informan de un cambio pretratamiento las soluciones empiezan a construirse a partir de aquel, y el trabajo del terapeuta consiste simplemente en ayudar a que el cambio continúe. En TSB-T los cambios pretratamiento definidos por los consultantes se consideran y se tratan como excepciones, pero utilizando la referencia del tiempo más cercano, por ejemplo, en el día de hoy, en los días pasados, en las últimas semanas.

Su formulación más común es la siguiente (Beyebach, 2006): «Hemos observado con mucha frecuencia que entre el momento en que una persona contacta con nosotros para pedir una cita y el momento en que nos reunimos para la primera entrevista ya se producen mejorías en su problema. ¿Qué cambios positivos ha notado usted desde que llamó para pedir esta consulta?».

En casos de traumatización nos gusta especialmente el planteamiento de Furman (2013): «Cuando sufrimos una herida, un corte, por ejemplo, en el mismo momento en que se produce el corte nuestro cuerpo se está ya movilizando: envía glóbulos blancos para combatir las bacterias y los virus, plaquetas para empezar la coagulación, etc. Algo parecido sucede cuando la herida es psicológica: aunque estemos aún impactados y descolocados, justo después de un evento traumático empieza ya el proceso de recuperación. ¿Qué señales ha visto ya de que ha empezado a avanzar poco a poco en este proceso de recuperación?».

A partir de ahí, se puede continuar con preguntas acerca de dicho cambio como las que se sugieren a continuación:

¿Si no se sentía angustiado, entonces cómo se sentía?

¿Si ya no se enojaba tanto, entonces cómo respondía cuando no lo entendían?

¿Si ya no lloraba tanto, entonces que hacía en lugar de llorar?

¿Esas cosas que ocurrieron son el tipo de cosas que le gustaría que ocurrieran más a menudo?

¿Qué hizo distinto en estas semanas que le permitió olvidarse del problema?

¿Qué hizo distinto en estas semanas que le permitió sentirse más aliviado?

¿Cuál de estas cosas que menciona podrían seguir ocurriendo?

¿Qué tiene que pasar para que estas cosas sucedan más a menudo?

6.2.3. Mejorías inter-sesión

Denominamos mejorías inter-sesión a las excepciones que ocurren durante el proceso terapéutico, ya sea aquellas provocadas por la misma intervención, por comentarios en la entrevista o alguna tarea terapéutica, o generadas en el propio contexto del consultante y sin relación con la terapia, lo que podemos denominar cambios extraterapéuticos. A estas excepciones podemos llamarlas también «avances», «cambios positivos» o «mejorías». Como decíamos anteriormente, se supone que el objetivo de todo proceso terapéutico es que se produzcan estas excepciones y que, tras su reconocimiento en sesión, puedan a su vez ser ampliadas y vinculadas a los objetivos, de modo que puedan prolongarse en el tiempo y convertirse en un avance significativo del consultante en su lucha por superar su experiencia traumática.

Independientemente del origen de este cambio, la terapeuta preguntará generalmente al inicio de cada sesión por las mejorías que el consultante haya percibido entre la sesión anterior y la actual. Por ejemplo, el consultante puede informar que desde la última sesión se ha sentido más animado y que esto le ha permitido retomar algunas actividades laborales, o que duerme mejor y que eso le ha llevado a sentir menos cansancio durante el día. Podemos elicitar estas conversaciones a través de variaciones de la misma pregunta abierta: «¿Qué va un poco mejor desde la última entrevista?».

- «Cuénteme sobre los avances que ha notado, aunque sean pequeños, desde la última vez que nos vimos».
- «Descríbame cualquier cambio positivo que haya percibido desde la última sesión en relación con su problema, por pequeño que parezca».
- «Hábleme de alguna mejoría que haya sentido respecto a su problema desde la sesión pasada».

Debemos hacer notar que son preguntas abiertas, por lo que el consultante probablemente deba hacer un esfuerzo por encontrar alguna situación que encaje con la pregunta. Si el consultante se demora o simplemente contestar con un «no sé» o un «no ha pasado nada», la terapeuta debe ser paciente, esperar, a veces insistir y las más de las veces darse cuenta de que a medida que avanza la terapia es más fácil encontrar estas excepciones en el relato de nuestros consultantes, quienes incluso llegan a contarnos de ellas espontáneamente en el siguiente encuentro. Una maniobra que puede ayudar a hacer más fácil que el consultante reconozca estos cambios mínimos es terminar la sesión con una pequeña instrucción: «Me gustaría que de aquí a la siguiente sesión preste atención a cualquier cambio positivo que note en relación con lo que le trae aquí, para que podamos hablar de ello la próxima vez que nos veamos».

Una vez reconocida una mejoría, seguiremos explorándola tal como se señaló anteriormente en relación con las excepciones propiamente tales, es decir, marcar, ampliar, atribuir control y vincular.

6.2.4. Preguntas de afrontamiento

La TSB se apoya en las fortalezas y recursos que los mismos consultantes han desarrollado a lo largo de su vida para ayudarlos a desarrollar soluciones que se adapten de manera única a su identidad y contexto. Sin embargo, esta tarea puede resultar difícil con consultantes que han sufrido experiencias traumáticas y se muestran especialmente desesperanzados, impotentes o incompetentes. En estos casos, tratar de transmitirles tranquilidad o buscar excepciones puede no funcionar; aún más, puede generarse el efecto opuesto, es decir, que el consultante no solo no se tranquilice ni encuentre momentos sin la influencia del problema, sino que además aumente su sensación de no estar siendo comprendido, profundizando así su desesperanza.

Las preguntas de afrontamiento pueden resolver este *impasse,* ya que, por un lado, se coopera con los consultantes y se acepta su visión negativa de la situación, y, por otro, se indaga en acciones que les han permitido sostenerse ante tanta adversidad. El terapeuta puede comenzar a ayudar a los consultantes a ver sus fortalezas y recursos en circunstancias difíciles y quedarse «detrás» de ellos en lugar de empeñarse en tranquilizarlos o tomar el control y tratar de imponer una solución a través de sus preguntas habituales.

Las preguntas de afrontamiento apuntan a indagar cómo los consultantes se las arreglan para seguir adelante a pesar de sus dificultades, pese a los eventos traumáticos que han sufrido. Por ejemplo, alguien que tiene tendencias suicidas obviamente no se ha suicidado todavía. A pesar de una infancia en la que fue testigo de las brutales agresiones de su padre a su madre, una consultante se las ha arreglado para sacar una carrera universitaria y formar una familia.

Desde la TSB sentimos curiosidad genuina por explorar cómo las personas se las han arreglado para sobreponerse a la adversidad; las preguntas de afrontamiento están diseñadas para explorar y hacer florecer estos aspectos muchas veces escondidos. Adoptar este enfoque ayuda a los consultantes a descubrir recursos y fortalezas que probablemente no sabían que tenían. Tal como decía el poeta y filósofo Horacio, es en la adversidad cuando descubrimos talentos que de otro modo hubiesen permanecido dormidos. Cuando se usa correctamente y con persistencia, estas preguntas ayudan a los consultantes a cambiar su visión de sí mismos y de su historia en una dirección más positiva. Algunas de estas preguntas son las siguientes:

Preguntas de afrontamiento
¿Qué estás haciendo para sobrellevar todos estos problemas?
¿Qué te dice que estás afrontando la situación de la mejor manera posible?
¿De dónde has sacado la fuerza para soportar este secreto terrible durante todo este tiempo?
¿Cómo es que no te desmoronaste del todo?
Cualquiera en tu lugar hubiera tirado la toalla, ¿de dónde sacaste el valor para seguir intentándolo?
¿A qué te has aferrado para seguir lidiando con el día a día a pesar de lo que te ocurrió?
¿Cómo consigues seguir levantándote por las mañanas y atender a tus hijos, pese a todo?
¿Cómo te las arreglaste para levantarte esta mañana y llegar a esta cita conmigo?
¿Cómo has hecho para que las cosas no estén peor?

Una vez que se obtenga una respuesta a una pregunta de afrontamiento, la siguiente tarea es aprovechar esa respuesta y expandirla, tal como lo hemos descrito en las preguntas de excepciones. Si hay otra persona acompañando al consultante, la incluiremos en la conversación, ya que a menudo una tercera persona, que ve la situación más «desde fuera», es capaz de percibir mejor lo que el consultante está haciendo bien para afrontarla. Si la entrevista es solo con un consultante, introduciremos la visión de otras personas significativas preguntando desde su perspectiva: «Si estuvieran aquí sus hijos, ¿qué me dirían ellos?». De nuevo, puede tener sentido preguntar desde la perspectiva de una persona fallecida. Por ejemplo, a la mujer que perdió a su marido en accidente de tráfico del que ella salió ilesa: «Si su marido pudiera verla, ¿de qué estaría él más orgulloso, qué es lo que más le impresionaría de todo lo que está haciendo usted desde ese día por salir adelante y para sacar adelante a sus hijos?».

6.2.5. Propuestas para reconectar con la red social

Como vimos en el capítulo 3, una de las estrategias generales de intervención con personas que han sufrido experiencias traumáticas es fomentar la reconexión social, especialmente si el trauma ha separado a la persona de sus fuentes de apoyo. En la TSB-T, esta estrategia se materializa en dos planos. Por una parte, se traduce en cierta *forma* de utilizar las técnicas conversacionales narrativas y centradas en soluciones. Como hemos visto en los apartados anteriores, se trata de trabajar la proyección al futuro o las excepciones preguntando con frecuencia desde la perspectiva de otras personas («¿Cómo se ha dado cuenta tu hija de que estás ya un punto más arriba en la escala de recuperación?») e interesándonos por los efectos que sobre ellas tienen y tendrán las mejorías del consultante («¿Cómo respondió tu hija ante ese cambio tuyo?»). Por otra parte, la red social se convierte también en *contenido* de las sesiones. Haremos aquí una breve revisión de las posibilidades en este segundo sentido:

• Incluir el tema de la reconexión con la red social en la negociación del proyecto terapéutico conjunto y en la propuesta de contrato terapéutico: «Entonces entiendo que te gustaría volver a disfrutar de tus actividades de ocio y de tu trabajo, y también recuperar la confianza en tu familia y amigos». «¿Un objetivo fundamental sería entonces poder relacionarte de nuevo con normalidad con personas nuevas que conozcas?».

• Proporcionar información sobre cómo una experiencia traumática puede minar la confianza interpersonal y cómo esta falta de confianza genera depresión y ansiedad, que a su vez promueven la evitación social y privan a la persona de la oportunidad de corregir sus percepciones interpersonales negativas. O cómo la experiencia traumática puede generar sentimientos de vergüenza que llevan a rehuir el contacto con quienes podrían precisamente contrarrestarla. Esta información se puede proporcionar de manera factual, a modo de explicación, o desde la externalización (White y Epston, 1993): «Vaya, parece que la desconfianza conspira con la tendencia a evitar las situaciones sociales y con la depresión, consiguiendo mantenerte aislado... ¿cuándo fue la última vez que lograste escapar a estas maniobras de la desconfianza?»).

• Tomar la iniciativa planteando conversaciones en terapia sobre qué podría hacer la consultante para retomar el contacto con su red social o para establecer nuevas relaciones («Déjame plantearte una cuestión. Si quisieras empezar a sublevarte contra esa imposición de la vergüenza, contra esa prohibición de volver a relacionarte con tus compañeros, ¿por dónde empezarías?»; «Sabiendo que no va a ser nada fácil, ¿qué idea tienes de cuál sería un pasito muy pequeño en esa dirección?»). A fin de aumentar la motivación de nuestros interlocutores analizaremos con calma los efectos positivos que esos avances tendrían sobre ellos, tendiendo puentes con aquellos aspectos más relacionados con su demanda («¿Qué efecto tendrá sobre tu autoestima el que te veas a ti misma participando en esas conversaciones?»; «¿De qué crees que vas a disfrutar más?»; «¿Cómo te ayudaría todo esto con las dificultades de concentración?»). Otra parte importante de estas conversaciones es prever las dificultades que se puedan presentar e identificar formas de superarlas («¿Cuál es la mayor dificultad que podrías tener para reintegrarte en ese grupo?»; «¿Qué crees que te podría ayudar en esos momentos de timidez?»).

- También puede ser útil hacer sugerencias para hacer entre sesiones que vayan en la línea de promover las relaciones interpersonales. Entre otras opciones se encuentran (Beyebach, 2006):

    - Que los consultantes actúen «como si» confiaran en determinadas personas, «como si» se lo pasaran bien con ellas, o «como si» quisieran ampliar su red social, etc. Una buena forma de plantear esta sugerencia es como un experimento: la persona lanzará por las mañanas una moneda al aire y actuará «como si» solo cuando salga cara.
    - Que los consultantes hagan predicciones sobre los demás y sus reacciones, y luego interaccionen con ellos para contrastar las predicciones con la realidad.
    - Que los consultantes den las gracias a los demás en las interacciones cotidianas, o incluso hagan una «visita de gratitud» a aquellos que hayan proporcionado un apoyo especial durante o tras la experiencia traumática.
    - En las interacciones con los demás, comprometerse a dar siempre tres elogios antes de hacer cualquier crítica.
    - Ofrecer la «tarea del antropólogo» (Nardone *et al.*, 2002): observar a los demás para tratar de averiguar qué problemas tienen ellos, qué les hace sufrir y cómo se los podría ayudar.

6.3. Preguntas narrativas

Las preguntas narrativas ofrecen otra forma de trabajar los recursos y las fortalezas. Entre las más útiles para trabajar con supervivientes de experiencias traumáticas están las preguntas de influencia relativa y las preguntas de deconstrucción, de las que hablaremos a continuación.

Preguntas de influencia relativa

Las preguntas de influencia relativa son una forma de indagar sobre el problema externalizado, explorando, por un lado, la influencia que el problema ha tenido en la vida del consultante y, por otro lado, la influencia que el consultante ha tenido en la vida del problema; las primeras son preguntas habituales en cualquier conversación, terapéutica o no, en cambio, las segundas son preguntas que se salen de lo ordinario y que permiten visualizar otros aspectos del problema que probablemente hasta entonces no se habían conversado.

Algunos ejemplos de este tipo de preguntas se observa en la *tabla* siguiente:

INFLUENCIA DEL MIEDO EN LA VIDA DE LA PERSONA	INFLUENCIA DE LA PERSONA EN LA VIDA DEL MIEDO
¿Cuándo aparece el miedo?	¿Qué haces tú para que aparezca el miedo?
¿Qué te dice el miedo cuando aparece?	¿Cómo le respondes al miedo?
¿Qué le gustaría al miedo que hicieras?	¿En qué ocasiones le has desobedecido?
¿Qué cosas te impide hacer el miedo?	¿Qué cosas has sido capaz de hacer a pesar del miedo? ¿En qué ocasiones te has opuesto a estas prohibiciones del miedo?
¿Qué áreas de tu vida han sido más afectadas por el miedo?	¿Cómo has hecho para que el miedo no te paralice?
¿Qué áreas de tu vida no han sido afectadas por el miedo?	¿Cómo lo has hecho para poner límites al miedo en esa área?

Todas esas preguntas permiten deconstruir el problema para luego reconstruir una relación distinta entre la persona y aquello que la aqueja.

Preguntas de deconstrucción

El proceso de deconstruir una historia restrictiva asociada a una situación traumática puede ser útil para luego reconstruir estas narrativas empobrecidas. Deconstruir implica rastrear los significados que las personas atribuyen al problema (su origen, por qué se mantiene, quién está involucrado, cómo puede resolverse). Las preguntas orientadas a deconstruir un relato no se plantean desde una posición de experto, sino a partir de la ignorancia o del desconocimiento, desde una actitud de auténtica curiosidad por conocer cómo la persona fue armando una historia que ha terminado por dominarla.

La deconstrucción permite desafiar supuestos que se dan por verdades incuestionables y que ocultan prejuicios, como la pretendida responsabilidad de la mujer por el abuso que ha sufrido, o la patologización del dolor emocional, entre otras construcciones. Michael White (2007) agrega que, cuando las prácticas de poder que están detrás de esas «verdades» quedan desenmascaradas, las personas pueden tomar una postura respecto de ellas y contrarrestar su influencia.

Algunas preguntas que pueden utilizarse en el proceso de deconstrucción son las siguientes:

Preguntas de deconstrucción
¿De dónde viene la idea de que sentir tristeza es incorrecto y tiene que superarse rápidamente?
¿Cómo llegaste a creer en la idea de que llorar es sinónimo de debilidad?
¿Cómo hicieron en tu familia para hacerte creer que en las relaciones de pareja hay que aguantarlo todo?
¿Estás de acuerdo con estas ideas?, ¿transmiten estas ideas los valores con los que te gustaría seguir viviendo?
¿Cuáles de estas ideas ayudan para alcanzar la vida que quieres?, ¿cuáles la entorpecen o van en contra?
¿Cómo sería tu vida sin estas ideas?

Tanto las preguntas de influencia relativa como las de deconstrucción deben incluir en algún momento a terceras personas, bien preguntando directamente a la pareja o al familiar del consultante, si está presente en la sesión, bien dándoles voz mediante preguntas hechas desde la perspectiva de un tercero («Si preguntara a tu mujer en qué aspectos de vuestra vida ella nota más la influencia del miedo, ¿qué me diría?»; «¿De cuál de estas ocasiones en las que le has parado los pies al miedo crees que estaría más orgullosa tu madre?»). Estas preguntas pueden incluir también a familiares fallecidos: «Si tu padre pudiera verte, ¿qué es lo que más le enorgullecería de cómo has sobrellevado todo esto?»; «¿En qué cosas crees que él se reconocería en ti?»).

6.4. CARTAS TERAPÉUTICAS

Dentro de las intervenciones de la TSB, frecuentemente se hace uso de cartas con el fin de facilitar la conversación y enriquecer las narrativas personales acerca del problema. David Epston (1994), por ejemplo, tras cada sesión, enviaba a sus consultantes una carta en la que resumía lo que se había conversado y además incluía observaciones y reflexiones sobre el consultante y su problema.

Entre las cartas que podemos usar en psicoterapia están las siguientes:

Carta para no ser enviada/entregada: la carta está dirigida a alguna persona con la que se tienen temas pendientes, que puede ser una expareja que ejerció violencia o un familiar que abusó sexualmente de la persona, etc., y al cual no se le ha expresado todo lo que la persona desea decirle o le genera rumiaciones intrusivas que no le permiten descansar. Se le señala al consultante que redacte la carta sin restricciones, con todo lo que esté dando vuelta en su cabeza, usando malas palabras si lo desea, sin preocuparse de la redacción o la ortografía, pues su fin no es que la otra persona la lea, sino más bien organizar las ideas pendientes. Luego en sesión se le da la opción de leerla si lo desea o se explora cómo fue el proceso de escritura, qué le fue sucediendo y de qué se fue dando cuenta. Esa carta puede posteriormente ser desechada, o ser redactada nuevamente y enviada, o incorporarse dentro de un ritual, como puede ser enterrarla, quemarla o tirarla al mar, entre otras.

Cartas de despedida/bienvenida: se redacta una carta en la que se despide el problema, incluso agradeciendo lo que pudo ser útil de su influencia, y a su vez se redacta una carta de bienvenida a la nueva identidad, ya sin el problema. Al igual que todas las cartas, en la siguiente sesión se trabaja de manera semejante a como se hace con la carta para no ser enviada. Respecto a qué hacer con la carta, en este caso puede ser incorporada a algún ritual o incluida en una carpeta o caja de recursos donde se guardan los distintos artefactos que la persona ha ido elaborando a lo largo de la terapia y que podrían serle útiles en un futuro.

Carta desde el futuro: se le pide a la persona que se imagine en un futuro con el problema resuelto, y luego se le pide que su yo del futuro redacte una carta en la que describa qué está haciendo, cómo es su vida sin el problema, y qué cosas debe hacer el yo del presente para llegar a ese momento. Una descripción más extensa de esta carta se ha hecho en el apartado 6.1.4, al explicar las preguntas de proyección al futuro.

Carta a otro consultante: es una carta dirigida a otra persona que esté atravesando la misma situación que ellos han superado, dándoles apoyo y consejos sobre cómo enfrentarse al problema. Este procedimiento es útil para fortalecer la conciencia de los propios recursos. A diferencia de otras cartas, esta se queda en poder del terapeuta, pues su sentido es poder mostrársela efectivamente a otras personas que estén pasando por un problema similar, de forma que su experiencia pueda servirles de inspiración y aumente su esperanza de que el cambio es posible. Su entrega es un acto ritual asociado al fin de la terapia.

6.5. El Árbol de la vida

Dentro de las intervenciones clínicas más específicas relacionadas con la TSB, se destaca la propuesta del Árbol de la vida (Denborough, 2008; Ncube, 2006). Este método consiste en el dibujo de un árbol que representa la propia vida del consultante; en el proceso de dibujar este va integrando las personas, actividades y espacios que han sido relevantes en su pasado, los elementos relevantes de su vida actual, sus fortalezas y virtudes, sus expectativas hacia el futuro, las personas con las que cuenta en el presente, los «regalos» recibidos por estas personas y las amenazas que debe enfrentar («tormentas de la vida»), culminando generalmente con un ritual relacionado con su dibujo.

Este trabajo por lo general requiere más de una sesión si es una intervención individual, si es grupal se requieren al menos dos horas de trabajo. Se inicia explicando al consultante que se iniciará una actividad en la que a partir del dibujo de un árbol se explorarán distintos aspectos de su vida pasada, presente y sus expectativas hacia el futuro. Por tal motivo, dicho dibujo se llama el «Árbol de la vida».

Esta actividad implica las siguientes fases:

a) Se le pide dibujar la silueta de un árbol, para lo cual se le brinda un ejemplo y se le señala que este trabajo no requiere habilidad para el dibujo, sino más bien se centrarán en los contenidos.

b) Se le invita a que escriba, en el nivel de las raíces, aquellos elementos de su pasado que son importantes para él/ella y que de algún modo le han ayudado a «sostener» su vida (como las raíces), por ejemplo, personas que la han influido desde el pasado, pasatiempos con los que desarrolló una habilidad importante, espacios físicos que lo/la han marcado, etc., intentando responder la pregunta: ¿de dónde vengo?

c) Se exploran los elementos escritos (si son muchos, se seleccionan al menos tres de ellos que no se hayan explorado en conversaciones anteriores), con preguntas como: ¿qué aprendiste de esta persona?, ¿qué diría esta persona si escuchara de ti lo que aprendiste de ella?, ¿cómo aprendiste ese pasatiempo?, ¿qué habilidad te permitió desarrollar?, ¿para qué te es útil esa habilidad?, etc.

d) Se le pide escribir en el nivel de la tierra los aspectos importantes de su vida actual, por ejemplo, sus actividades actuales, sus pasatiempos actuales o sus espacios actuales, intentando responder la pregunta, ¿dónde y en qué estoy hoy?

e) Se exploran los elementos escritos (si son muchos, se seleccionan al menos tres de ellos que no se hayan explorado en conversaciones anteriores), con preguntas como: ¿qué aporta a tu manera de vivir la vida el pertenecer a un lugar como este?, ¿qué te está enseñando hoy el hecho de desarrollar esa actividad?

f) Se le pide escribir en el nivel de tronco sus fortalezas, valores y cualidades; puede utilizar aquellos aspectos que recogió en la tarea de los elogios y agregar otros que considere pertinentes para responder la pregunta: ¿cuáles son mis habilidades y conocimientos?

g) Se exploran los elementos escritos (si son muchos, se seleccionan al menos tres de ellos que no se hayan explorado en conversaciones anteriores), con preguntas como: ¿qué dice de ti como persona el contar con este valor?, ¿cómo y de quién aprendiste esa habilidad?, ¿qué cosas son posibles de lograr al contar con ese valor o esa habilidad?, etc.

h) Se le pide escribir en las ramas sus expectativas sobre el futuro, sus metas, sus esperanzas, intentando responder la pregunta: ¿cuáles son mis sueños y esperanzas?

i) Se exploran los elementos escritos (si son muchos, se seleccionan al menos tres de ellos que no se hayan explorado en conversaciones anteriores), con preguntas como: ¿cómo se relaciona esta expectativa con el haber venido a terapia?, ¿cómo supiste que ese sueño es algo importante para ti?, ¿qué diferencia hará para tu vida el cumplir con ese objetivo?

j) Se le pide dibujar en el follaje a las personas importantes que lo rodean en la actualidad, intentando responder la pregunta: ¿con quiénes cuento?

k) Se exploran los elementos escritos (si son muchos, se seleccionan al menos tres de ellos que no se hayan explorado en conversaciones anteriores), con preguntas como: ¿qué le gusta de ti a esta persona?, ¿cómo crees que es para esta persona tenerte como parte de su vida?, ¿qué es lo que más valoras en esa persona?

l) Se le pide dibujar al lado de cada nombre escrito en el follaje un fruto, y al lado o dentro de cada fruto un «regalo», es decir, algo que el consultante haya recibido por parte de cada una de esas personas o una razón para darle las gracias, por ejemplo, afecto, atención, tiempo, o un valor o habilidad que lo haya inspirado, por ejemplo, fortaleza, perseverancia, sensibilidad. Se intenta responder la pregunta: ¿qué me han legado?

m) Se exploran los elementos escritos (si son muchos, se seleccionan tres de ellos que no se hayan explorado en conversaciones anteriores), con preguntas como: ¿qué diferencia hace para tu vida el reconocer que has recibido ese regalo de esa persona?, ¿para qué te ha servido en tu vida ese regalo?, ¿para qué te podría seguir ayudando?, ¿si le pudieras agradecer a esa persona por el regalo que te ha dado, qué diría él o ella?

n) Se identifican las tormentas de la vida, es decir, alguna dificultad presente que aún no haya sido superada y que podría significar un desafío para el árbol. Estas tormentas podrían escribirse en una esquina superior del dibujo o simplemente dibujar en esa esquina la idea de un viento o lluvia. Luego de eso se insta a explorar cómo esos recursos del pasado o del presente, cómo sus fortalezas o valores, cómo sus sueños o cómo las personas que están cerca podrían ayudarlo a superar esa tormenta. Se podría preguntar, por ejemplo: ¿cuáles y cómo estos elementos que has escrito te han ayudado a superar dificultades en el pasado?, ¿cómo podrían ayudarte ahora en esta tormenta?, ¿qué diferencia para tu vida hace el reconocer que cuentas con recursos que te han permitido afrontar adversidades antes y te podrían ayudar también ahora?

Un resumen del procedimiento se puede observar en la *tabla* siguiente:

Pasos	Acciones para realizar	Preguntas de orientación al dibujo
Primer paso	Se le pide dibujar un árbol.	Explicación de la metáfora del árbol.
Segundo paso	Se le invita dibujar las raíces y escribir elementos importantes de su pasado.	Raíces: ¿De dónde vengo? Descripción breve del origen del consultante.
Tercer paso	Se le invita a dibujar y pintar la tierra y escribir aspectos importantes de su vida actual.	La tierra: ¿Qué hago ahora? Exploración de la vida actualmente.

Cuarto paso	Se le invita a dibujar el tronco y escribir sus habilidades y recursos personales.	El tronco: ¿Cuáles son mis habilidades y recursos personales?
Quinto paso	Se le invita a dibujar las ramas y escribir sus esperanzas, sueños y deseos sobre el futuro.	Las ramas: ¿Cuáles son mis esperanzas, sueños y deseos?
Sexto paso	Se le invita a dibujar las hojas y conversar sobre la relación con cada persona importante en su vida.	Las hojas: ¿Qué personas son importantes para mí?
Séptimo paso	Se le invita a dibujar y conversar sobre los regalos recibidos de cada persona importante en su vida.	Los frutos: ¿Qué regalos he recibido? Regalos no materiales que el consultante atesora en experiencia.

El trabajo del Árbol de la vida permite al consultante redescubrir sus propios recursos y cualidades, movilizarse hacia el cambio y el bienestar, verse a sí mismo como un superviviente, tomar decisiones sobre su vida futura y, en general, reconocer nuevos aprendizajes. En este proceso puede incluir a sus seres queridos, por ejemplo preguntándoles en un momento dado qué recursos y habilidades suyas valoran más; o cuáles son las esperanzas y los sueños que tienen para él (o para la familia y la pareja). También pueden combinarse estos elementos del proceso con la tarea de las «visitas de gratitud» que describiremos en el apartado 6.7.

Este trabajo puede ser consolidado a través del ritual de finalización del dibujo, en el que el símbolo es el mismo árbol, un objeto que lo conecta con significados positivos y que puede ahora llevar a su casa, guardarlo o exhibirlo en algún espacio personal. Al momento de entregárselo, se le puede preguntar: «¿qué harás ahora con este árbol, dónde lo exhibirás o guardarás?»; «cuando mires en el futuro tu árbol de la vida, ¿con qué ideas, emociones, recuerdos te vas a conectar?»; «si alguien te pregunta por el dibujo, ¿qué le vas a responder?». En la *figura 6.3*, se puede visualizar el árbol final de una consultante que asistió a terapia por una experiencia de abuso sexual en su infancia:

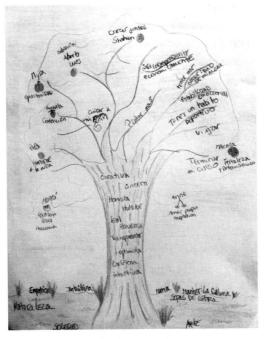

Figura 6.3. El Árbol de la vida.

6.6. GRADUANDO LOS AVANCES: ESCALAS Y PORCENTAJES

6.6.1. Preguntas de escala

Tratamos en último lugar y como una categoría aparte las preguntas de escala, un recurso clásico de la TBCS (de Shazer, 1991, 1994; de Shazer *et al.*, 2007) que funciona tanto para activar recursos como para generar esperanza. Consisten en proponer al consultante que se sitúe a sí mismo, o que sitúe su problema o su avance en una escala numerada. Su ventaja radica en que prácticamente todas las personas, con independencia de su edad, nivel socioeconómico y habilidades de expresión oral, entienden el lenguaje básico de los números, que indican simplemente que el 2 es más que el 1 y el 9 es menos que el 10. De ese modo, se da cabida a la subjetividad del consultante, que sabe muy bien, aunque nosotros no lo tengamos tan claro, cómo es sentirse en un nivel 5 y qué significaría para él subir a un nivel 6.

Cabe destacar que esta técnica no es exclusiva de los modelos sistémicos breves, sino que ha sido ampliamente utilizada en los enfoques cognitivo-conductuales y en la medicina en general, ya que encuentra una gran correspondencia con las denominadas «escalas visuales análogas». Lo interesante y novedoso en este modelo no es su correspondencia válida y confiable con la medición del fenómeno o conducta, sino su utilización como herramienta para crear una conversación diferente y centrada en las soluciones.

Una forma de realizar la pregunta de escala con personas que han sobrevivido a un trauma es, por ejemplo:

«En una escala de 1 a 10, en la que 1 sería el peor momento, justo después de ese suceso terrible, y 10 el momento en el que te hayas recuperado del todo de esa experiencia, ¿en qué punto de tu recuperación te ves, de 1 a 10?».

Una variación sería aprovechar la Pregunta del milagro (si se ha formulado antes) y decir:

«Imagine que tenemos una escala de 1 a 10 en la que 10 sería este milagro que acabas de describir, y 1 cuando más alejada has estado de él, el peor momento en que has estado, ¿en qué nivel de 1 a 10 te encuentras hoy día?».

También es posible preguntar su estado en la última semana, durante alguna excepción, durante unos días determinados en que hubo algún cambio positivo, etc. Asimismo, es posible invertir la escala y señalar que el 1 es su vida sin el trauma y el 10 su máxima manifestación (por ejemplo, total parálisis debido a la ansiedad). Una vez conseguida la respuesta, así como ocurre con la Pregunta del milagro, es conveniente iniciar una conversación en la que se profundice en las respuestas, intentando visualizar objetivos, concretar soluciones y amplificar recursos. Por ejemplo, en una escala en la que 1 es el peor momento y 10 es el mejor, si el consultante responde «un 3», en lugar de decaer por la baja puntuación o deprimirse por todo el camino que les queda aún por recorrer, un terapeuta adiestrado en soluciones verá el vaso medio lleno y preguntará: «¿y por qué en un 3 y no en un 1?», lo que invita al consultante a responder por qué no se encuentra peor y, por lo tanto, vislumbrar excepciones o recursos que podrían ser útiles para seguir avanzando en la escala.

Tras visualizar qué significa para el consultante estar en un 3 y qué significa llegar a un número 10, quizás sea posible construir una meta más realista, considerando que el número 10 es un milagro o un ideal:

«De 1 a 10, considerando que el 10 es un milagro y los milagros no dependen de nosotros, ¿a qué número le gustaría llegar?, ¿con qué número usted diría que se sentiría lo suficientemente recuperado?».

Imaginemos que el consultante señala que le gustaría llegar a un 8, entonces algunas posibles preguntas serían: «¿Y qué significa estar en un 8?»; «¿cómo se daría cuenta de que ya llegó a un 8?»; «descríbame cómo sería estar en un 8». De ese modo, su indicador se traduciría en objetivos concretos susceptibles de alcanzarse y con los cuales sabrá que ya no necesita seguir acudiendo a terapia.

Para construir ahora objetivos a corto plazo o cambios mínimos, recomendamos preguntar lo siguiente: «Usted me dice que está en un 3 y que le gustaría llegar a un 8... considerando que cualquier cambio es un proceso que ocurre paso a paso, y que entre un 3 y un 8 hay 5 pasos, ¿cómo se daría cuenta de que avanzó un pequeño paso hacia su meta, es decir, que ya está en un 4?, ¿cuál sería la primera señal de que ya está en un 4?». Para rematar con: «¿Qué tendría que hacer usted para dar ese pequeño paso y avanzar hasta un 4?». Si bien esta última pregunta parece muy apropiada, es también más arriesgada en una persona en la que aún no se han explorado soluciones, pues se corre el riesgo de que el consultante diga «no sé, por eso estoy aquí». De ahí la advertencia de no formular esa última pregunta si ven al consultante demasiado pesimista o con una agencia personal o autoeficacia socavada por malas experiencias anteriores.

Como siempre, no nos faltará el consultante que simple y llanamente nos responda que está en el nivel más bajo posible («¿el 1 es lo peor?, entonces estoy en un 1»), impidiéndonos encontrar recursos y excepciones frente a su respuesta, aunque no nos impedirá construir objetivos y pequeños pasos de avance; además, viéndolo con ojos optimistas, como ya tocamos fondo solo nos queda subir. Aun así, es posible preguntar: «¿Cómo ha hecho para soportar estar en nivel 1?», con lo que es posible que de todos modos salgan algunos recursos relacionados con la resistencia, la valentía o la fortaleza. Estaríamos aquí en el terreno de las preguntas de afrontamiento.

Un ejemplo del uso de la pregunta de escala en una consultante que fue fuertemente reprimida tras participar en una manifestación social en el centro de la ciudad y que actualmente siente miedo de visitar el centro, puede verse en la siguiente *tabla*:

PREGUNTA	RESPUESTA DE LA CONSULTANTE
¿En qué número te encuentras hoy?	En un 3.
¿Por qué en un 3 y no en un 1?	Porque igual he ido al centro, a pesar del miedo.

¿Qué hiciste para subir de 1 a 3?	Me armé de valor y me dije que nada malo me podía pasar ahora.
¿A qué número te gustaría llegar?	A un 8, porque el miedo a veces es útil.
¿Qué diferencia el 8 del 9 o 10?	Me gustaría sentir miedo si es necesario, pero no paralizarme.
¿Cómo te darías cuenta de que avanzaste un pequeño paso, es decir, del 3 al 4?	Porque podría ir al centro sin necesidad de que alguien me acompañe.
¿Qué tendrías que hacer para dar ese pequeño paso?	Avisarle a mi pareja cuando salga y cuando llegue para que esté pendiente por si me pasa algo.

Posteriormente, en las siguientes sesiones, es posible preguntar en qué nivel de la escala se encuentra ahora, a qué se deben los cambios, si estos cambios van en la dirección que espera, etc. De ese modo es posible evaluar los avances en la terapia, si los consultantes perciben mejoría o si las sesiones están siendo de utilidad. También sabremos de ese modo si ya es necesario comenzar a planificar el cierre del proceso psicoterapéutico, al encontrarse cumplidos los objetivos.

PREGUNTAS DE ESCALA: UTILIDADES	
En una escala de 1 a 10, en la que 1 es el peor momento y 10 su vida sin el problema...	
Evaluar el estado actual	¿En qué número se encuentra ahora?, ¿en qué número ha estado en esta última semana?
Reconocer recursos y excepciones	¿Por qué en un 3 y no menos?, ¿cómo lo hizo para subir de 1 a 3? ¿Cuál es el momento en que se ha sentido más alto en esta escala?, ¿qué sucedió en ese momento?

Elaborar objetivos realistas	¿Considerando que el 10 es un ideal, a qué número le gustaría llegar?, ¿cómo sería estar en ese número?, ¿qué cosas caben en ese número?
Elaborar pequeños objetivos (cambios mínimos)	¿Considerando que hay que avanzar paso a paso?, ¿cómo se daría cuenta de que ha avanzado a un 4?, ¿qué cosas caben en ese 4?
Explorar soluciones	¿Qué podría hacer para avanzar de un 3 a un 4?, ¿de las cosas que está haciendo ahora, cuál le serviría para subir a un 4?, ¿qué necesita hacer para acercarse a un 10?
Evaluar avances	Usted la semana pasada nos dijo que estaba en un 3, ¿en qué número se ubicaría ahora?, ¿a qué se debe ese cambio?, ¿qué hizo diferente que le permitió subir?

Si estamos haciendo la entrevista con más de una persona tendremos más información y más respuestas con las que trabajar. Es importante recordar que las escalas no pretenden ser un instrumento de medida «objetivo», de modo que es lógico que haya diferencias entre las valoraciones de personas distintas. La estrategia del terapeuta será aprovechar esas diferencias en positivo: interesándose siempre por las respuestas más favorables.

Esposa: Yo creo que estoy en un 4, como mucho.

Esposo: Pues yo iba a decir que la veía en un 5, pero...

T: No, no, está bien. Cada uno tiene su visión, eso es inevitable. ¿Qué está viendo usted que tal vez ella no ve todavía, que le permite poner ese 5?

Esposo: Sobre todo que la he visto reír al menos una vez. Reír de verdad, reír mucho, como antes.

Esposa: ¿Sí?

Esposo: Claro, el otro día, en casa de Pedro.

Esposa: Es verdad, sí, claro. Pero para mí eso no es lo más importante.

T: ¿Qué es lo más importante para ti?

Esposa: Que he vuelto a llamar a mi hermana.

T: ¿Qué significa eso para ti?

6.6.2. Preguntas de porcentajes

Michael White se refería en ocasiones a la identidad como un «territorio de vida», el lugar en que habitamos, nuestro hogar, ese lugar que conocemos y que hemos ido construyendo con la colaboración de otras personas. Una experiencia traumática podría conceptualizarse como un problema que arrasa con este territorio, ocupando espacios más allá de lo permisible y dejando esta identidad comprimida en un espacio más pequeño.

La pregunta por el territorio, si bien parece análoga a la pregunta de escala, y de hecho resalta muchas de sus posibilidades, también permite otras conversaciones que podrían enriquecer de una manera distinta las que se pueden establecer acerca de la persona en relación con el problema que la aqueja.

Como técnica narrativa, uno de sus pasos es ponerle un nombre al problema, lo que implica externalizarlo como algo que ocurre fuera de la persona, pero que la acecha, acorrala y afecta.

Una consultante había vivido una experiencia que le cambió la vida tal y como la llevaba hasta entonces: casi muere atropellada por un tren. Permaneció varios días en la UCI, hasta que finalmente se recuperó, aunque con algunas secuelas motoras leves. Tras el accidente ya no pudo salir a la calle como lo hacía habitualmente, el miedo la inundó de tal modo que casi no salía de su casa por temor a morir. Ante esto dejó de hacer sus actividades habituales, se alejó de sus amigos y quienes la rodeaban empezaron a tratarla como una discapacitada. Este miedo además abordó otras instancias pues temía que algo malo le pasara en cualquier momento, por lo que tampoco le gustaba permanecer sola en el hogar. Identificó como «angustia» el problema que la aquejaba. Al indagar qué espacio ocupaba la angustia en el territorio de su vida, señaló que habitaba un 80% del territorio y ella ocupaba solo el 20%.

Área dominada por la angustia (80%)	Área de mi dominio (20%)

Tras indagar cómo había hecho para preservar ese 20%, en qué personas, valores o recursos se había apoyado para salvaguardar esa parte de su vida, fue capaz de nombrar a personas como su marido, valores como la honestidad y recursos como la valentía. A partir de ahí se empezó a planear cómo ir recuperando poco a poco el territorio perdido. Dos sesiones después se le consultó sobre qué parte del territorio dominaba la angustia y ahora contestó que el 49%, siendo ella la que dominaba el 51% restante. Había comenzado a recuperar el territorio.

Parte del diálogo en relación con esta pregunta por el territorio se traduce en la siguiente *tabla:*

PREGUNTAS	RESPUESTAS DE LA CONSULTANTE
¿Qué áreas de tu vida están representadas en ese 20%?	No he dejado que la angustia afecte mi relación con mi pareja ni en el cuidado que debo dar a mi hija.
¿Cómo recuperaste o protegiste ese 20%?	Siento que el amor por mi familia ha impedido que la angustia invada ese territorio.
¿Qué tendrías que hacer para recuperar otro 1% de ese territorio?	Creo que debería volver a salir a la calle sola, quizás salir de compras en la mañana.

¿Cuánto territorio deberías recuperar para sentirte conforme?	Creo que la angustia debería no ocupar más de un 20%, lo suficiente para mantenerme alerta, pero no para paralizarme.
¿Cómo te darías cuenta de que ya recuperaste el 80% del territorio?	Porque ya podré salir a la calle sola sin pensar que me pueda pasar algo malo.

La terapia terminó cuando la consultante informó haber recuperado el territorio que deseaba, lo que implicaba que ya era capaz de varias cosas que en principio se le hacían muy difíciles: salir a caminar sola, inscribirse en un curso de yoga, poner límites a la ayuda excesiva que le daba su madre, entre otros avances para ella relevantes.

6.7. SUGERENCIAS PARA HACER EN CASA

En la TSB disponemos de un gran abanico de posibles «tareas para casa» y de «experimentos» para proponer a nuestros consultantes (Beyebach y Herrero de Vega, 2010). Aquí presentaremos solamente tres que nos parecen especialmente útiles para complementar las conversaciones en sesión y promover la recuperación de los consultantes:

6.7.1. Las tres preguntas para una vida feliz

Se propone al consultante que todos los días, al acostarse y antes de dormir, se plantee las respuestas a tres preguntas (Isebaert, 2005):

a) ¿Qué pequeña cosa he hecho hoy de la que estoy satisfecho?

b) ¿Qué pequeña cosa ha hecho hoy alguien conmigo o por mí de la que estoy satisfecho?

c) ¿Qué otra pequeña cosa he hecho hoy de la que estoy satisfecho?

Esta sugerencia permite conversar en la sesión siguiente sobre qué ha descubierto el consultante contestando a las tres preguntas. De esta manera se pueden identificar fuentes de satisfacción y bienestar del consultante y también trabajar sus relaciones con personas significativas. Con personas afectadas por experiencias traumáticas es especialmente importante enfatizar que en principio nos conformamos con *pequeñas* cosas (aunque las grandes también son bienvenidas) y que no hace falta que hayan generado una enorme felicidad, sino que es más que suficiente que hayan producido cierta *satisfacción*.

6.7.2. Fortalezas personales en acción

Esta actividad consiste en hablar de las fortalezas en sesión y luego proponer el experimento de que el consultante haga uso de una o varias de esas fortalezas durante la semana (Seligman, 2011). Se puede comenzar a hablar de fortalezas preguntando por situaciones adversas que haya vivido en otro momento de su vida y pidiendo que comente cómo les hizo frente o de qué manera logró salir adelante; también se puede hablar de logros de los cuales se sienta orgulloso. En ese momento, el terapeuta comenta las fortalezas personales o virtudes que se pueden detectar en dichas situaciones En el caso en que para salir adelante haya sido necesario el apoyo de terceras personas (atribución externa), el terapeuta hará ver que ser capaz de pedir ayuda y contar con personas que cuiden de nosotros se relaciona con la fortaleza personal denominada «inteligencia emocional» o «inteligencia social». También puede ser fácilmente destacable la fortaleza esperanza/optimismo, aprovechando el hecho de que haya acudido a sesión.

Otra alternativa es dar al consultante un listado de fortalezas personales previamente preparada y pedirle que identifique las que mejor lo definen como persona. Si tiene dificultad para reconocer sus fortalezas, el terapeuta puede repasar algunas que se hayan observado o comentado en sesiones previas, localizándolas en el listado. Es importante que el terapeuta le vaya pidiendo al consultante que comente en qué situaciones concretas ha desplegado estas fortalezas con las que se identifica. Finalmente, se solicita que durante la semana intente poner en práctica algunas de sus fortalezas personales en situaciones concretas y que lo registre en alguna hoja en blanco. El terapeuta puede darle al consultante el listado de fortalezas identificadas en sesión, para que lo pueda consultar en caso de dudas. En la siguiente sesión, el terapeuta puede revisar lo anotado, felicitando al consultante por haber puesto en práctica alguna de sus fortalezas o virtudes y poniendo énfasis en el análisis de cómo se sintió al hacerlo.

6.7.3. El *puzzle* de la persona

Una forma creativa de aplicar el concepto de las escalas y los porcentajes combinándolo con la proyección al futuro es «el *puzzle* de la persona», un ejercicio que desarrolló Marga Herrero y que empleamos también con personas en proceso de recuperación de experiencias traumáticas. Si los consultantes se plantean, por ejemplo, «volver a ser la persona segura que siempre he sido» o «llegar a ser una persona realmente independiente», los invitamos a que se hagan una foto de ellos mismos que represente ese objetivo de transformación y que traigan una ampliación a la sesión. En la entrevista se trabaja esa identidad futura mediante la técnica de la proyección al futuro, para ayudar a la persona a que concrete su yo deseado en términos pequeños y conductuales. A continuación se le propone que en casa corte la foto en forma de piezas de *puzzle* y que vaya escribiendo en el reverso de cada pieza una señal de cambio, algo que para ella indicará que ha conseguido construir una parte deseada de su futuro. A lo largo de las sesiones se puede ir constatando qué «piezas» de su identidad va recuperando la persona y conversar sobre ello ampliando de la forma habitual: preguntando qué está siendo diferente ahora, cómo lo ha conseguido, quiénes la han ayudado, etc. Presentamos aquí la foto-*puzzle* de una consultante de Marga que amablemente nos ha permitido reproducirla:

Figura 6.4.

6.7.4. Ejercicio de la gratitud

Se invita a los consultantes a reflexionar acerca de las personas que les han dado algo importante para su vida y hacia las cuales podrían manifestar gratitud: la inspiración para algún trabajo, el apoyo en momentos difíciles, la ayuda desinteresada, el empuje para obtener un logro, etc. (Seligman, 2011). Se conversa sobre las aportaciones que estas personas han realizado para sus vidas y se explicita la razón concreta por la que podrían expresarles gratitud.

Luego se les anima a que escriban una carta de gratitud dirigida a una o varias de las personas mencionadas. Pueden hacerlo en el hogar y traer la carta a la siguiente sesión, en la que se conversa sobre lo que fue sucediendo o cómo se fue sintiendo a medida que escribía la o las cartas. Se puede pasar entonces a la siguiente propuesta: entregar o leerle la carta a su destinatario. Esto no debe ser forzado, por lo que se sugiere inducirlo con alguna pregunta del tipo: «¿Qué crees que sucedería si le leyeras o le enviaras esa carta a la persona a la que está dirigida? ¿Cómo crees que reaccionaría?». Y luego invitarla a hacer el experimento. En la siguiente sesión, se analiza qué ocurrió finalmente, cómo preparó la ocasión para dar a conocer la carta, cómo respondió la otra persona y qué emociones afloraron. Un buen cierre de esta técnica consiste en preguntar qué significó todo ello para la persona y qué efectos concretos ha tenido.

Capítulo 7

Una propuesta de intervención psicoterapéutica con supervivientes de traumas: técnicas para reducir el malestar

Veremos en este capítulo diversas opciones para ayudar a que los consultantes puedan reducir aquellos síntomas postraumáticos que se mantienen a pesar de sus cambios pretratamiento y pese a las estrategias de afrontamiento exitosas que han venido empleando hasta entonces. En términos de la *figura 4.1* que presentamos en el capítulo 4, no se trata ahora de ampliar la «parte sana», sino de abordar directamente la «parte problemática» para reducirla.

Como paso previo al trabajo con los síntomas postraumáticos será útil que la terapeuta recuerde a sus consultantes que estos síntomas son el resultado lógico y esperable de haber vivido los sucesos traumáticos que sufrieron. Por tanto, aunque sean muy molestos y dolorosos, son perfectamente normales y no significan que la persona se haya vuelto o se esté volviendo «loca». Un segundo mensaje importante es el papel crucial de la plasticidad cerebral: del mismo modo en que el cerebro de la consultante reaccionó adaptándose al evento traumático es posible «reeducarlo» para que se adapte a la nueva situación de seguridad. En otras palabras, las conversaciones terapéuticas y los cambios que vaya introduciendo la consultante en su vida irán recalibrando y reconfigurando esas redes neuronales afectadas por el trauma (Froerer *et al.*, 2018; van der Kolk, 2014; Shapiro, 2001).

La estrategia terapéutica de la TSB para la reducción de la sintomatología postraumática incluye varios elementos, comunes a todos los puntos que cubriremos a lo largo de este apartado: a) escuchar qué ayuda piden los consultantes, cuáles son esas secuelas postraumáticas que le generan sufrimiento; b) identificar aquello que los consultantes ya están haciendo y que les funciona, para preservarlo y ayudarlos a que lo hagan más; c) estar atentos a aquello que no funciona o que incluso es contraproducente, para ayudarlos a que hagan algo diferente; y d) enseñar nuevas habilidades (de relajación, de respiración) y promover hábitos saludables, como otra manera de hacer «algo diferente».

Si la persona traumatizada acude a las sesiones con su pareja o un familiar será interesante conversar sobre qué harán ellos para apoyar al consultante; pequeñas ayudas como recordarle que es la hora de hacer un determinado ejercicio, hacerlo con él o con ella, o planificar alguna actividad conjunta a continuación, pueden ayudar a avanzar en este terreno. Si la forma en que el acompañante está intentando ayudar de hecho no funciona y bloquea más al consultante (por ejemplo, su insistencia para que la consultante haga ejercicio lleva a que por llevar la contraria lo haga menos; las críticas por acostarse tarde dificultan aún más conciliar el sueño, etc.), será conveniente bloquear ese patrón improductivo explorando maneras alternativa de ayudar.

Veremos a continuación cómo esta estrategia general se adapta a cada uno de los tipos de síntomas postraumáticos que pueden presentarse.

7.1. Control de la activación emocional

7.1.1. Estrés y activación emocional

Como se ha descrito anteriormente, el estrés implica un gran gasto de energía, necesario para afrontar en forma efectiva los riesgos asociados a una situación altamente estresante. Una vez vivenciado un terremoto, el organismo tarda en volver a la tranquilidad, pues luego vienen continuas réplicas que mantienen a las personas en constante estado de alerta. Luego, cuando los daños han sido reparados y las réplicas son cada vez más distantes y menos intensas, debería bajar el nivel de activación de las personas. Pero en quienes han desarrollado sintomatología postraumática esto no ocurrirá, pues no logran recuperar la confianza en que el peligro ha desaparecido. Como los seres humanos no tienen energía ilimitada, al poco tiempo aparecerán el cansancio y, finalmente, el agotamiento. Ante esto, sugerimos dos conjuntos de estrategias destinadas a mantener un control de la activación emocional (o *hiperarousal*). La primera es aumentar la capacidad del cuerpo para resistir niveles altos de estrés en forma sostenida, sin llegar al agotamiento, lo que sugerimos cuando la persona debe seguir funcionando a pesar de los altos niveles de estrés experimentados. La segunda es disminuir los niveles de activación, de forma que la persona pueda descansar y ahorrar energía.

7.1.2. Aumentar la resistencia

Para aumentar la resistencia debemos ocuparnos del cuerpo. La energía que se agota no es una energía espiritual o simbólica sino la propia energía que el cuerpo debe utilizar para afrontar situaciones estresantes y que se desprende de su metabolismo. Por lo tanto, nos referiremos a las tres estrategias características que se utilizan para aumentar la resistencia del cuerpo ante el estrés, que son: dormir bien, comer sano y cuidar el estado físico (en inglés, *sleep, eat and play*).

Dormir bien. El buen dormir es esencial para recuperarse cada día de las tensiones y el cansancio que se acumulan en personas que viven situaciones estresantes. Lo ideal es que una persona adulta duerma de 7 a 8 horas cada noche y en forma continua. Este ideal puede verse alterado cuando la preocupación, las demandas ambientales o las situaciones de riesgo llevan a que a la persona le cueste conciliar el sueño, despierte continuamente en medio de la noche o se despierte demasiado temprano. Por lo demás, hay diversos estudios que indican que los problemas para dormir son el principal marcador clínico de problemas de salud mental futuros tras un evento altamente estresante (por ejemplo, Ibáñez *et al.*, 2020), por lo que, como clínicos, debemos promover un mejor sueño en nuestros consultantes. Algunas ideas para un mejor dormir se señalan en la *tabla* siguiente:

PAUTAS PARA UN BUEN DORMIR
1. Disminuir el consumo de algunas sustancias estimulantes como café, té y tabaco, totalmente o al menos dos horas antes de dormir.
2. No comer algo abundante o de difícil digestión (carnes, alimentos ricos en grasas, etc.) en al menos dos horas antes de la hora de dormir.
3. Hacer ejercicios en forma regular, pero evitar realizarlos en al menos una hora antes de dormir.
4. Evitar siestas durante el día o que estas superen los 30 minutos de duración.
5. Mantener horas de sueño regulares, intentando acostarse y levantarse a la misma hora todos los días.
6. Evitar la exposición a pantallas de luz brillante (televisor, ordenadores, móviles) en la última hora antes de dormir.
7. Evitar usar la cama para actividades distintas a dormir, como trabajar, ver televisión o comer.
8. Realizar actividades relajantes en la última hora antes de dormir, como darse un baño de espuma, escuchar música, leer un libro.
9. Aprender estrategias que faciliten la desactivación, como la meditación, técnicas de respiración y de relajación, o el 5-4-3-2-1, que pueden realizarse en la última hora antes de dormir.
10. Si no se consigue conciliar el sueño en un tiempo prudente y esto empieza a generar inquietud («esta noche parece que no podré dormir»), levantarse y realizar una actividad relajante (o aburrida) en otro lugar para volver a la cama cuando aparezca el sueño. Esta actividad relajante NO debe ser exponerse a pantallas de luz brillante ni a ninguna de las actividades que se deben evitar que se han expuesto en esta tabla.
11. Si los problemas con el sueño no remiten con estas estrategias será conveniente derivar al paciente a su médico general, quien podrá pautarle algún fármaco que le ayude a dormir mejor.

Comer sano. Bajo estrés, las personas buscan consumir alimentos más calóricos, pues son los que aportan energía suficiente para resistir y a su vez generan una respuesta física de relajación al asociarse a la liberación de endorfinas. Sin embargo, estas comidas, habitualmente ricas en grasas y azúcares, son nutricionalmente muy pobres, por lo que no aportan lo suficientes nutrientes para la realización de otras operaciones corporales fundamentales, contribuyendo al malestar físico.

Asimismo, ante la vertiginosidad de la vida cotidiana, muchas personas se saltan comidas esenciales (desayuno, almuerzo) o comen demasiado rápido por falta de tiempo, provocando alteraciones en el metabolismo que pueden relacionarse con el aumento en el peso corporal.

De ese modo, resulta necesario dar a nuestros consultantes algunas sugerencias que permitan mantener una alimentación más equilibrada en situaciones de estrés. Pero antes de ello, sugerimos indagar en cómo es su alimentación actualmente, intentando encontrar sus puntos fuertes, de modo de elogiarlos y sugerirles mantener dichos hábitos. Recordemos que es más fácil seguir los consejos que la misma persona encuentra para sí misma o los hábitos que ya posee y que se encuentran en su marco de referencia, que seguir los consejos dados por un experto, por muy profesional o competente que este parezca. Una vez indagados estos hábitos el terapeuta puede recurrir a las sugerencias que se presentan en la siguiente *tabla:*

Pautas para comer sano
1. Evitar los alimentos altos en grasa y azúcar, lo que incluye patatas fritas, nachos, helados, pasteles, etc. Puede reemplazarlos por un refrigerio de frutas, como el arándano.
2. Respetar las comidas del día que están dentro de su rutina, como el desayuno, el almuerzo, la merienda y la comida. Intentar no saltarse sus comidas.

3. Practicar el comer lento *(slow food)*, el saborear la comida, el prestar atención a lo que se ingiere y los distintos aromas, sabores y texturas en su nariz y paladar.

4. Evitar consumir alcohol o bebidas ricas en cafeína o teína en altas cantidades, pues aumentan la sensación de estrés.

5. Consumir otros alimentos más sanos que contribuyen a la liberación de endorfinas, como aquellos ricos en triptófano, como carnes y lácteos, o ricos en vitaminas, como futas y verduras, dentro de una dieta equilibrada.

6. Si el consultante tiene dudas, condiciones de salud especiales o requiere de un apoyo profesional para regular su alimentación, derivar a un profesional experto en nutrición.

Cuidar del estado físico. Mantener el cuerpo en buen estado físico ayuda a que estemos más preparados para tolerar las enormes cargas de esfuerzo que nos exigen las condiciones estresantes. Un cuerpo en mal estado se cansa con facilidad, agota sus energías rápidamente y se ve pronto afectado por dolores musculares en diversas partes del cuerpo, como la cabeza, el cuello y la espalda.

En tal caso, el ejercicio físico moderado, practicado con regularidad, puede ayudar a tolerar más cargas de estrés, al menos hasta que la situación estresante cese o recibamos ayuda. Para ello, en un primer lugar sugerimos indagar sobre las actividades físicas que el consultante ya realiza o que ha realizado anteriormente y que le han dado buenos resultados, como caminar, andar en bicicleta, salir a correr, bailar o ir al gimnasio, entre otras. La primera fase es siempre hacer lo que la persona está dispuesta a hacer y que se encuentra dentro de su abanico de posibilidades. En segundo lugar se le pueden proponer actividades físicas distintas, que debería empezar a ejecutar paso a paso, aceptando los tropiezos y retrocesos que puedan ocurrir. Algunas sugerencias para proponer la realización de ejercicio físico en nuestros consultantes se pueden observar en la siguiente *tabla:*

1. A menos que el consultante tenga ya el hábito, comenzar proponiendo actividades simples, sin sobreexigencias, dando un paso a la vez.

2. Llegar como meta a una actividad física que pueda practicar por un mínimo de treinta minutos continuos.

3. Llegar como meta a una actividad física que pueda practicar por al menos dos veces a la semana.

4. Evitar el esfuerzo físico exagerado, el fin es mantener a raya el estrés, no prepararse para una competición atlética.

5. Evitar las actividades físicas competitivas, en las que el resultado (ganar) sea relevante, pues eso aumenta el estrés. Para disminuir el estrés, el ejercicio físico debe ser un objetivo por sí mismo.

6. Si el consultante tiene dudas, condiciones de salud especiales o requiere un apoyo profesional para realizar una actividad física, derivar a una especialista en el área.

7.1.3. Disminuir la activación

Debemos recordar que en el Trastorno de Estrés Postraumático (TEPT) se produce una hiperactivación del sistema nervioso en ausencia de peligro externo, por lo que el gasto de energía se produce sin necesidad y se hace oportuno regular esta respuesta y permitir que el cuerpo descanse. La persistencia de altos niveles de activación fisiológica tiende a generar cansancio y agotamiento. Ante esto, es conveniente que la persona utilice algunas herramientas que le permitan promover un nivel de activación más bajo, entre estas estrategias están aquellas que la persona ha usado anteriormente y le han funcionado, pero también puede adquirir estrategias nuevas, como la respiración diafragmática y la relajación muscular.

Respiración diafragmática. La respiración es una actividad autónoma de nuestro cuerpo que no requiere el ejercicio de la voluntad y que se activa cuando necesitamos más oxígeno y se suaviza en períodos de descanso. A pesar de que respiramos sin hacer uso de nuestra conciencia, como ocurre con otras funciones autónomas como el latido cardiaco, la dilatación de la pupila y la sudoración del cuerpo, tiene la ventaja de que aun así podemos regular su ritmo a través del movimiento voluntario de los músculos del diafragma. De ese modo, se convierte en la puerta de entrada desde la cual nuestra voluntad puede regular la actividad de nuestro sistema nervioso autónomo, en especial el funcionamiento simpático que nos lleva a acelerar el ritmo respiratorio en situaciones de estrés.

La técnica de respiración diafragmática tiene la ventaja de que es muy fácil de aprender, puesto que las personas respiran naturalmente de esta manera cuando están relajadas (es como respiran los bebés cuando duermen), y es muy fácil de aplicar, pues basta con que la persona preste atención y luego regule su forma de respirar. En tal sentido, la respiración diafragmática, también llamada respiración abdominal, es una forma de respiración naturalista, que conlleva poco gasto de energía y que permite regular la tensión que la persona pueda sentir en prácticamente cualquier contexto.

Describiremos a continuación la forma más sencilla de respiración diafragmática, que es la que podemos transmitir a nuestros consultantes. Hay formas más complejas, ligadas a la práctica de algunas disciplinas orientales, como el *hatha yoga*, pero que preferimos no incluir a menos que la práctica de estas disciplinas se encuentre dentro de las propias experiencias del consultante a las que podemos recurrir.

En concreto, la respiración diafragmática consiste en inhalaciones lentas y profundas a través de la nariz, seguidas por exhalaciones lentas y completas, para volver a iniciar el ciclo, una y otra vez, hasta obtener una grata sensación de relajación. En estas inhalaciones no debe existir movimiento muscular de la zona superior del tronco, por lo tanto, los hombros deben mantenerse en su lugar y la parte superior del pecho solo debe moverse levemente tras llenar la zona baja de los pulmones, ubicados a la altura del abdomen. Desde el exterior, observaremos cómo la persona respira sin emitir ruido, con su pecho y hombros quietos, hinchando ligeramente su barriga. Es útil en ocasiones que la persona lleve una mano bajo el cuello y otra en el abdomen, de forma que pueda notar que el aire baja directamente al abdomen sin necesidad de mover el pecho. En la *figura 7.1* se puede ver una representación de esta forma de respirar.

Podemos ejemplificar el uso de este tipo de respiración en los pasos que se describen en la siguiente *tabla:*

Pasos para la respiración diafragmática
1. Si bien lo puedes practicar en cualquier lugar, en la fase de entrenamiento debes buscar algún sitio que te sea cómodo, como tu cama o una silla, procurando que la cabeza, el cuello y la columna estén en una línea recta.
2. Presta atención en cómo estás respirando en ese momento, cómo el aire entra en tu cuerpo y sale de él, y la sensación que te produce. Este paso es mejor hacerlo con los ojos cerrados, pues facilita tu concentración.
3. Coloca una mano bajo el cuello (o la parte superior del pecho) y otra en el abdomen para observar cómo se mueven al ritmo de tu respiración.
4. Inspira lentamente por la nariz, hasta que tu mano en el abdomen comience a elevarse. La mano en el pecho debe permanecer sin moverse al menos hasta completar el movimiento en el abdomen.
5. La inspiración no debe ser brusca, pues podrías hiperventilar. Te ayudará si cuentas de 1 a 5 mientras inspiras, o incluso de 1 a 10. La inspiración brusca se nota, pues emite sonido y al cabo de pocas inspiraciones puedes llegar a sentir mareo.
6. Haz una pausa de unos pocos segundos antes de exhalar. Te ayudará si cuentas de 1 a 3.
7. Exhala lentamente el aire por la nariz o por la boca (lo que te parezca más cómodo y natural), de forma que tu mano en el abdomen sienta que desciende. La mano en el pecho debe permanecer lo más inmóvil que sea posible. Te ayudará si cuentas de 1 a 5.
8. Una vez exhalado, permanece con tus pulmones vacíos por algunos segundos antes de reiniciar un nuevo ciclo de respiración. Te ayudará si cuentas de 1 a 3.

9. Repetir el ciclo unas cinco veces como mínimo en la fase de entrenamiento o hasta que percibas un nivel grato de relajación.

10. Una vez que completes los ciclos puedes ponerte en movimiento con mucho cuidado para evitar el mareo.

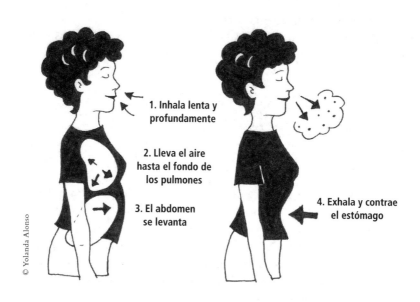

Figura 7.1. Respiración diafragmática.

Relajación muscular. El agotamiento que afecta a las personas expuestas a altos niveles de estrés es principalmente muscular. Los músculos en continua tensión, preparados para actuar en cuanto se requiera, ya sea para huir o luchar, no tardan en agotar su energía, lo que se manifiesta con temblores y dolor. En muchas ocasiones las personas no advierten que sus músculos están constantemente tensos a menos que un observador externo les señale que están con su mandíbula apretada, el ceño fruncido, los hombros levantados o los puños cerrados. Las técnicas de relajación muscular son, por lo tanto, útiles para permitir, en primer lugar, reconocer estos músculos que están tensos y, luego, aprender a relajarlos. Además, haber aprendido a relajar los músculos facilita el reprocesamiento de las experiencias traumáticas en sesión.

Dentro de estas técnicas de relajación muscular se encuentran el ejercicio de 5-4-3-2-1 que presentaremos en el apartado 7.3.2, así como procedimientos más tradicionales, como la relajación progresiva de Jacobson, el entrenamiento autógeno de Schultz, la relajación sentada y los ejercicios de visualización, entre otros.

Describiremos aquí la técnica de relajación progresiva, una de las más ampliamente usadas en psicoterapia y que puede producir una relajación tan profunda que induce el sueño, por lo que también se puede usar con personas que presentan insomnio. Debido a que esta técnica es más compleja y no tan fácil de aprender, aconsejamos primero practicar en sesión y después grabar un audio para que luego los consultantes puedan escuchar las instrucciones en sus hogares, tantas veces como sea necesario hasta aprender la técnica.

La técnica de relajación progresiva se orienta a tensar lentamente cada grupo muscular del cuerpo y luego relajarlo. Se comienza por tensar y relajar los músculos de los pies, y luego se continúa gradualmente hacia arriba, hasta llegar al cuello y la cabeza. Los grupos musculares se contraen durante unos cinco segundos y luego deben relajarse durante 30 segundos, para luego continuar con el grupo muscular siguiente. La relajación es más profunda si se realiza el ejercicio de tensar y relajar cada grupo muscular varias veces.

Los grupos musculares que deben relajarse sucesivamente son los siguientes:

Piernas y pies: estirar primero una pierna y después la otra, levantando el pie hacia arriba y notando la tensión en la pierna, el muslo y el pie. Luego exhalar todo el aire de los pulmones mientras se relajan estos músculos. Prestar atención al cuerpo y a la diferencia entre tensión y relajación.

Tronco: tensar la espalda, el pecho y el abdomen. Luego exhalar todo el aire mientras se relajan estos músculos. Prestar atención al cuerpo y a la diferencia entre tensión y relajación.

Brazos y manos: contraer, sin mover, primero un brazo y luego el otro, con el puño apretado, notando la tensión en los brazos, los antebrazos y las manos. Luego exhalar todo el aire de los pulmones mientras se relajan estos músculos. Prestar atención al cuerpo y a la diferencia entre tensión y relajación.

Cara, cuello y hombros: contraer el rostro, la lengua, la mandíbula, el cuello, la nuca y los hombros. Luego exhalar todo el aire de los pulmones mientras se relajan estos músculos. Prestar atención al cuerpo y a la diferencia entre tensión y relajación.

En la siguiente tabla hacemos una descripción paso a paso de esta técnica:

PAUTAS PARA LA ENSEÑANZA DE LA RELAJACIÓN MUSCULAR PROGRESIVA
Buscar una posición cómoda, preferentemente acostado, donde pueda mantener los ojos cerrados y que tenga una temperatura adecuada, pues es habitual el enfriamiento del cuerpo.
Tensar los grupos musculares uno a uno, y luego de algunos segundos exhalar el aire y relajar los músculos completamente. Repetir dos veces cada grupo muscular.
Los grupos musculares son a) piernas y pies, b) tronco, c) brazos y manos, y d) cara, cuello y hombros.
Repasar mentalmente los músculos del cuerpo y en caso de sentir tensión aún en alguna zona, repetir el proceso en ese grupo muscular.
Una vez relajado el cuerpo, permitir que la mente también se relaje. Para ello, imaginar que uno está en un lugar agradable, ya sea imaginario o un lugar conocido, y que transmite paz y tranquilidad, y disfrutar de esa experiencia por algunos minutos.
Como es habitual quedarse dormido en este ejercicio, se recomienda practicarlo por la noche, al acostarse, o en algún momento en que no haya tareas que cumplir inmediatamente después.

7.1.4. Recuperar el placer del cuerpo

Como señalamos en el capítulo 1, los eventos traumáticos afectan a toda la persona y, por tanto, tienen también una traducción corporal; «el cuerpo lleva la cuenta», en palabras de van der Kolk (2014). El impacto físico del trauma se aprecia especialmente en las víctimas de agresiones o abusos sexuales, que con frecuencia presentan problemas de alimentación, que pueden llegar a la bulimia o a la anorexia, y a menudo se quejan también de problemas con sus relaciones eróticas o en general con su propia sensualidad. No es raro que la persona traumatizada explique que «no siente» su cuerpo o que solamente tenga sensaciones negativas. En estos casos es pertinente promover un trabajo de «cuidar el cuerpo» y, por tanto, «cuidarse» poniendo atención y cuidado amoroso en la sanación.

Una forma centrada en soluciones de iniciar esta línea de intervención es conversar con la consultante sobre las excepciones, aquellos momentos en el día a día en los que sí siente emociones positivas en su cuerpo (Dolan, 1991), como, por ejemplo, durante una ducha caliente o al desperezarse en la cama. Puede enlazarse esta charla con la sugerencia de que en los próximos días esté atenta a cualquier sensación corporal positiva que tenga; la revisión de esta propuesta permitirá identificar actividades que promuevan estas sensaciones. También puede recomendarse a las consultantes que reciban masajes o se los den ellas mismas (Nardone *et al.*, 2002), siempre de forma progresiva y suave; que tomen baños de sol, que conecten con el placer de nadar o de andar descalzas sobre la hierba, etc. También puede ser adecuado recomendar a las consultantes que realicen cursos de yoga, o algún ejercicio rítmico y a ser posible realizado en grupo, como, por ejemplo, bailes o danzas tribales (Dolan, 1991; van der Kolk, 2014). En el caso de bloqueos corporales acentuados puede ser útil derivar puntualmente a una terapeuta que haga intervenciones corporales con el trauma, como, por ejemplo, terapia sensoriomotriz (Ogden y Fisher, 2016).

Cuando el malestar corporal se concentra en ciertas partes del cuerpo que fueron agredidas (los pechos, los genitales...), nos resulta útil el ejercicio que Dolan (1991) recoge de Capacchione (1979), que puede trabajarse en sesión o emplear como una sugerencia para casa. Proponemos a la consultante que en un papel grande dibuje la silueta de su propio cuerpo y que, a continuación, coloree con un color agradable todas aquellas partes en las que se siente bien. Después pintará de otro color, más desagradable para la consultante, aquellas otras partes en las que siente dolor, sufrimiento o embotamiento. A continuación, volverá a dibujar en otro papel la silueta de su cuerpo, y esta vez pintará, en las zonas identificadas como problemáticas en el dibujo anterior, pequeños corazones con un color que para ella represente la sanación. La tercera parte del ejercicio es una reflexión sobre cómo cuidar cada una de esas partes de su cuerpo.

Carolina había llegado a terapia producto de las secuelas emocionales y físicas del maltrato ejercido por su exmarido durante años. Uno de los aspectos más relevantes de su relato era la vergüenza hacia su propio cuerpo, debido a las marcas que habían quedado en él producto de los golpes que recibió. Esto le impedía usar cualquier tipo de vestimenta, y si bien le encantaba ir a la playa, usaba siempre ropa que cubría toda su espalda, que era el lugar donde estaban las cicatrices más notorias. En el ejercicio de dibujar su cuerpo, ya en etapa avanzada de la terapia, ella pintó con colores vivos prácticamente todo el dibujo, dejando solo una pequeña zona gris, la parte superior de su espalda. Al pedirle colorear en forma distinta ese lugar en la espalda de modo que reflejara su proceso de sanación, ella decide pintar sobre esa zona con un color amarillo rodeado de corazones y una mariposa naciendo de ella. Luego de este ejercicio, decidió volver a usar traje de baño en la playa, pues ya no sentía vergüenza de exhibir sus cicatrices (véase la figura 7.2).

Figura 7.2. Dibujo de la espalda de una consultante maltratada por su exmarido, en el que representa su proceso de sanación corporal.

7.2. Manejo de pensamientos intrusivos

Las intrusiones mentales, ya sea a través de pensamientos, imágenes o pesadillas, son una de las consecuencias más comunes tras experimentar un trauma. Estas intrusiones por lo general provocan un intenso malestar, acompañado de la reexperimentación de la vivencia con un alto nivel de activación. Puede aparecer ante estímulos concretos e identificables o puede que la persona no logre identificar el estímulo actual que activó las intrusiones. Estas intrusiones se caracterizan por ser automáticas, generar un intenso malestar y ser percibidas como fuera de control. En este apartado nos centraremos en los pensamientos intrusivos, también llamados rumiaciones, y en el siguiente hablaremos de las imágenes intrusivas o *flashbacks*.

Proponemos los siguientes cuatro pasos generales para el trabajo con los pensamientos intrusivos.

7.2.1. Externalizar el pensamiento intrusivo o la emoción asociada

Es indudable que los pensamientos, ya sean positivos o negativos, ocurren en la mente de las personas, pero las personas no son sus pensamientos. Uno de los problemas más comunes en las personas afectadas por malos pensamientos es que se identifican con ellos (o se «fusionan»), lo que hace difícil poder identificarlos, reconocerlos y enfrentarlos.

Un primer paso para lidiar con los pensamientos intrusivos es hacer uso de la externalización para presentarlos como algo externo a la persona. Las personas no son sus pensamientos, las personas son afectadas, interferidas o influidas por ellos. Las personas no nacieron con estos pensamientos, estos surgieron a partir de una experiencia extrema y así como han llegado también es posible que luego se puedan marchar. Externalizar los pensamientos equivale a separarlos de su identidad, lo que puede ayudar a reducir el nivel de angustia y culpa por su presencia y a su vez aumentar la responsabilidad para hacer algo con ellos.

Así como podemos externalizar los pensamientos, con preguntas destinadas a identificar cómo es que esos pensamientos influyen en la vida de la persona, también es posible externalizar la emoción, la experiencia o la cualidad asociada a ellos. De ese modo, podemos habar de la «voz del estrés», la «voz del trauma» o la «voz de la inseguridad», o el nombre que la misma persona le asigne, para luego explorar la influencia de esa voz en su vida.

La exploración de esa influencia es lo esencial del segundo paso.

7.2.2. Prestar atención y «capturar» los pensamientos intrusivos

Una vez externalizado el problema, proponemos que la persona observe cómo actúan estos pensamientos, qué momentos aprovechan para aparecer, qué le hacen sentir o hacer, de qué forma interfieren en su vida cotidiana, entre otras preguntas posibles. Se le señala a la persona que hasta el momento estos pensamientos han actuado impunemente, pero que ha llegado la hora de descubrirlos, desvelar su forma de actuar o «cazarlos» cuando aparecen. Este procedimiento interfiere con la solución intentada fracasada de expulsar los pensamientos de la mente, asumiendo ahora la posición opuesta, que es permitirles que aparezcan, que se manifiesten, que digan lo que tengan que decir, con el incentivo de que esta estrategia permitirá desarrollar posteriormente un plan para poder hacer algo con ellos. En tal sentido, aumenta con esto el sentido de control que la persona tiene sobre sus pensamientos intrusivos.

Se puede partir con algunas preguntas en sesión, por ejemplo, en qué momentos del día estos pensamientos se hacen más fuertes y cuándo desaparecen. Luego se les puede pedir una tarea de autorregistro en la que puedan anotar lo que descubran de estos pensamientos cada vez que aparecen, así como un cazador anota los comportamientos de su futura presa, o como un estratega estudia a su enemigo antes de iniciar un ataque, o con una metáfora menos dramática que las dos anteriores, al igual que un deportista estudia el terreno en el que habrá de competir.

Al llegar con el registro en la siguiente sesión, se le elogia por haber cumplido la tarea que nos permitirá contar con datos clave para poder enfrentar estos pensamientos intrusivos. Esto da inicio al siguiente paso.

7.2.3. Tomar distancia y observar los pensamientos intrusivos

Una vez entendido que la persona no son sus pensamientos, ahora que se han capturado algunas de sus características, es posible observarlos y analizarlos con detenimiento. Puede ayudar en este paso usar algún ejercicio de *mindfulness* que permita distanciarse de los pensamientos como si fueran «hojas que flotan en un río», permitiendo que se acerquen y se alejen a merced de la corriente, o se le puede pedir al consultante que imagine los pensamientos como si estuvieran dentro de frascos en una estantería, de modo de poder mirarlos y estudiarlos uno a uno, para luego dejarlos en la misma estantería, incluso reordenándolos de forma que se haga luego más fácil volver a encontrarlos.

En este paso, son útiles algunas preguntas que permiten explorar la influencia de los pensamientos intrusivos sobre la persona, como las que se señalan en la *tabla* siguiente:

EXPLORACIÓN DE LOS PENSAMIENTOS INTRUSIVOS
¿Qué momentos aprovechan estos pensamientos para aparecer?
¿Qué cosas te dicen estos pensamientos cuando aparecen?
¿De qué cosas te tratan de convencer?
¿Qué cosas te hacen sentir?
¿Qué cosas te impulsan a hacer?
¿Qué pretenden hacer contigo estos pensamientos?
¿En qué momentos estos pensamientos no aparecen?
¿En qué momentos estos pensamientos parecen perder fuerza?
¿Qué cosas te has dicho o has hecho que parecen espantar estos pensamientos?

7.2.4. Actuar de forma diferente con los pensamientos intrusivos

Con toda la información recolectada, es hora de ponerse en acción. Para ello, la persona puede desarrollar diversas estrategias para quitarle poder a los pensamientos intrusivos, como dejarlos pasar, llamar a los pensamientos en forma voluntaria, responder a estos pensamientos, actuar a pesar o en contra de estos pensamientos, entre otras. Elegir una u otra estrategia dependerá de cuáles de las que ya usan los consultantes no funcionan (son soluciones intentadas ineficaces, que hay que evitar) o sí funcionan (son excepciones).

Dejar pasar los pensamientos es también una estrategia derivada del *mindfulness*, en la que dejamos de resistirnos a la presencia de estas ideas intrusivas, las aceptamos, las observamos y luego las dejamos ir. Una metáfora que puede ser útil es la del invitado indeseado. Si organizo una fiesta, pero estoy empeñado en que mi desagradable vecino no entre a ella, entonces estaré todo el tiempo vigilando e impidiendo que esta persona participe, pero mientras esto ocurre me estaré perdiendo la fiesta. Mejor lo dejo entrar, espero que se aburra y que luego se retire por sí mismo.

Llamar a los pensamientos en forma voluntaria equivale a transformarlos en rumiaciones deliberadas, algo de lo que ya se habló en el capítulo sobre el crecimiento postraumático. La prescripción del síntoma, técnica característica de la terapia estratégica del MRI, logra el mismo efecto. Para ello se señala que ahora que sabemos cómo actúan los pensamientos intrusivos, ha llegado la hora de probar nuestras habilidades para tenderles un señuelo y que aparezcan siguiendo nuestra voluntad. Para ello sugerimos la tarea de la silla rumiadora. Se planifica que en una hora determinada que sea cómoda para el consultante, se siente en una silla especialmente designada para el ejercicio, y comience a llamar a estos pensamientos en forma deliberada. Para ello puede usar los pensamientos habituales que ha registrado en sesiones anteriores o los pensamientos que hayan aparecido en distintos momentos del día, dejándolos apuntados para llamarlos en la hora en que se cumple con la tarea. La idea es hacer este ejercicio todos los días, durante 15 minutos, entre una sesión y otra, y registrar el resultado para comentarlo en la siguiente sesión, en la que se analiza la habilidad de la persona para dominar estos pensamientos y el nivel de malestar que actualmente le produce que aparezcan en su cabeza.

Responder a los pensamientos corresponde a una estrategia en la cual la persona va a responder con una consigna cada vez que aparezca un pensamiento intrusivo. Pueden ser distintas consignas para los distintos tipos de pensamientos. Por ejemplo, si el pensamiento dice «no podrás», la persona responderá «lo intentaré de igual manera», y si el pensamiento dice «eres culpable», la persona responderá «no estaba en mis manos evitarlo y debo seguir adelante». La persona se dirá a sí misma estas frases de respuesta, generalmente construidas en la misma sesión, aunque no se las crea, pues lo principal es darle a conocer a los pensamientos que la persona ya no guardará más silencio y que está dispuesta a enfrentarlos.

Actuar a pesar o en contra de esos pensamientos consiste en que la persona se forzará a sí misma a no detener una acción que desea o debe realizar, aunque los pensamientos estén intentando frustrarla para que abandone su esfuerzo. De ese modo, si el pensamiento la atemoriza con la idea de que salir a la calle va a significar un riesgo mortal, la persona saldrá igual como una forma de desafiar a ese pensamiento y demostrarle que está dispuesta a enfrentarlo con valentía, definiendo al valiente no como aquella persona que no tiene miedo, sino como aquella que sigue adelante a pesar del miedo.

Cuál de estas estrategias será la más indicada dependerá de cada caso. Por una parte, del estilo de afrontamiento habitual de nuestros consultantes: hay personas que tendrán facilidad para contestar a los pensamientos y enfrentarse a ellos, mientras que para otras será más natural dejarlos pasar o actuar ignorándolos. Por otro lado, también dependerá de cuáles sean en este punto las soluciones intentadas eficaces y las ineficaces: tal vez lo que está manteniendo a los pensamientos intrusivos ha sido intentar rebatirlos, dándoles así más protagonismo, o quizás sea, por el contrario, pretender que pasen sin contestarles; tal vez lo que le funcione a un consultante en particular sea actuar a pesar de las intrusiones, mientras que a otro lo que le esté resultando sea detenerse a responderles. El terapeuta evaluará minuciosamente cuál es el efecto a corto y a medio plazo de las estrategias que están empleando los consultantes, y buscará promover las que funcionan e interrumpir las que no son eficaces.

7.3. Manejo de imágenes intrusivas

Como señalamos, las personas no solo se ven abrumadas por pensamientos repetitivos que producen malestar, sino también por imágenes intrusivas en forma de *flashback* que generan emociones intensas y el deseo inútil de escapar. Sin embargo, la persona no puede extraer estas imágenes de su mente, anclada en un pasado traumático que la saca totalmente de la vivencia presente. Ante esto, proponemos las estrategias que se pueden ver en la siguiente *figura:*

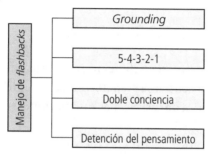

7.3.1. *Grounding*

Esta técnica consiste, literalmente, en poner los pies en la tierra. Cuando las imágenes intrusivas inundan la conciencia y la persona se ve impulsada hacia los malos recuerdos del pasado, el *grounding* le permite volver al presente y levar las anclas sobre lo que está aconteciendo ahora a su alrededor. En su forma más básica, consiste en sacarse los zapatos y calcetines y caminar descalzo sobre la superficie disponible, ya sea una alfombra, baldosas, césped, cemento o arena. Por ejemplo, si la persona despierta a medianoche angustiada por una pesadilla, sacar los pies de la cama para que toquen el suelo le permitirá que su conciencia se redirija hacia las sensaciones corporales, reduciendo el malestar. Lo mismo ocurrirá si, estando en la playa, hunde sus pies en agua helada o, en un bosque, dirige su atención a los sonidos de la naturaleza.

En las películas observamos que para traer al presente a personas que se encuentran emocionalmente alteradas, se les propina una fuerte bofetada o se les hace inspirar un frasco de amoniaco. A nosotros nos parecen ejemplos tan aversivos como las imágenes intrusivas que está experimentando, por lo que preferimos proponer estímulos más agradables, como pedirles que se lleven un alimento de sabor intenso a la boca, como el chocolate, y paladearlo para sentir su textura, aromas y sabores. Otra forma de *grounding* es la técnica 5-4-3-2-1 que describiremos a continuación.

7.3.2. El 5-4-3-2-1

El 5-4-3-2-1 es una sencilla técnica derivada del *grounding* que permite volver a centrar la atención en el presente luego de experimentar imágenes intrusivas. Las instrucciones son las siguientes.

«Abre los ojos y fíjate en cinco cosas que puedas ver a tu alrededor. Ahora cierra los ojos y nota cinco cosas que puedas escuchar. Ahora cinco cosas que puedas sentir físicamente (por ejemplo, la almohada, la presión de una ropa, etc., no emociones). Abre los ojos y fíjate en cuatro cosas que puedas ver. Cierra los ojos y nota cuatro cosas que puedes oír. Ahora cuatro cosas que puedas sentir en tu cuerpo. Abre los ojos y fíjate en tres cosas que puedes ver. Cierra los ojos y advierte tres cosas que puedas oír. Ahora tres cosas que puedas sentir. Abre los ojos y fíjate en dos cosas que puedas ver. Cierra los ojos y nota dos cosas que puedas escuchar. Ahora dos cosas que puedas sentir. Abre los ojos y fíjate en una cosa que puedas ver. Cierra los ojos y nota una cosa que puedas escuchar. Ahora una cosa que puedas sentir».

Una variación más breve de esta misma técnica es la siguiente:

«Mira a tu alrededor y atiende a cinco cosas que puedas observar. Cierra tus ojos e identifica cuatro sonidos que puedas escuchar. Abre tus ojos y toma en tus manos tres cosas que puedas sentir. Ahora acerca a tu nariz dos cosas que puedas oler. Ahora piensa en una cosa que puedas saborear (y si está al alcance de tu mano, llévalo a tu boca y saboréalo)».

El 5-4-3-2-1 es una buena manera de focalizar la atención en algo diferente a las rumiaciones o los síntomas de malestar. Una variante, que también puede facilitar la exposición a situaciones ansiógenas, es el «5-4-3-2-1 aquí/allí», en el que la persona se va fijando en cinco objetos, sonidos y sensaciones «aquí» (la situación desagradable en la que está la persona) y a continuación «allí» (una situación tranquila y segura). Otra variante de este ejercicio, en este caso dirigida a fomentar una actitud de aceptación, es que tras cada objeto, sonido o sensación, el consultante añada una pequeña frase de agrado («... y me gusta mucho»), agradecimiento («... y agradezco que esta lámpara me dé buena luz»), o de aceptación («... y acepto que este ruido es necesario»).

7.3.3. Doble conciencia

La técnica de la doble conciencia toma elementos del *grounding*, con la misma finalidad de lograr que las personas puedan desprenderse de estas imágenes intrusivas y tomen conciencia de lo que ocurre en el presente. Se basa en la capacidad de separar una parte de nuestra conciencia, que podemos llamar la «mente que observa», y que por lo general logra distanciarse de los problemas, mantener la calma y tomar decisiones, y otra parte, que podemos llamar la «mente que siente», que es la que experimenta las imágenes intrusivas que generan malestar.

De ese modo, cuando la persona experimenta las imágenes, debe decirse a sí misma lo siguiente:

«Parece que están sucediendo dos cosas aquí. En este momento me estoy sintiendo asustado (o nervioso, o inquieto, etc.) y estoy experimentando en mi cuerpo algunas sensaciones reales, como la taquicardia (o temblores, o falta de aire, etc.). Esto ocurre porque estoy recordando lo que sucedió (el incendio, la explosión, etc.). Sin embargo, al mismo tiempo estoy mirando donde estoy ahora (el dormitorio, el parque, etc.) y puedo ver algunas cosas (nombrarlas), oír algunas cosas (nombrarlas), sentir algunas cosas (nombrarlas). Y por lo que sé, lo que sucedió (el incendio, la explosión, etc.) no está sucediendo ahora».

7.3.4. Detención de pensamiento

La detención de pensamiento es una técnica cognitiva clásica cuyo objetivo es parar la cadena de pensamientos negativos que abruman a muchas personas. En este caso el objetivo es detener las imágenes intrusivas antes de que el malestar que provocan se haga insostenible. Aunque nosotros la utilizamos muy poco, la recogemos aquí como una opción más cuando no funcionan otras técnicas menos intrusivas:

Pedimos al consultante que se provea de una banda elástica de goma, como las de los billetes de banco, y que se la coloque en la muñeca. En el momento en que se produzca un *flashback*, el consultante tirará de la banda elástica y la soltará de modo que golpee el interior de la muñeca, al mismo tiempo que pronunciará la palabra clave *«stop»* o «para». Además, se dirá a sí mismo que dará tiempo más tarde para prestar atención a estas imágenes, y a continuación seguirá con lo que estaba haciendo antes de que apareciera el *flashback*. Si vuelven a aparecer imágenes durante el día, se repite el ejercicio. En algún momento de la tarde, cuando ya esté libre de tareas, puede llamar a estas imágenes a través del ejercicio de la silla rumiadora, descrita en el apartado dedicado al manejo de pensamientos intrusivos (7.2.4).

7.3.5. Aceptación de las imágenes intrusivas

Las técnicas que hemos presentado en los apartados anteriores pretenden interrumpir las imágenes intrusivas ayudando a los consultantes a centrar su atención en algo diferente. Sin embargo, hay ocasiones en las que ninguna de ellas funciona, porque precisamente el esfuerzo de centrar la atención en otra cosa lleva a estar aún más pendiente de las imágenes. Si lo que mantiene las imágenes intrusivas es precisamente el hecho de luchar contra ellas, el esfuerzo de ignorarlas o eliminarlas, sugerimos iniciar otra estrategia: la de aceptar estas imágenes, por perturbadoras que inicialmente resulten.

Para la aceptación de las imágenes intrusivas utilizamos la técnica de *mindfulness* a la que hemos hecho alusión más arriba: invitamos a la consultante a que la siguiente vez que aparezcan las imágenes las trate como si fueran el típico invitado indeseado que se presenta a una fiesta: con cortesía, sin entrar en peleas con él, y dejándole que dé una vuelta por la casa mientras ella atiende a los demás invitados. Le proponemos que, para ello, salude a la imagen o imágenes con una frase *cariñosa* («Hola, buenos días, bienvenidas»; «Hola, poneos cómodas») y que siga atendiendo a los demás «invitados», a sus ocupaciones en ese momento o a las personas con las que está conversando. A veces añadimos que se trata de aceptar esas imágenes, que al fin y al cabo tienen un origen explicable y un sentido, o explicamos simplemente que se trata de no luchar contra ellas para no alimentarlas. Aunque esta técnica procede del *mindfulness* y de la Terapia de Aceptación y Compromiso (Wilson y Luciano Soriano, 2016), nosotros preferimos verla desde una perspectiva narrativa, como otra variante de la externalización:

Alba llevaba años padeciendo el acoso de imágenes intrusivas de gran violencia, extremadamente desagradables, que le resultan muy perturbadoras y que habían llegado a interferir notablemente en su vida. Aunque cuando iniciamos la terapia había avanzado mucho y recuperado la mayor parte de sus relaciones y de sus actividades, seguía molestándola y bloqueándola que esas imágenes se le impusieran de improviso. Generalmente conseguía deshacerse de ellas a base de distraerse con actividades enérgicas (escuchar música fuerte, bailar), pero no por ello dejaba de pasar unos minutos iniciales sobresaltada y agitada. Puesto que a Alba le gustaban mucho los perros, el terapeuta le explicó que las imágenes eran como perros muy ladradores: al verla asustarse, «ladraban» aún más. Por eso le sugirió que en la siguiente ocasión en que aparecieran las imágenes las saludara «acariciándolas» mentalmente, de forma cariñosa, aceptando que estuvieran un rato junto a ella. Alba encontró sentido en esta tarea, tanto que en la siguiente sesión había bautizado con un nombre de perro a cada una de las tres imágenes intrusivas que más se le aparecían. Unas semanas después, y sin que el terapeuta se lo hubiera propuesto, inventó su propio ritual paradójico: por las noches convocaba a sus «perritos», convertidos ya en peluches que habían perdido todo su poder sobre ella, para que velaran su sueño.

Capítulo 8

El curso de la terapia

8.1. La primera sesión

8.1.1. Un esquema general

En la *figura 8.1* presentamos un diagrama de flujo con las diferentes opciones de una primera entrevista de TSB-T. Aunque las flechas indican cierta secuencia temporal, es un proceso recursivo en el que no hay un orden necesario en la toma de decisiones: el encuadre, la creación de la relación y la negociación del proyecto terapéutico son las bases iniciales sobre las que establecer la terapia, pero, a partir de ahí, el que dentro de cada apartado se adopten unas u otras opciones y en un orden u otro dependerá del *feedback* del paciente y de la información que se vaya obteniendo. Tal vez el evento traumático haya sido especialmente extenso y complicado y su relato deje poco tiempo para explorar los avances ya producidos o para describir el futuro preferido con mucho detalle. O quizás el suceso haya sido algo puntual y bien delimitado, y sin embargo haya dejado muchas secuelas, por lo que tal vez sea más prolija la conversación sobre cómo la persona está sobrellevando sus efectos (preguntas de afrontamiento) o sobre cuáles serán las señales de una completa recuperación. O tal vez resulte que en las últimas semanas los consultantes han mejorado tanto que la conversación sobre estos cambios pretratamiento ocupe la mayor parte de la entrevista. En cualquier caso, al final de la primera entrevista querríamos haber avanzado en los siguientes procesos terapéuticos:

- Haber creado un encuadre adecuado.
- Haber iniciado una fuerte alianza terapéutica.
- Haber acordado un proyecto terapéutico viable y esperanzador.
- Comprender cómo construyó la persona el evento traumático y sus circunstancias y, si es posible, haber reencuadrado o resignificar partes del evento.
- Haber conseguido una descripción detallada de cuál es el futuro preferido por la persona.
- Tener una buena descripción de qué avances se han producido desde el evento traumático y de los recursos que los consultantes han puesto en marcha para conseguirlos.
- Haber acordado cuál podría ser el paso siguiente a dar por parte de los consultantes, o al menos haber identificado un indicador conductual de que ese paso siguiente se ha dado.

La sesión se cierra validando el sufrimiento de los consultantes y reconociendo el trabajo duro que queda por delante, pero también con elogios genuinos a sus recursos y avances. Ofrecemos algún reencuadre de la situación y subrayamos algunos de los temas suscitados durante la entrevista. También solemos sugerir alguna o algunas «tareas para casa», a fin de amplificar lo trabajado en la sesión y contribuir a generalizar los cambios. La TSB ofrece un enorme abanico de posibles sugerencias terapéuticas centradas en soluciones, narrativas y estratégicas en las que inspirarse (Beyebach y Herrero de Vega, 2010). Remitimos al lector a este texto; aquí nos limitaremos a subrayar que las sugerencias deberían ir en consonancia con lo conversado durante la entrevista y ajustarse lo más posible a la idiosincrasia de los consultantes y a su disposición a llevarlas a cabo. No tiene sentido proponer una tarea gravosa a alguien que está en esos momentos poco motivado o con pocas energías para hacer nada más; pero tampoco es positivo que alguien deseoso de que le propongamos pautas de acción y orientaciones prácticas se quede sin recibirlas. En cualquier caso, las sugerencias para casa deben ser eso, sugerencias, no algo que exijamos a los consultantes o sobre lo que deban rendir cuentas.

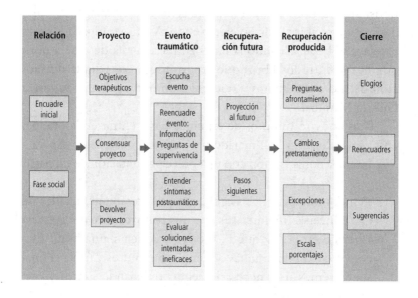

Figura 8.1. Diagrama de una primera entrevista en TSB-T.

8.1.2. Un ejemplo de primera entrevista

Michelle realizó la **solicitud de atención** a través de un correo electrónico, tras visitar a un psiquiatra. En ese mensaje daba a conocer la razón que la llevaba a consultar:

«Hola, mi nombre es Michelle, le escribo para solicitar una hora de atención. Hoy visité a un psiquiatra, quien me sugirió iniciar psicoterapia debido a una experiencia traumática que sufrí hace un año atrás, cuando casi me asfixio con un trozo de carne. Hoy apenas puedo comer por el miedo que tengo a tragar, he bajado mucho de peso y lo que aumenta mi angustia es mi reciente maternidad, pues tengo un hijo de un mes y mi miedo a comer afecta mi salud y mi lactancia. Le ruego pueda darme una hora lo más pronto posible».

Le asigné una hora de atención para la misma semana, cuatro días después de recibir el correo electrónico. Asiste acompañada de su pareja y su bebé. Cuando la hago entrar a la sala de espera noto que hurga entre los libros que tengo dispuestos para la distracción de mis consultantes y que elige un texto sobre la Segunda Guerra Mundial.

Tras unos 15 minutos de espera la hago entrar en la oficina; entra sola, dejando a su marido y a su hijo en la sala de espera. Inicio la conversación con una breve presentación de mi parte:

«Mi nombre es Felipe García, soy psicoterapeuta. La idea de esta conversación inicial es que nos conozcamos, me gustaría saber quién eres y qué te motivó a solicitar una hora. Esta conversación durará más o menos 45 minutos y hacia el final acordaremos si es necesario seguir trabajando juntos y con qué frecuencia. Por eso me gustaría que en primer lugar te presentes, me cuentes quién eres, qué haces, con quién vives, o lo que me quieras contar de ti misma, antes de que me hables de lo que te trajo hoy conmigo».

Este primer encuentro tiene como función proporcionar un **encuadre inicial** en el que la consultante sepa con quién habla y los objetivos y parámetros de esta conversación inicial. Concluye con una pregunta general destinada a conocer a la persona al margen del problema, antes de abordar el motivo de consulta, dando así inicio a la **fase social**.

Michelle me cuenta que su relación de pareja se inició hace dos años, que vive actualmente con él y con su hijo recién nacido. Estudió sociología en la universidad, pero actualmente no ejerce, pues decidió dedicarse a su maternidad en cuanto quedó embarazada, más aún tras los serios problemas de salud que acarreaba desde antes del embarazo y que tienen que ver con su experiencia traumática. Antes de que hablara de esto, le consulté por qué había tomado el libro de la Segunda Guerra Mundial antes de entrar a la oficina, pregunta que hago a todos mis consultantes cuando veo que leen alguno de los libros disponibles en la sala de espera.

«Me gusta el tema de la Segunda Guerra Mundial, me gustan mucho las ciencias sociales, por eso estudié sociología. Por eso mi interés por la historia, además se veía un libro elegante, con imágenes interesantes, así que lo tomé y lo hojeé».

Le pregunté entonces qué cosas interesantes había aprendido de leer libros sobre la Segunda Guerra Mundial, entre lo que destacó la fuerte ofensiva alemana que pilló a todos sus vecinos mal parados y cómo los aliados resistieron hasta el momento del contraataque que los llevó a ganar la guerra. Me resaltó las figuras de Hitler, Rommel, Montgomery y Patton, como los más destacados estrategas de la guerra. Luego seguí explorando por otras aficiones y gustos, entre ellas el dibujo, las terapias complementarias y la naturaleza.

La idea de la fase social no es solo conocer a la persona e ir construyendo un clima de confianza, sino también extraer desde el relato una serie de recursos que podrían ser útiles para enfrentar el motivo de consulta, aunque aún no tengamos claro de qué se trata. La afición de Michelle por las estrategias de guerra, la representación de ideas a través del dibujo, sus creencias respecto a formas alternativas de ayuda terapéutica y su pasión por la naturaleza y el aire libre podrían eventualmente ser utilizadas en el afrontamiento de su situación problemática, más adelante.

Por otra parte, la fase social permite bajar la ansiedad del consultante, que llega muchas veces a sesión sin claridad sobre cómo hablar de su problema o describir lo que le ocurre. Esto es todavía más relevante en casos de experiencias traumáticas, donde lo que destaca es la falta de comprensión sobre lo sucedido y su carácter inenarrable, es decir, la enorme dificultad de traducir esta experiencia en palabras que ayuden a que otros puedan entenderla. De esa manera, la fase social ofrece la oportunidad de conversar sobre temas de menor carga emocional, lo que ayuda a distender la conversación y cimentar la construcción de una relación terapéutica que facilite luego la narración de temas más complejos e intensos.

Luego de unos 10 minutos hablando de su persona y su familia, llegamos inevitablemente a que me contara la experiencia que había vivido hace un año atrás, sin necesidad de preguntar explícitamente por su **motivo de consulta**.

«Estaba en un restaurante con mis compañeros de trabajo, comiendo un plato que contenía carne, cuando me atraganté con un trozo. Fue un momento desesperante, mis colegas atinaron a pararse y ayudarme, se acercó un camarero que también me ayudó, me hicieron la maniobra de Heimlich y, tras unos segundos que me parecieron eternos, logré expulsar el trozo y volver a respirar. Fue una experiencia escalofriante, pensé que me iba a morir. Quedé con la sensación de que un pedazo había quedado atrapado en mi garganta, me costaba respirar, me dolía todo. Me llevaron a urgencias, donde constataron que no había quedado ningún trozo, pero que sí me había provocado una irritación en esa zona. Quedé con una sensación molesta que no se iba. Y lo peor es que desde ese día empecé a sentir miedo de que me sucediera nuevamente. Empecé a comer cada vez menos, cada vez con más temor, llegó un momento en el que hasta el agua me costaba tragarla. Bajé mucho de peso. Veía que otros comían y me daba envidia, quería nuevamente disfrutar de la comida, pero no podía hacerlo. Seguí bajando de peso, dejé de hacer deporte, dejé de salir a comer fuera de la casa, empecé a tener miedo de comer sola, tenía que estar mi pareja acompañándome, pero siempre porciones pequeñas de comida, en trozos mínimos o directamente molida. Y esta horrible sensación en la garganta que no se me iba. Una fonoaudióloga me dijo que ese malestar era real y se debía a que mi acto de tragar no era natural, hacía un esfuerzo adicional para tragar y eso es lo que me generaba esta sensación desagradable, pero a veces pensaba que algo me había quedado en la garganta desde el día del accidente, pero que nadie lo había detectado. Y así andaba de mal en peor hasta que quedé embarazada».

Durante la **exploración de la experiencia** la escuché atento, sin interrumpir, ella hablaba rápido, como si hubiera estado «atragantada» con esas palabras durante mucho tiempo y ahora pudiera por fin liberarlas. Le demostraba que la estaba escuchando activamente a través de mi mirada, mis gestos de asentimiento y algunas verbalizaciones que la instaban a continuar con su relato. Parafraseé su descripción de la sensación angustiosa de pérdida de control durante el atragantamiento y empaticé con el miedo a morir que había sentido en esos momentos que se le habían hecho eternos. Mi percepción general es que los recuerdos que traía a sesión en estos momentos le generaban gran ansiedad, se veía hiperalerta, tensa, su respiración era agitada y el movimiento de brazos y manos era brusco y cortante. Todo esto evidenciaba la alta carga emocional de su relato actual.

«Cuando quedé embarazada la situación cambió. Yo quería tener a mi hijo y sabía que si seguía sin comer o comiendo poco podría afectarlo, por lo que me obligué a comer igual, más seguido que de costumbre, pero siempre en pocas cantidades, con todo molido y excluyendo trozos de cualquier tipo de carne de la dieta. Me sentía una mala madre al no poder superar la situación de una buena vez; sabía que lo ponía en riesgo pero el miedo a morir atragantada no se me iba con nada. Anhelaba despertar un día con todo esto superado, pero no sucedía. Luego tuve a mi bebé, me costó que me saliera leche pero finalmente sucedió. Pero tengo temor de la calidad de la leche que le estaba dando, así que me decidí a consultar a psiquiatra, pues ya todos los médicos que consulté antes me decían que el problema estaba en mi cabeza y no en mi garganta, lo que aún me niego a creer».

La experiencia relatada, que mostraba que había resistido la influencia del miedo durante su embarazo, obligándose a sí misma a comer aunque sea a pequeños trozos, eran verdaderas **excepciones** al dominio del miedo en su vida y me hicieron asociar ese relato a lo que me había contado en la fase social sobre la Segunda Guerra Mundial, cuando los Aliados resistieron a los nazis hasta que estuvieron en condiciones de contraatacar. Se lo dije y ella me recordó la guerrilla de la resistencia francesa o de los partisanos, que no ganaron la guerra, pero mostraron que no estaban dispuestos a rendirse. Durante su embarazo había librado una verdadera guerra de guerrillas para proteger a su bebé por nacer y, si bien no había ganado, tampoco había sido derrotada, y al parecer ahora estaba dispuesta a contraatacar.

Esta metáfora me ayudó a **externalizar** el miedo como un rival que hay que vencer o dominar, pero que antes de ello primero debemos reconocer y estudiar. El clásico libro de Sun Tzu, *El arte de la guerra*, afirma que antes de enfrentar a un enemigo primero debíamos conocer quién es, con qué armas cuenta y cuáles son sus puntos débiles. Si bien le expliqué que el miedo no era un enemigo, pues se había instalado en su vida para protegerla de que algo similar pudiera sucederle, era evidente que hoy tenía el control, sin permitirle a ella tomar sus propias decisiones, por lo que definimos como un paso necesario reconocer este miedo para luego dominarlo, en lugar de seguir permitiendo que el miedo la dominara a ella. Le hablé de que el miedo probablemente le hablaba, le decía cosas, «no vas a poder tragar», «cuidado con esa comida», «te puedes morir», etc., y si éramos capaces de escuchar la «voz del miedo», entonces reconoceríamos sus estrategias, sus puntos fuertes y débiles, que nos permitirán preparar un plan de acción. A continuación, al indagar sobre qué deseaba obtener de venir a terapia, Michelle señaló que antes de conversar conmigo lo que quería era volver a comer como lo hacía antes, pero que tras esta conversación lo que deseaba ahora era dominar el miedo, pues creía que logrando esto podría volver a disfrutar de las comidas. Acordamos que «dominar el miedo» sería nuestro **objetivo terapéutico** y pasé a preguntarle qué sería capaz de hacer cuando lo lograra. Entre otros **indicadores** señaló: comer sola, comer en lugares públicos, salir a caminar sola o con su hijo, disfrutar de conversaciones mientras comía.

Por ese motivo, casi al finalizar la primera sesión, elaboramos una **tarea terapéutica** que consistía en «capturar al miedo», identificando cuándo aparecía la «voz del miedo» y registrando en ese mismo instante, además, «qué le decía la voz», «qué la hacía sentir» y «qué le hacía hacer». Traería esa información en la siguiente sesión.

En el **mensaje final** se realizó un resumen de lo conversado en sesión, destacando algunos detalles de la experiencia traumática y los objetivos que deseaba alcanzar en este proceso, poniendo énfasis en sus recursos personales, como el haber resistido y enfrentado el miedo durante su embarazo, su disposición a pedir ayuda, el apoyo de su familia y la motivación que le brinda la maternidad. También se le reitera la nueva perspectiva de externalizar el miedo y escuchar su voz, lo que le permite también cambiar su visión acerca del problema, generando un **reencuadre**, en el que pasa de verse como una víctima de una experiencia traumática fuera de su control a verse como una persona activa en busca de información suficiente para enfrentar el problema y dominar al miedo.

Luego se acuerda seguir asistiendo semanalmente hasta que se observen avances en el logro de su objetivo, momento en el que será posible cambiar la regularidad a quincenal. Había que esperar ahora una semana para ver cómo le había ido con la tarea.

8.2. Fase intermedia: la segunda sesión y las posteriores

8.2.1. Un esquema general

Las sesiones posteriores a la primera entrevista son un poco más cortas que esta; si para una primera sesión reservamos una hora y media, para las posteriores una hora suele ser suficiente. Solemos dejar una o dos semanas entre la sesión inicial y la segunda, y después ir ampliando el intervalo entre sesiones a medida que se vayan produciendo mejorías, dejando entonces incluso tres o cuatro semanas de una sesión a la siguiente. En contextos clínicos regulares (fuera de protocolos de investigación) la mayoría de nuestras intervenciones con TSB-T ocupan entre tres y seis sesiones a lo largo de entre dos y cinco meses, aunque hay casos en los que son suficientes una o dos entrevistas y otros en los que llegamos hasta las diez, ya que seguimos concertando sesiones mientras haya mejorías y queden objetivos por alcanzar. Como regla general, si en las tres primeras entrevistas no se produce ninguna mejoría preferimos derivar el caso, ya que nuestros datos indican que esa falta de mejorías predice el fracaso al término (Herrero de Vega, 2007), algo que concuerda con investigaciones rigurosas sobre el progreso esperado en terapia (Lambert, 2010; Lambert *et al.*, 2018). En todo caso, las decisiones sobre el número de sesiones, su periodicidad y el cierre de la terapia las toman conjuntamente terapeutas y consultantes.

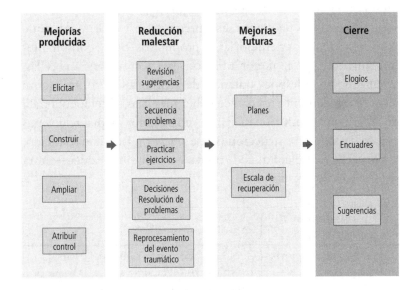

Mejorías producidas	Reducción malestar	Mejorías futuras	Cierre
Elicitar	Revisión sugerencias		Elogios
	Secuencia problema	Planes	
Construir	Practicar ejercicios		Encuadres
Ampliar	Decisiones Resolución de problemas	Escala de recuperación	Sugerencias
Atribuir control	Reprocesamiento del evento traumático		

Figura 8.2. Diagrama de las sesiones posteriores a la primera. Dentro de cada bloque se trabajarán unas técnicas u otras en función del *feedback* del consultante.

La *figura 8.2* recoge la toma de decisiones en las sesiones posteriores a la primera. Al igual que señalamos respecto de la primera entrevista, el curso que tome la conversación estará en todo momento en función del *feedback* del consultante, de cómo vaya respondiendo a las diferentes intervenciones y de la evolución que vaya teniendo el caso.

Solemos iniciar todas las sesiones con la pregunta: «¿Qué cosas han ido un poquito mejor desde la primera entrevista?»,[1]

1. Obsérvese que no comenzamos preguntando por las sugerencias que hayamos podido dar en la sesión anterior, sino por lo más importante: los avances. Además, planteamos la pregunta inicial de esta forma abierta y presuposicional, una formulación que es más efectiva que preguntar de forma cerrada («¿Ha habido mejorías desde...?») o por cambios más grandes («¿Qué cosas han ido mejor desde la primera entrevista?») (Herrero de Vega y Beyebach, 2004).

presuponiendo por tanto que hay mejorías, pero poniendo el foco sobre los cambios pequeños. Esta pregunta abre el primer bloque conversacional, sobre mejorías ya producidas. Si los consultantes informan de alguna mejoría, la conversación se centra en ellas, ampliándolas y después tratando de atribuirles el control sobre ellas. Si inicialmente no parece haber mejorías, el terapeuta trata de *deconstruir* ese informe inicial de «no cambio» mediante diversas estrategias de deconstrucción (véase la *tabla 8.1*); si dan resultado, la conversación se centrará de nuevo en las mejorías que —ahora sí— se han detectado.

Estrategias de deconstrucción	Ejemplos
Preguntar por mejorías más pequeñas	C: No he visto *grandes* cambios, la verdad. T: No has visto grandes cambios. ¿Y qué *pequeños* cambios sí has podido ver?
Preguntar por mejorías en otros campos	C: Sigo con mucha ansiedad *cuando estoy en el trabajo*. T: Ya veo. ¿Y cuando estás *con los amigos*?
Preguntar por mejorías desde la perspectiva de otras personas	C: No creo que haya mejorado nada, la verdad. T: ¿Y qué diría *tu esposa*, si le preguntara? ¿Qué mejorías crees que ha podido ver ella?
Preguntar por mejorías en otros momentos	C: *Esta semana* he estado realmente mal. T: Has estado realmente mal esta semana. ¿Y la *semana anterior*, ¿qué fue un poquito mejor?
Preguntar cómo es que las cosas no van aún peor	C: No veo mejorías, han sido unas semanas con *mucho estrés* y me veo igual que el último día. T: Ya veo. Y considerando que has tenido un *montón de estrés*, ¿cómo es que no estás peor?

Tabla 8.1. Preguntas de deconstrucción ante informes iniciales de «no mejoría» (adaptado de Beyebach, 2006).

Tras este bloque inicial dedicado a las mejorías se abre la posibilidad de un segundo bloque, en el que, si es necesario, se trabaja para reducir el malestar y bloquear los «círculos viciosos» en los que los síntomas postraumáticos atrapan a los consultantes. Entre las opciones en este segundo bloque están:

- La revisión de cómo realizó el consultante algunas de las sugerencias terapéuticas y las posibles dificultades encontradas, a fin de reajustar la propuesta.
- El análisis de la secuencia problema y el diseño de intervenciones para interrumpirla (intervenciones de Terapia Estratégica).
- La enseñanza y práctica de ejercicios descritos en el capítulo 7 (por ejemplo, de respiración diafragmática, de *mindfulness*, o técnicas como el 5-4-3-2-1).
- La conversación sobre la toma de decisiones y la resolución de problemas prácticos relacionados con el sueño, la alimentación, trámites jurídicos, etc.
- El reprocesamiento de las memorias traumáticas, mediante EMDR o alguna de las técnicas presentadas en el capítulo 5.

En el tercer bloque de la sesión, el trabajo sobre mejorías futuras, proyectamos a los consultantes hacia los próximos avances. La forma más habitual es hacerlo mediante una escala de recuperación. Pedimos al consultante que identifique en qué punto de la escala se encuentra, que destaque qué avances son los que más valora y cómo los ha conseguido, y finalmente le invitamos a que se imagine cómo *será* un punto más; la descripción detallada y concreta de este «punto más» suele generar ideas interesantes para posibles sugerencias, que focalizarán la atención del consultante precisamente sobre los indicadores de avance. Esta estructura de «sándwich» (trabajar mejorías ya producidas / trabajar patrones problemáticos / trabajar las mejorías siguientes) nos parece especialmente importante cuando dedicamos parte de la sesión a reprocesar con EMDR; en estos casos describir nuevas mejorías al final de la sesión ayuda a resituar al consultante en el presente y el futuro antes de abandonar nuestra consulta, de forma análoga a como se hace, por ejemplo, en la Terapia Cognitiva centrada en el Trauma (Ehlers, 2020).

Cerramos la sesión con un mensaje final en el que elogiamos a los consultantes por sus aciertos y sus buenas ideas, subrayamos ciertos temas o los reencuadramos, y eventualmente proponemos nuevas sugerencias para que los consultantes las realicen en casa. El criterio general es que, si los consultantes llevan a cabo nuestras sugerencias y las encuentran útiles, sigamos proponiendo actividades de este tipo, pero que si no llegan a aplicar lo que les proponemos renunciamos a nuevas sugerencias y nos centramos en reencuadrar y elogiar. En la despedida decidimos con los consultantes si es necesaria otra cita y, en caso afirmativo, fijamos fecha y hora.

8.2.2. Prevención y manejo de recaídas

La investigación en psicoterapia demuestra que los retrocesos y las recaídas se producen en cualquier psicoterapia (Roth y Fonagy, 2005), por lo que se pueden considerar como una fase más de cualquier proceso de cambio (Prochaska y DiClemente, 1992). Pero aunque las recaídas son excelentes oportunidades de aprendizaje, también generan riesgos y, sobre todo, una considerable desmoralización, tanto de los consultantes como de sus terapeutas. Por eso tienen suma importancia tanto la prevención de posibles recaídas como el aprovechamiento terapéutico de las que, pese a todo, se produzcan.

La prevención de recaídas estaba presente en los planteamientos de la TE y la TN, pero por desgracia desapareció prácticamente en la literatura centrada en soluciones. En la TSB reivindicamos la importancia de la prevención de recaídas, hasta el punto de que se inicia incluso en primera sesión, cuando se identifican cambios pretratamiento y se trabaja para atribuir control sobre ellos (Beyebach, 2006; García, 2013; Selekman y Beyebach, 2013). Como vimos en el capítulo 6, la atribución de control, ayudar a que el consultante se haga consciente sobre qué ha puesto de su parte para conseguir los avances informados es la mejor forma de promover que estos esfuerzos se mantengan en el tiempo. Además de asegurarnos de que los consultantes asumen control sobre sus mejorías, podemos dar un paso más y plantear a los consultantes escenarios hipotéticos en los que *podría* haber riesgo de retroceder y caer, y preguntarles cómo *van* a manejarlos exitosamente.

- «Si en las próximas dos semanas hubiera alguna situación o circunstancia en la que crees que podría haber cierto riesgo de retroceso, ¿cuál podría ser?».
- «Ajá, y si sucediera eso, ¿cuál es tu plan? ¿Cuál sería la mejor forma de responder?».
- «¿Cómo vas a hacer eso?».
- «¿Quién más podría ayudarte?».
- «En una escala de 0 a 10, en la que 0 sería que no tienes ninguna confianza de poder superar una situación de ese tipo, y 10 sería que tienes toda la confianza del mundo, ¿cuánta confianza tienes?».
- «Ajá, un 8. ¿Qué entra en ese 8, qué te da tanta confianza? [...] ¿Qué te ayudaría a tener una confianza 9? [...] ¿Y qué más?».

El riesgo de recaídas puede también trabajarse abordando algún patrón problemático, como el patrón de evitación:

- «Si en las próximas dos semanas hubiera alguna situación o circunstancia en la que podrías estar tentada de volver a caer en la trampa de Doña Evitación, ¿cuál podría ser?».
- «Ajá, y en ese caso, ¿cuál es tu plan?».

Es posible e incluso probable que, pese al trabajo de evitación de recaídas, se produzca algún retroceso en algún momento de la terapia. Tal vez la persona vuelva a tener un ataque de ansiedad ante un encuentro comprometido; o quizás reaparezcan con fuerza las pesadillas, o tal vez la persona vuelve a deprimirse y a no levantarse de la cama varios días seguidos. La estrategia general con las recaídas es primero deconstruirlas y después tratar de aprender de ellas para prevenir una nueva recaída.

Deconstruir las recaídas implica buscar diferencias positivas con recaídas anteriores: tal vez el ataque de ansiedad fue menos grave que otros previos, o más corto, o afectó menos al consultante; quizás hubo pesadillas, pero fueron menos sanguinarias; tal vez la persona se quedó en la cama, pero fue capaz esta vez de hablar con sus amigos por teléfono o de leer un poquito.

Aprender de una recaída implica entender qué pudo haber hecho diferente la persona para evitarla y, por tanto, qué la ayudará si en el futuro se vuelve a plantear la situación. Aquí integramos preguntas centradas en soluciones con preguntas de la prevención de recaídas tradicional (Marlatt y Gordon, 1985):

- «¿Qué dirías que fue lo que desencadenó este ataque de ansiedad? [...] ¿Qué más contribuyó?».
- «Visto desde la perspectiva de hoy, ¿qué hubieras podido hacer distinto para que el ataque de ansiedad no se hubiera producido? [...] ¿Cómo lo hubieras hecho? [...] ¿Qué más te hubiera ayudado?».
- «Entonces, si esa situación se volviera a producir, ¿cuál sería tu plan para mantener la calma? [...] ¿De qué manera harías eso? [...] ¿Qué más te ayudaría?».
- «En una escala de 0 a 10, en la que 0 sería que no tienes ninguna confianza de poder superar una situación de ese tipo si vuelve a repetirse en estos días, y 10 sería que tras lo que has aprendido de la recaída tienes toda la confianza del mundo en poder superarla, ¿cuánta confianza tienes? [...]».

8.2.3. Aspectos para tener en cuenta durante la fase intermedia de la TSB-T

En cualquier psicoterapia pueden aparecer complicaciones a lo largo de las sesiones, dificultades que no necesariamente están ligadas al motivo de la consulta, pero que pueden coincidir con el proceso de cambio e interferir con él. Tal vez haya un cambio de trabajo que resulte estresante, o una ruptura de pareja por otras causas; quizás aparezcan problemas académicos o una enfermedad física no relacionada con el evento traumático; tal vez se manifiesten de forma retardada señales de duelo. En estos casos, la posición básica del terapeuta que utiliza la TSB es mantener su confianza en las capacidades de los consultantes, interesarse por cómo están manejando la situación con éxito y ayudar a que la enfrenten aún mejor. A lo largo de las sesiones posteriores nos mantendremos atentos a posibles señales de que el consultante entra en patrones de evitación. Tal vez nos comente que tiene ciertos recuerdos muy desagradables pero posponga una y otra vez el trabajo sobre ellos; o quizás cancele o posponga entrevistas. En ese caso reevaluamos el estado de la alianza terapéutica y metacomunicamos con nuestro interlocutor, expresando nuestra preocupación por que la traumatización esté imponiendo su agenda.

El propio proceso de cambio puede generar incertidumbres y miedos. Por parte de los consultantes no es inhabitual el temor a una recaída o la aprensión de dejar de contar con el apoyo del terapeuta una vez que las sesiones terminen. El trabajo de prevención de recaídas que acabamos de describir debería servir para contenerlos. Para las personas que han estado de baja laboral la reincorporación al trabajo es en principio una buena noticia, pero puede también resultar estresante. En cuanto a los allegados de los consultantes, lo más habitual es que respondan positivamente a los cambios que estos vayan mostrando (especialmente si los incluimos en las sesiones), pero a veces encontrarán difícil adaptarse a ellos, especialmente si los hábitos traumáticos se habían mantenido durante mucho tiempo. En estos casos es especialmente interesante invitarles a las entrevistas.

También puede plantear dificultades la medicación ansiolítica y/o antidepresiva, de la que con frecuencia abusan las personas que consultan con síntomas postraumáticos. Aquí el problema no son solo los efectos secundarios de la medicación o la dependencia que puede crear, sino también el mensaje de debilidad que la toma indefinida de medicación transmite al paciente. El criterio básico es coordinarse con la profesional sanitaria que está pautando los psicofármacos a fin de valorar las posibilidades de reducirlos progresivamente.

Es posible que durante la psicoterapia afloren otro tipo de consecuencias adversas que necesiten ser abordadas por la terapeuta. Tal vez el cónyuge decida separarse de nuestra consultante tras años de deterioro de la relación debido al trauma; y quizás lo haga precisamente en estos momentos en que la ve más fuerte. Quizás afloren complicaciones laborales debido a la disminución del rendimiento de la consultante que ha estado de baja; o quizás precisamente el alta laboral tras una baja prolongada ponga de manifiesto la vulnerabilidad del trabajador o reactive conflictos con los compañeros. Tal vez empiecen a manifestarse problemas de salud física derivados de las traumatización, o quizás simplemente pasen a un primer plano, ahora que el malestar general producido por el trauma ha disminuido gracias a la psicoterapia. En todos estos casos será conveniente analizar la situación con los consultantes y decidir conjuntamente cómo abordarla, partiendo siempre de la confianza en sus recursos y en sus capacidades.

Manejar bien las posibles dificultades y los momentos de estancamiento o retroceso a lo largo de la psicoterapia requiere que seamos conscientes de que se están produciendo. Para ello es muy importante no conformarnos solamente con nuestra impresión clínica, sino obtener *feedback* explícito del consultante sobre cómo ve su propia evolución (Lambert, 2010; Lambert *et al.*, 2018; Miller *et al.*, 2015). En la TSB solicitamos este *feedback* a través de las escalas de avance que hemos descrito en el capítulo anterior: plantear la misma escala de avance (con la misma formulación) en todas las sesiones nos permitirá ir generando una gráfica que recoja la evolución del consultante y permita identificar posibles estancamientos o incluso deterioros. Si ello sucediera, será conveniente conversar con los consultantes sobre lo que está ocurriendo, valorar conjuntamente alternativas o directamente empezar a intervenir de forma diferente. En la *figura 8.3* recogemos una pregunta de escala que permitió detectar algo que el terapeuta no había captado: en la cuarta sesión, el consultante se sentía peor de lo que su terapeuta percibía. Analizar las posibles soluciones al retroceso contribuyó a que en la quinta sesión se retomara la evolución positiva.

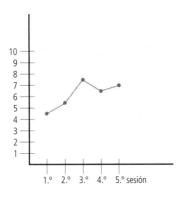

Figura 8.3. Gráfica con las respuestas a la pregunta «En una escala de 1 a 10, donde 10 sería que has recuperado totalmente la normalidad y 1 justo después del accidente, ¿dónde han estado las cosas en la última semana?».

Además del estado del consultante podemos monitorizar también el estado de la relación terapéutica, evaluando en qué medida nuestra forma de trabajar en sesión está encajando con sus expectativas. Para ello estaremos muy atentos al estado de la relación en cada momento, pero además vale la pena invitar a nuestros interlocutores a que al final de cada entrevista valoren de 0 a 10 cuán útil les ha resultado la sesión; cuán escuchados y comprendidos se han sentido; o hasta qué punto se han hablado los temas que les parecen más importantes. Cualquier puntuación que no sea un 9 o un 10 es una invitación a preguntar qué podríamos hacer diferente en la próxima entrevista para que el ajuste sea mayor.[2]

---

2.   Una alternativa menos flexible pero más estructurada al uso de preguntas de escala como mecanismo de *feedback* es el empleo de cuestionarios

8.2.4. El caso Michelle: las sesiones posteriores

En la segunda sesión Michelle llegó sin compañía. Esto era toda una **excepción**, pues, de acuerdo con su relato anterior, no salía sola a la calle por miedo a que le pasara algo y no hubiese nadie que la ayudara. Al indagar sobre esto, me señala que había estado más animada en la semana, sobre todo por la expectativa de que ahora sí podría recibir la ayuda que necesitaba. Y debido a esto mismo, había pedido a su pareja que se quedara con su bebé mientras ella asistía a sesión, quería sobre todo atreverse porque el consultorio no estaba lejos de su casa.

Al preguntarle sobre qué otros **cambios positivos** había observado en la última semana, me señaló que ese mejor ánimo había influido en que ahora se atrevía a hacer más cosas sola, como quedarse en la casa con su bebé o salir a comprar, entre otras; sin embargo, respecto a la comida seguía igual, con miedo, comiendo poco, ingiriendo trozos pequeños, molidos, nada de carnes, pero sí había detectado la voz del miedo, tal como habíamos programado en la tarea, lo que para ella representaba un avance.

En tal sentido, la tarea asignada tenía un **componente paradójico**. Si esos pensamientos que la perturbaban seguían apareciendo, entonces estaba avanzando, pues podía escuchar la voz del miedo, paso necesario para luego hacer un plan que permitiera enfrentarlo; pero si esos pensamientos no seguían apareciendo, entonces estaba avanzando, pues implicaba que ya

---

estandarizados que se aplican al comienzo y al final de cada entrevista. Entre los instrumentos disponibles citaremos el OQ45 (Lambert *et al.*, 2013), el Outcome Rating Scale (ORS, Duncan y Sparks, 2018) y la Session Rating Scale (SRS, Duncan y Sparks, 2018), cuya versión en papel puede descargarse gratuitamente en español (https://betteroutcomesnow.com/about-pcoms/pcoms-measures). Gimeno-Peón ha publicado recientemente (2021) una monografía en la que, además de ofrecer una síntesis magnífica de la investigación sobre mecanismos de cambio en psicoterapia, se ofrecen consejos prácticos y ejemplos de caso de cómo monitorizar los resultados de la terapia y el estado de la relación mediante estos instrumentos.

estaban en retirada. Del mismo modo, la aparición de pensamientos perturbadores adquiría ahora una **connotación positiva** que antes no tenía: estábamos «cazando» al miedo.

Revisamos entonces la **tarea**, y ella me mostró las anotaciones que pudo hacer y que fueron las más significativas de la semana. Se transcriben a continuación:

	ESCUCHANDO LA VOZ DEL MIEDO		
Momento	Cuándo aparece	Qué te dice	Qué haces
Lunes	Mientras almorzaba.	No vas a poder respirar.	A veces seguir comiendo, otras, parar.
Martes	Mientras almuerzo, me viene la sensación de que están quedando restos de comida en mi garganta.	No vas a poder respirar. Te vas a asfixiar. No podrás volver a comer. Si te quedas sola vas a morir pues nadie llegará a tiempo.	Me toco la garganta. Trato de hacer movimientos deglutorios para que baje la comida. No puedo seguir comiendo.
Martes	Me quedo un rato a solas con mi hijo.	Me va a pasar algo. Tengo algo serio en mi garganta que los médicos no han podido encontrar.	Me quedo al lado de mi hijo, prácticamente no me muevo por una hora hasta que regresa mi pareja.
Martes	Antes del almuerzo.	No voy a poder comer. Algo le pasa a mi cuerpo, esto no es solo psicológico. Hay algo que no han diagnosticado.	Comer con miedo, comer menos, comer con pausas, comer nerviosa, comer mientras miro el móvil para distraerme.
Miércoles	Antes de salir de la casa a comprar sola.	Me va a pasar algo. Me voy a marear. Voy a dejar de respirar.	Salgo igual. Voy y regreso rápido. Al volver trato de hablar poco, pues tengo la boca seca.
Jueves	Me quedo sola en la casa con mi bebé.	Me voy a atragantar. Voy a dejar de respirar. Me voy a desmayar.	No ingiero nada de comida ni bebida durante ese rato. Veo una película para distraerme.
Viernes	Mientras almuerzo.	Mi garganta no está bien. Quizás tampoco mi nariz y mis oídos. Me voy a atragantar.	Lo hago con miedo. Veo una película mientras almuerzo.

De todas las anotaciones, yo me centro en aquellas que muestran **fortalezas** por parte de Michelle: «comer con miedo», «salgo igual», «lo hago con miedo», frases que indicaban que no se rendía, que contaba con un atributo que le permitía resistir la mala influencia del miedo en su vida. A ese atributo había que ponerle nombre, para lo cual primero había que **elogiar** estas acciones.

«Me llama la atención que, a pesar del miedo, igual hayas logrado comer. Lo has pasado mal, seguro, esos pensamientos deben ser muy angustiantes. Sin embargo, igual que la resistencia francesa en la Segunda Guerra Mundial, no te has rendido y has seguido luchando. Si una persona camina sin miedo por el borde de un precipicio, pero no sabe que está en el borde, entonces no sé si eso tendría valor; pero si una persona camina por el borde sabiendo que es un precipicio, y lo hace igual a pesar del miedo, entonces eso es otra cosa. Si una amiga te cuenta lo mismo que tú me has contado, y te dice que a pesar del miedo, ha logrado enfrentar aquello que teme, y lo ha hecho igual, ¿qué cualidad dirías que tiene ella?».

Y Michelle, sin dudarlo, me respondió que diría que su amiga es una persona valiente. A partir de ahí comenzamos a conversar sobre otras historias de valentía que aparecían en su vida, logrando recordar dos o tres episodios en los que había enfrentado e incluso ganado al miedo. Lo central de estas historias era que de algún modo se había atrevido a desafiar al miedo, lo que posibilitó la construcción de la siguiente **tarea**: esta consistía en esperar que apareciera la voz del miedo y, en cuanto lo hiciera, ella debía decir o hacer algo para desafiarlo. No debía ser algo demasiado frontal, sino parecerse más a la «guerra de guerrillas» de la resistencia francesa. Pequeños ataques y luego retirada. Ella se fue entusiasmada por cumplir con esta tarea, cuyos detalles debía describir en un registro.

Esta tarea tenía el objeto de ir devolviéndole poco a poco el sentido de control, y aprovechar las fortalezas y estrategias que habíamos logrado encontrar explorando sus historias de vida en relación con la valentía.

A la tercera sesión Michelle volvió a asistir sin compañía, se la notaba más sonriente y vestía además con ropa más colorida que las sesiones anteriores. Le pregunté por los **pequeños avances** que había logrado advertir desde la última sesión. Me señala que habían ocurrido varias cosas, pero que tenían relación con la tarea, por lo que rápidamente pasamos a su revisión. El registro de sus desafíos se observa en la siguiente *tabla:*

DESAFIANDO AL MIEDO			
Momento	Cómo lo desafiaste	Qué te dice el miedo	Qué le respondiste
Lunes	Salgo de casa sola.	Te va a pasar algo, te sentirás mal, no podrás respirar.	Quiero salir, puedo hacerlo. Y si no lo logro al principio, lo lograré en algún momento, pues soy valiente y lo seguiré intentando.
Martes	Como algo fuera de la casa.	No vas a poder, lo vas a pasar mal, sentirás cosas desagradables.	Lo voy a hacer igual, con o sin miedo, hasta que desaparezcas.
Miércoles	Me siento mal y aun así sigo comiendo.	Lo que sientes en tu cuerpo son señales de que te va a pasar algo malo, te vas a morir y tu hijo se quedará sin ti, tienes una enfermedad que no han podido diagnosticar.	Estoy sana aunque me sienta mal, aunque no soporte estas sensaciones.
Jueves	Me atrevo a comer pollo sin moler.	El miedo no aparece, como sin miedo.	Después de comer me siento mal, tengo la garganta bloqueada, siento que no puedo respirar, me mareo, me da calor.

Era evidente que lo que llamaba la atención de este registro era la última línea. Después de un año sin comer trozos de carne, se había atrevido a ingerir pollo sin moler. Era sin duda un avance significativo y que parecía empequeñecer los avances escritos en las líneas anteriores, en las que había podido hacer cosas que ya no hacía, como salir sola, comer fuera de su casa o seguir comiendo a pesar de sentirse mal, con verbalizaciones que reflejaban una postura distinta frente al miedo, y que se reflejaba en la frase «soy valiente y lo seguiré intentando». Fuimos deteniéndonos entonces línea por línea, elogiando sus avances y destacando los pensamientos, sensaciones e interpretaciones que le permitieron alcanzar cada uno de los logros mencionados, hasta que llegamos a la última línea.

Dados los avances de la semana, Michelle se había sentido tan empoderada que había decidido desafiar al miedo comiendo algo que había evitado por mucho tiempo. Y lo logró, comió sin miedo y puedo disfrutar de lo que comía. Sin embargo, lo que ocurrió después lo vivió como una verdadera recaída, un volver atrás luego de mostrar algún avance, como ya le había ocurrido un par de veces anteriormente. Entonces mis preguntas, para **resignificar la recaída**, fueron las siguientes:

«¿Qué fue distinto en este retroceso en relación con los anteriores retrocesos?». Ella respondió que en esta ocasión no sintió que volvió a cero, sino que retrocedió al punto de seguir desafiando sin exponerse demasiado. Además, demoró mucho menos tiempo en volver a ponerse de pie en comparación con los retrocesos anteriores, en los que permaneció ahí por meses.

«¿Con qué herramientas cuentas ahora que al parecer antes no tenías o no sabías que tenías?». Señaló que ahora sabe que es valiente y que es capaz de enfrentar al miedo; además, había aprendido a responder, en lugar de guardar silencio y someterse. Por último, señaló que el mismo hecho de estar en un proceso terapéutico le permitía arriesgar un poco más, pues sabe que podrá luego hablar de ello y pedir más consejos.

«¿Qué te enseñó el episodio de comer pollo, hacerlo bien, y luego llenarte de pensamientos y sensaciones negativas?». Señaló que aprendió a ir más lento, a no apurarse, que los cambios van a suceder pero que hay que tener paciencia.

Este episodio y las respuestas de la consultante permitieron retomar una **metáfora** que rondaba desde la primera sesión. «¿Sabes lo que me viene a la mente al escucharte hablar de lo que ocurrió tras haber comido pollo? Pues me acordé del desembarco en Normandía. Hasta ese momento, los nazis habían conquistado casi todo el continente europeo, sin encontrar mayores obstáculos. La resistencia francesa y los partisanos lograron mantener la moral en alto con sus actos heroicos, pero no recuperaron un palmo de territorio. Sin embargo, en el desembarco de Normandía los Aliados por fin lograron poner pie en el continente. Fue una batalla dura, con muchas pérdidas, pero al final los nazis tuvieron que retroceder. Los Aliados recuperaron apenas una playa, pero ese fue el inicio del fin para los nazis y el inicio del triunfo para los Aliados. Cuando decidiste por fin probar trozos de carne ha sido como el día D, el desembarco en Normandía. Pusiste tus pies en la playa, luego vino el bombardeo, los pensamientos catastróficos, el miedo tenía que defenderse, pero al final te has quedado en la playa. Quizás es apenas el 1% del territorio de tu vida recuperado, pero de ahora en adelante solo queda avanzar».

Michelle aceptó la metáfora y señaló que efectivamente no había retrocedido hasta el inicio, ahora sentía que había logrado quedar varios pasos por delante. Sabía que estaba lejos de ganar, pero podría ir avanzando poco a poco hasta que el miedo se diera por vencido. Ante la pregunta sobre qué parte del territorio dominaba ella ahora luego del desembarco, me señaló que era un 10%. Esto me permitió continuar la sesión con preguntas sobre porcentajes, tal como se señala en la *tabla* siguiente:

Preguntas	Respuestas de la consultante
¿Qué áreas de tu vida están representadas en ese 10%?	He logrado salir sola, comer fuera de mi casa, cuidar a mi hijo, hasta comer un poco de carne. Es poco, pero es algo.
¿Cómo recuperaste o protegiste ese 10%?	No me quiero dar por vencida, no es la primera batalla que doy en mi vida, he descubierto que soy valiente y que amo tanto a mi hijo que soy capaz de lo que sea por salir adelante y protegerlo.
¿Qué tendrías que hacer para recuperar un 1% de ese territorio?	Por el momento, mantener mis avances, no quiero volver atrás. Un 1% más para mí es seguir saliendo sola a ratos y seguir desafiando al miedo.
¿Cuánto territorio deberías recuperar para sentirte conforme?	El miedo debería tener un 20%. Sé que es necesario, lo hemos conversado, me protege del peligro, pero no quiero que tenga tanto poder.
¿Cómo te darías cuenta de que ya recuperaste el 80% del territorio?	Porque volvería a disfrutar de la comida, comer algo de carne, comer afuera de mi casa, comer sola, sin estos pensamientos que me agobien.

Se le pidió como **tarea** que siguiera en la semana **desafiando al miedo**, ella era creativa y se le ocurrirían otras cosas que podría hacer para demostrarle al miedo que ya no estaba bajo su poder, que ahora ella era capaz de controlarlo y reducir su influencia. Junto a esto, se le pidió que le escribiera una **carta para el problema**. Esta tarea, similar a la *carta para no ser enviada*, es un escrito dirigido al miedo en el que ella debía transmitir todo lo que se le viniera a la cabeza, sin censura, sin importar la ortografía y la redacción y pudiendo usar las palabras que quisiera, incluyendo improperios.

Michelle llegó muy animada a la siguiente sesión, sonriente, con ganas de hablar de lo que le había ocurrido en la semana. Trajo un listado de siete desafíos, uno al día, todos relacionados con salir de su casa sola o con su bebé, o comer sola, sin compañía de su pareja. No había vuelto a ingerir carne, señalando que tampoco le habían dado ganas de hacerlo. Sus verbalizaciones eran del tipo: «yo puedo hacerlo», «no me vas a ganar», «voy avanzando y te estoy quitando territorio poco a poco».

La carta dirigida al miedo reforzaba esta idea de hacerle retroceder. Esta carta se puede leer a continuación:

«Miedo, recuerdo cuando tomaste el control de mi vida, pero luego lograste manifestarte de tantas maneras que te volviste irreconocible, estabas ahí y no te veía. Desde siempre me consideré una persona miedosa, aunque más cercana a ser cuidadosa y precavida. No me molestaba, tampoco me atormentaba por dejar de hacer cosas. En general, en mi vida hice lo que quise con y sin miedo. Hoy, a mis 30 años, tengo que mirarte, escribirte y darte un lugar en mi vida que me permita seguir viviendo tranquila. El problema es que te metiste en mi cuerpo, en mi garganta y pesas mucho, a veces siento que no puedo vivir contigo ahí instalado. Por eso, si me permites pedirte algo, te pediría por favor que me liberes de ti, que hagas algo. Pero sé que debo hacerlo yo, estamos hoy fusionados, por lo que necesito que tomes distancia y te vuelvas pequeño, que salgas de los lugares que hoy controlas y no te corresponden. Sé que es importante que estés, pues me proteges del peligro, pero no te quiero ni te necesito en mi vida en la forma que hoy estás, porque ahora quiero disfrutar de mi vida y mi familia y contigo instalado en mi cuerpo no lo puedo hacer. Entrega tu poder y no vuelvas a ser protagonista de mi vida. Espero que te rindas, porque yo no me voy a rendir».

Sin embargo, lo que la hacía sentirse más animada no era ni la tarea de los desafíos ni la carta al miedo, sino un sueño que había tenido acerca del miedo tras escribir la carta. Si bien fue una pesadilla, también era para ella una respuesta del miedo a su interpelación y una forma de mostrar su rostro oculto:

«Estaba durmiendo y me desperté a medianoche, entonces caminé hacia el baño, me sentía mal, mareada. Cuando cerré la puerta del baño empecé a sentir ganas de vomitar, de pronto comencé a hacerlo, pero lo que salió de mi boca era el miedo, el miedo aparecía y me miraba. Yo intenté abrir la puerta del baño y huir, pero quedé con la manilla en la mano. Entonces desperté. Estaba acelerada, asustada, pero pensé que por fin le había visto la cara al miedo, eso me animó; hasta ahora era como un juego, un "simulemos que el miedo es alguien que te susurra cosas al oído", pero al verlo ya sé contra quién estoy luchando, y sé que le voy a ganar».

En la primera sesión, Michelle me había señalado que le gustaba mucho dibujar, por lo que le pedí que me hiciera un **dibujo del miedo**, quería conocer su cara. Ella tomó el papel que le ofrecía, los lápices, y comenzó a dibujarlo. El resultado fue el siguiente:

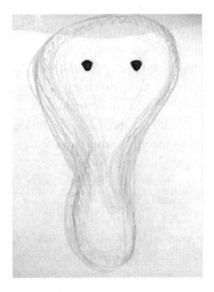

Le dije: «¿Sabes que me pasa al ver el rostro del miedo? Pues no veo un rostro que *dé miedo*, sino el rostro de alguien que *tiene miedo*. ¿Pero a qué le podría tener miedo el miedo?». Y ella respondió: «Tiene miedo a que lo derrote». Entonces le dije que me imaginaba al ver el dibujo el rostro de los nazis luego de que los Aliados desembarcaron en Normandía. Ahora solo quedaba avanzar hasta recuperar el territorio perdido.

Las siguientes cinco sesiones fueron avance tras avance, prácticas de *mindfulness* para distanciarse y observar sus pensamientos y emociones, técnica hipnótica para dialogar y llegar a acuerdos con el miedo (al final de esa sesión decidió instalar al miedo en la punta de sus dedos, para poder alejarlo cuando no lo necesitaba y acercarlo en caso contrario, todo bajo su control), se hicieron más tareas de desafíos, y fue recuperándose más y más territorio, hasta el día que llegamos a Berlín. No fue un hito especial el que permitió determinar ese día, sino simplemente el haber desarrollado toda una sesión hablando de sus planes futuros, de su deseo de estudiar, retomar su trabajo, viajar, etc., sin haber hablado ni un segundo de la comida o del miedo. En ese momento nos dimos cuenta de que el miedo ya no era protagonista, la urgencia ya había pasado y ya era hora de ocuparse de otros asuntos relacionados a su proyecto de vida. Un par de sesiones más tarde decidimos dejar la terapia hasta ahí, con las puertas abiertas para los seguimientos que fueran necesarios.

Le pedí una última tarea para finalizar el proceso. Más que una tarea, era un favor. Le dije que sentía que la travesía que ella había hecho era demasiado importante para que quedara entre nosotros dos. Que muchas personas enfrentan miedos en su vida y que sienten que son insuperables, y lo que ella había demostrado en este proceso podría inspirar a estas personas a seguir luchando, a no rendirse y a usar sus recursos para derrotar los obstáculos que les impedían vivir la vida que querían. Por eso consideraba vital que dejara un testimonio de su lucha, Entonces le pedí la **carta de finalización de la terapia**, una carta dirigida a otras personas que pudieran pasar por algo similar, de modo que, a través de ella, tengan la ocasión de conocer de primera mano la experiencia de alguien que fue capaz de derrotar al miedo, más allá de lo que yo, como terapeuta, les pueda transmitir. Le señalé que me interesaba una carta realista, en la que ella diera cuenta de los avances y retrocesos, de los hitos superados y de los obstáculos encontrados. Se animó de inmediato y me señaló que la siguiente sesión, que era la primera de seguimiento, traería la carta. Michelle cumplió con el favor solicitado y me trajo la carta. Era una carta extensa, de muchas carillas, y es la que presento a continuación:

«Hola, si estás leyendo esta carta me imagino que estás viviendo un proceso similar al que yo enfrenté durante meses. Por eso, lo primero que quiero decirte es que lamento mucho por lo que estás pasando, sé lo difícil que se siente la vida en estos momentos. Sentir que ya no somos la misma persona, desear que esa mala experiencia desaparezca de nuestra historia. Me pasé meses repitiendo "quiero que esto no hubiese pasado, me arruinó la vida".

Al inicio no comprendía lo que me pasaba, vivía con miedo y empecé a alejarme de personas y lugares, intentando sentirme segura, en estado constante de alerta, en un mundo que yo no controlaba. Tenía que evitar que de nuevo algo peligroso volviera a ocurrir. No solo mis pensamientos cambiaron, mi cuerpo también lo hizo, me costaba respirar, despertaba con sensación de ahogo y no podía tragar.

Hasta que un día me atreví a pedir ayuda psicológica. Lo hice con desconfianza, pensaba: si otras estrategias no me han ayudado, ¿por qué la psicoterapia lo haría? Finalmente escribí solicitando una hora, tenía que seguir luchando. Recuerdo uno de los primeros ejercicios: identificar lo que el miedo me hacía pensar y escribirlo, luego responder al miedo, posteriormente desafiarlo. En el trayecto fui reconociendo que contaba con herramientas, experiencias previas, cualidades que me podían ayudar en este acto de desafiar, como la valentía y la perseverancia. Fui constante en esta lucha, al principio significó esfuerzo y estar siempre concentrada, qué hacer, qué responder, cómo desafiar, pero con el tiempo se volvió automático. Este ejercicio, aparentemente sencillo, fue la base que me permitió finalmente vencer al miedo.

También logré enfrentar mis pensamientos rumiantes, fui capaz de observarlos y dejarlos ir y venir, sin darles demasiada importancia ni generar juicios. Acepté algunos de estos pensamientos en mi vida, lo que no significa que me gustaran o los aprobara, sino que los dejaba existir, tal como venían. Ahora he logrado seguir viviendo a pesar del miedo. De vez en cuando suceden cosas amenazantes en mi vida que me hacen temer un retroceso, pero ante la opción de no hacerlo, también tengo la alternativa de hacerlo con miedo. A eso me refiero con seguir viviendo, a poder decidir libremente qué hacer con mi vida, tomando al miedo como un dato más de información, pero en ningún caso dejarlo que decida por mí. Ya no más.

Hoy, luego de meses de trabajo y compromiso con la terapia y conmigo misma, puedo decir que ya he integrado esta experiencia en mi historia. Por ello, me siento conforme y orgullosa, pues puedo seguir viviendo la vida que quiero y enfrentando con valentía lo que se me viene por delante. Espero que mi carta te ayude».

8.3. El cierre en Terapia Sistémica Breve

Son varios los indicadores de que el proceso terapéutico puede llegar a su fin. Los mencionamos a continuación:

a) El cumplimiento de los objetivos concretos acordados en las primeras sesiones. Si la persona señalaba que un indicador de que ya ha superado la experiencia traumática es volver a subirse a un autobús sin necesidad de compañía, entonces la ocurrencia de este hecho es una señal de que la terapia está llegando a su fin.

b) La llegada al número objetivo en la pregunta de escala. En las primeras sesiones se le consultó a qué punto de la escala le gustaría llegar; si señaló que era el 8 y en una sesión posterior señala estar ya puntuando en un 8, entonces esto es un indicador de que la terapia puede finalizar.

c) Hablar del problema en pasado. En algún momento de la terapia el consultante señalará expresiones como «se me *hacía* difícil salir a la calle», «yo *tenía* pesadillas», «*estaba* todo el tiempo alterado», «*veía* a un desconocido y *empezaba* a temblar». En esos momentos es recomendable preguntar «y cómo es ahora», y luego expandir dichos cambios con preguntas de excepciones y de atribución de control.

Algunas preguntas que cabe realizar en las sesiones de cierre se presentan en la tabla siguiente:

Preguntas para finalizar la psicoterapia
¿Qué cambios has observado desde que iniciaste la terapia hasta el día de hoy?
¿Cómo contribuiste a que se produjeran esos cambios?
Si volvieran a presentarse los mismos problemas de antes, ¿cómo los abordarías ahora?
¿Qué herramientas tienes hoy que te permitirán enfrentar problemas similares en el futuro?
Si pudieras sugerirle algo a una persona que viene a terapia por el mismo problema que llegaste tú, ¿qué le dirías?
¿Qué has aprendido de ti mismo durante este proceso?

También puede ser interesante recabar *feedback* sobre las propias sesiones. De esta forma obtendremos información que complementará la retroalimentación que hemos ido obteniendo a lo largo de las entrevistas mediante las escalas de avance. Este *feedback* nos permitirá mejorar nuestra forma de trabajar, aunque ahora el efecto positivo será para consultantes futuros. Solicitar este *feedback* final es, además, otra manera de seguir empoderando al consultante, puesto que lo invitamos a una posición de «consultor de la terapeuta». En ese caso, la terapeuta (o alguien del equipo que pase a hacer esta labor) pedirá permiso para hacer algunas preguntas, dejando claro que ahora el objetivo no es ayudar al consultante, sino que él nos ayude a nosotros.

PREGUNTAS PARA OBTENER *FEEDBACK* SOBRE LA PSICOTERAPIA
¿Cómo dirías que te han ayudado estas sesiones de psicoterapia?
¿Qué te ha resultado más útil?
¿Qué te ha resultado menos útil?
¿Qué sugerencias de las que te he podido hacer a lo largo de estas sesiones te han sido de mayor utilidad?
¿Cuáles te han ayudado menos o incluso han sido contraproducentes?
¿Qué sugerencias me harías para mejorar mi forma de trabajar con personas que lleguen con dificultades parecidas a las que tú tenías cuando empezamos?
¿Qué cualidades tuyas te han permitido aprovechar estas sesiones?

Entre los rituales de cierre que se pueden celebrar en la última sesión destacamos los siguientes:

• Entrega de cartas, ya sea del terapeuta reconociendo los logros del consultante, o del consultante dirigiendo algunas palabras a otras personas que estén enfrentando lo mismo.

• Entrega de diplomas o certificados en los que se reconozcan sus méritos de haber superado o dominado las consecuencias del trauma vivido.

• Entrega de los productos elaborados en el proceso por el consultante, como una caja de recursos con sus cartas, dibujos y fotografías, o el dibujo del Árbol de la vida enmarcado para que lo pueda lucir donde desee hacerlo.

También es posible terminar la terapia con un buen apretón de manos o un abrazo o lo que la cultura del lugar prescriba, denotando siempre que ese momento de finalización es una ocasión espacial, pues la persona que saldrá por la puerta ya no es la misma que entró por ella en la primera sesión, ha dado pasos significativos hacia adelante que le permitirán direccionar al margen de la situación traumática que le tocó vivir.

Antes de despedirnos recordamos a los consultantes que nos gustaría hacer un seguimiento, que puede ser desde un mes hasta un año después de la última sesión. Y puede ser presencial o vía telefónica (u *online*). El objetivo de ese seguimiento no es profundizar en otras temáticas que puedan estar afectando al consultante, sino comprobar que los objetivos consensuados en las primeras sesiones y cumplidos en las últimas continúan superados.

Capítulo 9

Situaciones especiales en la terapia con supervivientes de un trauma

9.1. Complicaciones y comorbilidad en personas que han sobrevivido a un trauma

Como hemos visto en el caso de Michelle, hay personas que piden ayuda explícitamente para superar las secuelas de un evento traumático, sin que existan problemas o complicaciones adicionales que haya que abordar. En estos casos, el foco de la intervención está bien delimitado y, siempre que el terapeuta sea capaz de crear una relación adecuada y use técnicas eficaces, la terapia será relativamente simple.

En otros casos, las secuelas del trauma se yuxtaponen a otros problemas que complican la intervención. Por una parte, la situación traumática puede haber sobrevenido en el contexto de conflictos familiares o de pareja preexistentes, en situaciones de exclusión social y/o en personas con problemas previos de salud mental o abuso de sustancias; todos estos condicionantes, si siguen presentes en el momento de la psicoterapia, pueden interferir y dificultar los progresos. Por otra parte, los propios eventos traumáticos pueden generar complicaciones legales (denuncias o juicios pendientes por lo sucedido), laborales (bajas, despidos), financieras (pérdida de ingresos, pérdida del hogar) o de salud, que a su vez pueden implicar a otros profesionales, como abogados, sindicatos, peritos, servicios sociales o sanitarios. Puesto que los contactos con estos profesionales pueden reactivar memorias traumáticas, suelen ser fuente de estrés y actualizar las tendencias evitativas de la persona traumatizada. Por eso puede ser necesario abordarlos también en las conversaciones terapéuticas. El caso de Gloria (más adelante, en p. 311) ilustrará estas situaciones.

Finalmente, como hemos ido viendo a lo largo de este libro, los eventos traumáticos tienen un gran potencial para generar no solo síntomas de estrés postraumático, sino también una serie de problemas de salud mental que son en sí mismos fuente de sufrimiento y además pueden interactuar con la sintomatología traumática. Citaremos en especial la depresión, los ataques de pánico, el abuso de sustancias, las autolesiones y conductas suicidas, los problemas físicos (trastornos gastrointestinales, problemas cardiovasculares), el dolor crónico, los trastornos de alimentación y la enfermedad mental grave (Korte *et al.*, 2020; Roberts *et al.*, 2020). De hecho, se estima que más del 80% de los pacientes con diagnóstico de Trastorno por Estrés Postraumático (TEPT) experimentarán al menos otro problema de salud mental y que el 50% de ellos tendrá tres o más comorbilidades (Kessler *et al.*, 1995).

En el campo del TEPT, la cuestión de la comorbilidad está recibiendo una atención creciente, ya que, mientras los clínicos constatan que dificulta o incluso impide la psicoterapia, la mayoría de las investigaciones sobre eficacia terapéutica se siguen realizando con rígidos criterios de exclusión que dejan fuera de las muestras precisamente a los pacientes con presentaciones clínicas más complicadas. Por eso la International Society for Traumatic Stress Studies (ISTSS) llama a investigar más el tratamiento de este tipo de situaciones (Forbes *et al.*, 2020).

En cualquier caso, la comorbilidad puede suponer una barrera para acceder a una intervención sobre el trauma, ya que tanto los pacientes como los terapeutas pueden intuir que abordar el trauma exacerbe sus síntomas. Por ejemplo, una paciente que tras la experiencia traumática sufre ataques de pánico puede temer que contar lo sucedido a su terapeuta dispare nuevos ataques. Por parte de los clínicos, quienes trabajan con pacientes con adicciones tradicionalmente han supuesto (injustificadamente) que abordar los posibles traumas podría distraer el foco del tratamiento de la adicción o incluso servir a los pacientes como justificación de sus consumos (Haro, 2020). Los pacientes que han llevado a cabo intentos suicidas, por otra parte, pueden generar en sus terapeutas el temor de que trabajar los recuerdos traumáticos desencadene un nuevo intento autolítico.

Para los supervivientes de un trauma que sí inician el tratamiento, la investigación indica que la comorbilidad empeora el pronóstico de la intervención aumentando el riesgo de abandono, disminuyendo las ganancias terapéuticas o aumentando la duración de la terapia (Korte *et al.*, 2020; Roberts *et al.*, 2020). Estos efectos negativos se pueden entender como el resultado de los círculos viciosos autoperpetuantes que se establecen entre la sintomatología postraumática y la comórbida. Por ejemplo, el dolor crónico puede actuar como un estímulo disparador de memorias traumáticas, pero además genera malestar por sí mismo y aumenta la hiperactivación, lo que a su vez lleva a mayor tensión muscular e incrementa la percepción del dolor (Asmundson *et al.*, 2002).

Finalmente, algunas características de los casos de comorbilidad pueden generar obstáculos adicionales para la intervención. Así, una persona depresiva será posiblemente más reacia a abandonar las cogniciones negativas asociadas al trauma que otra que haya sufrido un evento similar; probablemente a una persona traumatizada y con ataques de pánico le cueste más enfrentarse a situaciones que le recuerden lo sucedido que a una persona traumatizada pero sin pánico.

La investigación sobre cuál sería la forma más eficaz de intervenir con personas que sufren síntomas de estrés postraumático y una o varias comorbilidades asociadas, está todavía en sus comienzos (Roberts *et al.*, 2020). De todas formas, de los estudios controlados sobre «tratamientos basados en la evidencia» aplicados a estos casos se desprenden varias conclusiones:

- La comorbilidad con alguna patología grave no es razón para no abordar los eventos traumáticos, ni siquiera en casos de psicosis o riesgo de suicidio.

- Intervenir sobre las memorias traumáticas parece tener un efecto beneficioso sobre los progresos en el tratamiento de otros problemas comórbidos, y en especial en los tratamientos de las adicciones (Haro, 2020; López-Goñi et al., 2021).

- Pueden ser eficaces estrategias diversas: los tratamientos secuenciados (por ejemplo, primero terapia dialéctica conductual para trastorno límite de personalidad, después terapia de exposición para las vivencias traumáticas, Harned et al., 2012), los tratamientos integrados (por ejemplo, tratamiento de la adicción y en paralelo de la sintomatología postraumática, Haro, 2020; López-Goñi et al., 2021) pero también los tratamientos transdiagnósticos, que abordan procesos psicopatológicos comunes a la sintomatología postraumática y la comórbida (como, por ejemplo, el *Unified Protocol* para procesos ansiosos y desregulación del estado de ánimo, Barlow et al., 2017). En cualquier caso, parece que el consenso es optar por un abordaje individualizado de cada paciente, con una buena formulación de cada caso (Cloitre et al., 2020; Ehlers, 2020).

Para un enfoque terapéutico como la TSB-T la existencia de comorbilidad no obliga a variar en lo sustancial el enfoque terapéutico. Como ya señalara de Shazer (1991) en sus escritos sobre la terapia centrada en soluciones, esta es como una ganzúa que no necesita replicar la forma exacta de cada cerradura para ser eficaz y abrirla: problemas variados pueden resolverse generando soluciones similares. De todos modos, pensamos que la investigación sobre TEPT y comorbilidad sí confiere un apoyo indirecto a algunas de las prácticas de TSB que venimos proponiendo en este libro para los casos de personas que han sufrido eventos estresantes:

- Por una parte, nos invita a mirar más allá de un planteamiento exclusivamente centrado en las soluciones y a estar atentos a posibles problemas. Como hemos comentado en el capítulo 5, debemos chequear la posible presencia de traumas que inicialmente pasen desapercibidos, ya que no es infrecuente que los consultantes pidan ayuda por un problema aparentemente no relacionado con ningún evento traumático, pero que en la primera entrevista se constate la existencia de experiencias traumáticas que afectan al problema presentado o que lo causan. A la inversa, cuando alguien consulta por sus síntomas de estrés postraumático, conviene no perder de vista otros posibles problemas, tanto intrapersonales (depresión, abuso de sustancias, conductas autolesivas...) como interpersonales (problemas de pareja, conflictos laborales), que pueden estar influyendo.

- Por otro lado, apoya la aplicación de una lógica estratégica, en la línea de los planteamientos del MRI, para conceptualizar e intervenir sobre los «círculos viciosos» que, como acabamos de ver, se pueden establecer entre los síntomas postraumáticos y los problemas comórbidos.

- Finalmente, nos parece que el devenir de la investigación reciente sobre el tratamiento de los eventos traumáticos con comorbilidad va en la línea de no imponer un único protocolo de tratamiento y, en vez de ello, trabajar desde un abordaje flexible, con un amplio abanico de posibilidades que se ajustarán a las características específicas de cada consultante, como planteamos en el capítulo 4. Los casos que presentaremos a continuación pretenden precisamente ilustrar este abordaje.

9.2. Historias de casos

9.2.1. Eventos traumáticos en el contexto de duelo

En la medida en que todos los eventos traumáticos implican una pérdida, por ejemplo, la ruptura de la visión del mundo de los afectados, conllevan un proceso de duelo (por la pérdida de la confianza en otros seres humanos, por la pérdida de la sensación de seguridad, etc.). Sin embargo, en este apartado nos centraremos en el duelo por la pérdida de un ser querido, tanto si es producida por el propio suceso traumático (la persona resulta herida en un accidente de tráfico en el que fallece su pareja), como si los dos procesos están relacionados de otro modo (el padre fallece en el hospital, pero las restricciones por la COVID-19 generan situaciones traumáticas), o simplemente coinciden en el tiempo (el ser querido fallece justo en la época en la que se produce un suceso traumático de otra naturaleza).

Un proceso de duelo habitualmente dificulta la superación de la experiencia traumática, ya que tiende a aumentar el foco de nuestros consultantes sobre el pasado y sobre lo problemático. Los procesos de ansiedad y depresión que generan se pueden retroalimentar mutuamente; y la rumiación intrusiva que suele acompañar al suceso traumático puede potenciar una rumiación improductiva sobre la pérdida. Además, a menudo la pérdida del ser querido implica también la falta de un apoyo importante en el proceso de recuperación del trauma, especialmente cuando la persona fallecida es un cónyuge o un progenitor. Una complicación adicional es que la superación de la experiencia traumática y la realización del proceso de duelo suelen tener tiempos diferentes: es razonable esperar que en un par de meses se hayan podido integrar las experiencias traumáticas y superar sus secuelas; pero elaborar el duelo por la persona fallecida requerirá habitualmente un plazo bastante mayor.

Desde un punto de vista positivo, a veces la pérdida puede convertirse en una fuente de recursos: por un lado, porque en terapia podemos emplear a la persona fallecida como «testigo mudo» de los avances de nuestro consultante («Si tu padre te viera, ¿de cuál de tus avances desde que sufriste la agresión estaría más orgulloso?»); por otro, porque en la nueva historia personal que los consultantes construyen en la terapia la persona fallecida puede aportar coherencia y sentido (la recuperación del trauma como homenaje al fallecido) y por tanto convertirse en otra fuente de crecimiento postraumático.

Cuando intervenimos con una persona que tiene síntomas de estrés postraumático y está en pleno proceso de duelo, conviene construir con los consultantes un único proyecto de trabajo que incluya tanto la superación del trauma como el avance en el duelo. Para ello lo más importante es generar un proyecto en positivo, lo bastante amplio como para incluir avances en los dos procesos («encontrar un nuevo lugar en la vida»; «recuperar la tranquilidad y la seguridad en mí misma»). Por su parte, la proyección al futuro debería recoger los indicadores de que la experiencia traumática ha sido integrada y de que ha avanzado el proceso de duelo. Puede ser útil diferenciar entre una proyección a un futuro próximo, con la experiencia traumática integrada, y a un futuro más lejano, a uno o dos años vista, con el duelo elaborado. Puesto que la escala se ancla a partir de los objetivos de los consultantes, una única escala de avance puede servirnos para trabajar tanto el duelo como el trauma («1 sería cuando peor has estado, y 10 sería que vuelves a ser la pareja que quieres ser»); de todos modos, en función de las circunstancias del caso, puede ser útil emplear escalas diferenciadas para los dos procesos («1 sería cuando peor estuviste tras la agresión, 10 sería la mujer poderosa que quieres volver a ser»; «1 sería cuando peor has llevado el fallecimiento de tu marido, el 10 sería que has conseguido superar esta pérdida *todo lo posible*»). El trabajo con mejorías puede hacerse también de forma paralela, dedicando un tiempo a los avances en cada uno de los temas, pero también de modo integrado, ya que cualquier mejoría probablemente señale avances en los dos procesos, especialmente si la terapeuta aprovecha haciendo puentes entre unos y otros («¿De qué forma el volver a ser capaz de salir a la calle te está ayudando también a poner en su sitio la tristeza por el fallecimiento de tu madre?»; «¿De qué forma sentir esa presencia positiva de tu madre te está ayudando a ir dando pasos para enfrentarte a las situaciones?»). En cambio, nos parece importante que en las tareas diferenciemos claramente el trabajo de duelo con el enfrentamiento de los síntomas postraumáticos. Si, por ejemplo, proponemos algún ejercicio de imaginación/visualización del trauma y también una carta a la persona fallecida, procuraremos que el consultante reserve para estas dos actividades franjas temporales distintas y en días diferentes. El caso de Juan ilustra este trabajo en paralelo.

Primera entrevista con Juan

Tras una breve conversación sobre su familia y sus aficiones, Juan, un hombre muy agradable, encargado de un supermercado, casado y con dos hijos, me contó que se encontraba «sobrepasado» por algo que había pasado con sus padres y que acudía a terapia para encontrar «un camino a seguir». Cuando le pregunté a dónde le gustaría que le llevara ese camino, me contestó que quería «volver a ser el Juan tranquilo que *era* antes» y acordamos que ese sería el objetivo de nuestro trabajo.

A continuación me contó que dos años atrás habían diagnosticado Alzheimer a su padre. Su madre no llegó nunca a aceptar la enfermedad de su marido, lo que llevó a conflictos cada vez más duros entre ellos, deteriorando lo que había sido una «buena pareja». La madre de Juan seguía exigiendo a su marido, cada vez más incapacitado, cosas que no podía hacer y terminó «tratándole de forma horrible». Cuando Juan intentaba mediar, la madre le acusaba de apoyar a su padre contra ella; en un momento especialmente traumático había llegado a insultarlo y a amenazarlo con desheredarlo. Juan tampoco conseguía quitarse de la cabeza el momento en el que había descubierto que su madre había llegado a maltratar físicamente a su marido. Sospechaba que tal vez en esa época su madre estuviera también empezando un proceso de demencia, pero no podía evitar sentir mucha rabia hacia ella. El padre de Juan falleció; medio año más tarde, la madre sufrió un infarto y también murió. Desde entonces había sido incapaz de volver a la casa de sus padres.

Tras el fallecimiento de su madre, Juan estuvo unos días de baja, pero se reincorporó enseguida. Unas semanas más tarde empezó a sentir malestar mientras se encontraba con los clientes del supermercado, comenzó a sufrir ansiedad y a padecer crisis de llanto. Tras dos meses en este estado tuvo en el trabajo un fuerte ataque de ansiedad que lo llevó a urgencias, donde le dieron la baja laboral. «A partir de ahí no pude seguir, me vine completamente abajo».

Escuché de forma empática la historia y compartí con Juan lo mucho que me impresionaba la sucesión de hechos terribles que habían sucedido en los dos últimos años. Añadí que me parecía inevitable que tanto sufrimiento hubiera terminado pasándole factura. Luego me interesé por las cosas que había hecho él para protegerse en ese tiempo y por aquellas que le estaban ayudando a no estar peor. Tras un momento de reflexión, Juan me explicó que le calmaba subir a su habitación y echarse un rato en la cama, pasear de vez en cuando con la familia y obligarse a llevar y recoger a los hijos del colegio. Su mujer era un gran apoyo y pensar en ella y en los hijos lo calmaba. De hecho, en una escala de avance en la que 1 representaba los momentos en que había estado peor y 10 el Juan tranquilo que quería volver a ser, se situó entre el 2 y el 5.

En la devolución le confirmé que me gustaría trabajar con él para ir «encontrando un camino a seguir, un camino hacia ese Juan tranquilo que *eres*» y para ir superando el impacto de los múltiples duelos que había tenido que pasar en tan solo dos años.

Le propuse trabajar, por un lado, en el día a día, encontrando formas de afrontar los retos que se le fueran planteando y, por otro, sobre el pasado, tratando de asimilar lo que había sucedido con su madre y de hacer las paces con ella. Compartí que sería un trabajo duro en el que, además, sus padres, que siempre habían sido un apoyo, ya no estaban para ayudarlo. Le sugerí que todas las noches se hiciera las tres preguntas para una vida feliz y que en las siguientes dos semanas coleccionara recuerdos positivos de su madre y de su padre, bien en la memoria, bien revisando fotos o recogiendo algún objeto significativo. Le propuse que invitara a Ana, su esposa, a la siguiente entrevista.

Siguientes sesiones

En la **segunda sesión**, dos semanas más tarde, Ana, una mujer dulce y simpática, comentó que había observado un gran cambio en su marido: le veía más tranquilo y animado, e incluso había vuelto a hacer alguna broma con ella y con sus hijos. Eso sí, seguía teniendo profundos «bajones de tristeza», ante los que ella no sabía cómo actuar. Juan confirmó que la primera entrevista le había ayudado «muchísimo» y que plantearse por las noches las tres preguntas le hacía «más feliz». Se sentía más animado y tranquilo, pero le preocupaba que los bajones le siguieran sorprendiendo. Le pregunté qué le ayudaba en esos momentos y me reveló que su hijo pequeño era quien se daba cuenta de que él estaba mal, y que entonces avisaba y todos los presentes se daban un «abracito familiar». Expresé mi satisfacción ante una forma tan creativa y cariñosa de manejar la situación. Cuando pasé a preguntar a Juan qué tal iba su trabajo con los recuerdos positivos de su madre, me contó, conmovido, que había recuperado una foto de él de niño con su madre, en el colegio: «El primer buen recuerdo que tengo de ella desde hace dos años».

En la escala de avance Juan se veía ahora entre 3 y 6. Ana coincidía con el 6 y me explicó lo que para ella eran señales de avance hacía un 7: le gustaría que jugara más al fútbol con sus hijos «y que se vista, se afeite y se ponga guapo». Para Juan, una señal clara de avance sería «recuperar la ilusión por la Navidad», lo que se traduciría en montar el árbol con los niños y en poner en el Belén el Niño Jesús que en su día había comprado su madre. En la devolución expresé mi admiración por los pasos que Juan estaba dando y le animé a seguir en la misma línea. Añadí que los momentos de bajón eran probablemente inevitables por ahora y sugerí que, cuando se produjeran, Juan los aceptara, constatando simplemente «estoy triste», y que luego se diera un «abracito familiar» o un abrazo solo con Ana. A Ana le propuse estar atenta a los momentos en que viera a Juan en 7 y la animé a «cogerle de las orejas y llevarle a afeitarse en cuanto termine la sesión».

En la **tercera entrevista** Juan declaró, satisfecho: «Ya me he puesto en el camino». Se había encontrado más tranquilo y había montado el árbol de Navidad y el Belén con sus hijos. «La montaña ya no se hace tan grande, y además con esto de las tres preguntas me he acostumbrado a fijarme en las cosas positivas, incluso en los días malos». Había ido varias veces a casa de sus padres con Ana, donde había recuperado varios objetos que le resultaban entrañables, y volvía a tener sentimientos positivos hacia su madre. En la escala estaba «entre un 4 y un 7». Los pasos siguientes serían retomar los papeleos de la herencia, hacer más labores domésticas y volver a leer. Acordamos volver a vernos tres semanas más tarde.

En la **cuarta sesión**, Ana informó de nuevas mejorías: su marido no se había «agobiado» en ningún momento, le veía bromista, juguetón y más activo en casa; y se había arreglado más. Juan confirmó todos estos avances. Habían inventado una variante de las tres preguntas para una vida feliz, convirtiéndolas en un juego en el que ella adivinaba al final del día qué es lo que más le había satisfecho a él, y viceversa. Los felicité por la excelente idea.

Juan se veía ya en un 8 y Ana en un 7.5. Pregunté a Juan en qué punto de la escala necesitaba encontrarse para reincorporarse al trabajo. Contestó que en un 9. «¿Cuáles serían las señales de que ya estás en un 9?», indagué, y él replicó que «ir tomando un poco de confianza». ¿Y cómo te imaginas tomando un poco de confianza?», le pregunté. Las respuestas fueron: «Ir solo en coche», «ir a casa de mis padres yo solo y estar bien», «ir a sitios con mucha gente, sin agobiarme».

Ya a solas, Juan declaró: «Ya tengo superada la rabia contra mi madre». Había seguido encontrando objetos que le recordaban cosas positivas de su madre, entre ellos una carta que ella había escrito a su padre cuando aún eran novios. Leer esta carta le había emocionado mucho. Pregunté a Juan de qué estarían más orgullosos sus padres en vista de sus avances a lo largo de estos meses. Tras un momento de reflexión, Juan compartió que estarían muy orgullosos «de que no me haya rendido», de haber sido capaz de «ir saliendo del cascarón», «aunque solo sea un milímetro cada día».

Cerré la entrevista animándole a ir reuniendo «pruebas de confianza» durante las siguientes semanas. Le planteé que, si en alguna situación se «agobiaba», procurara mantenerse en la situación, sin escapar. Añadí que para ello le podía ayudar hacer respiraciones lentas y profundas. Cerré la sesión comentando: «Me encanta cómo has ido recomponiendo el *puzzle* de la relación con tu madre, encontrando esos objetos que te conectan con ella. Te animo a seguir atento a qué nuevas piezas vas encontrando y colocando en ese *puzzle*».

En la **quinta sesión,** tres semanas más tarde, Ana y Juan explicaron que todas las mejorías habían ido a más. Ana dio un 8.5 en la escala y Juan se situó en un 9. Había decidido reincorporarse al trabajo y ya tenía cita con el médico de cabecera para ello. En mi mensaje final felicité a Juan por el camino que había recorrido a lo largo de las cinco sesiones y valoré lo bien que había sabido apoyarse en su esposa. También advertí que probablemente encontraría algunos baches en lo que le quedaba de camino, y le animé a emplear en ese caso la receta que habían creado para los bajones. Nos despedimos con un abrazo... *online.*

9.2.2. Traumatización por violencia interpersonal, situaciones de riesgo y judicialización

La violencia interpersonal es el tipo de suceso crítico más traumatizante, ya que a la percepción de indefensión se añade la pérdida de confianza en el ser humano y los sentimientos intensos de ira o de venganza (Echeburúa, 2004). Si la violencia ha sido generada por una persona cercana, como en el caso de la violencia familiar, el impacto es aún mayor, ya que se mezclan los sentimientos en principio positivos hacia el familiar con los negativos que genera la violencia. Además, estas situaciones suelen presentar otras complicaciones que también conviene tener en cuenta en la intervención.

Una de las secuelas más frecuentes de la traumatización es un intenso sentimiento de amenaza en el presente (Beierl *et al.*, 2020; Ehlers y Clark, 2000), que genera ansiedad e hipervigilancia y la evitación lugares y situaciones asociados a la experiencia traumática. El abordaje terapéutico recomendado en estos casos es en principio llegar, de una forma o de otra, a la exposición a las situaciones ansiógenas para que la persona pueda ir recuperando su sensación de control y aprender que no necesita estar vigilante en todo momento. Sin embargo, esta estrategia es peligrosa cuando el agresor o agresores siguen presentes y podrían volver a atacar a la víctima. Esto es habitual en casos de violencia en la pareja, en los que a menudo el agresor sigue hostigando y acechando a su víctima pese a posibles órdenes de alejamiento u otras medidas judiciales, pero también se puede dar en situaciones de *mobbing* en el trabajo o en las amenazas para que no se denuncie un hecho delictivo. En estos casos, la (hiper)vigilancia es perfectamente funcional, ya que sigue sirviendo como mecanismo protector. Por eso debe pasar a un primer plano la creación de un contexto de seguridad real («protección antes que terapia»): la discusión con los consultantes de cómo mantenerse a salvo, la creación de un «plan de seguridad» para situaciones de peligro, y la coordinación con agentes e instituciones que puedan crear seguridad. En el terreno psicoterapéutico, hará falta analizar qué parte de las conductas de evitación o de alerta es improductiva y qué parte conviene mantener en la medida en que persista la situación de peligro real.

En el terreno judicial, es posible que la víctima encuentre dificultades para denunciar la agresión sufrida. Esta dificultad será mayor si se trata de denunciar a un familiar (en especial cuando la denuncia es de abusos sexuales), pero, como veremos en el caso clínico que presentaremos más abajo, también puede ser una fuente considerable de estrés cuando la agresión ha sido perpetrada por un extraño. Aquí el terapeuta puede empatizar con la ambivalencia o con los temores de la víctima, recordarle que el secreto alimenta la violencia y ayudarla a construir un plan de acción que le permita romperlo.

Por otra parte, a partir de la denuncia serán inevitables los contactos con el sistema judicial (abogados, procuradores, peritos...), todos ellos con un alto potencial de disparar memorias traumáticas, como por ejemplo los interrogatorios ofensivos de los abogados de los agresores o las pruebas periciales humillantes. Además, los tiempos judiciales y los tiempos terapéuticos suelen no coincidir, por lo que es importante saber cuándo va a haber vistas, interrogatorios, etc., que pueden desestabilizar momentáneamente a los consultantes. Conviene tener en cuenta que la lógica jurídica es diferente a la lógica interpersonal: lo que para la víctima de violencia son hechos evidentes no necesariamente tiene valor probatorio en un proceso judicial, circunstancia que abre la posibilidad de sentencias desfavorables que pueden llevar a que se sienta incomprendida e invalidada. Por eso conviene anticiparse ofreciendo alguna explicación sobre estas diferencias y ayudar a la persona a que las afronte. Una tarea útil es animar a la consultante a crear un «amuleto» que le recuerde «su verdad», por ejemplo, en una vista oral o al ir a escuchar una sentencia.

Primera sesión con Gloria

Gloria, una mujer en la treintena, con tres hijos pequeños, era maestra de cuarto de primaria en una ciudad de la costa. En los primeros minutos de nuestra conversación *online* me contó que disfrutaba de su trabajo, que practicaba yoga y le encantaba pasear por la playa con sus hijos y con su marido. Cuando le pregunté qué esperaba de la psicoterapia dijo que quería mi ayuda para enfrentarse «a algo totalmente nuevo para mí». «Necesito poder volver a estar tranquila después de lo que me ha pasado».

Me contó que había sufrido una agresión en el colegio, una paliza a manos del padre de Gonzalo, uno de sus alumnos. Incluso antes de que yo le pidiera más detalles se lanzó a explicarme que ese padre era conocido en el colegio como una persona conflictiva, consumidor y traficante de drogas. Formaba parte de un grupo semidelincuente y había insultado gravemente a otras maestras el curso pasado; no había llegado a agredir físicamente a nadie en el centro, pero sus agresiones verbales habían quedado impunes. Unas semanas atrás, Gloria había pillado a Gonzalo y otros dos niños destrozando a conciencia el material escolar de unas niñas de clase con las que se llevaban mal. Dejó a los tres niños sin recreo y propuso al coordinador de convivencia del colegio que activara el protocolo *antibullying*, cosa que este no hizo. Ante eso, Gloria decidió mantener el castigo a los tres niños el resto de la semana. En este punto compartí su decepción con la falta de reflejos del coordinador y elogié su entereza para seguir adelante con su medida disciplinaria.

Tres días más tarde, el padre de Gonzalo se presentó a la salida del colegio y empezó a insultarla y pegarle. «Fue como una película a cámara lenta, aún tengo la imagen de su cara de odio y cómo me iba acorralando contra la valla del patio y después cómo intentaba alcanzarme en la cara con un puñetazo y tirarme al suelo». Pudo resistir y mantenerse en pie («sentí que si me iba al suelo me iba a matar»). Intentaba tranquilizar al hombre mientras iba parando los golpes e incluso apeló a que estaba asustando a los niños. Después oyó que Gonzalo gritaba «dale, papá, dale más fuerte», lo que debilitó su resistencia; terminó arrinconada, protegiéndose de la lluvia de golpes hasta que otros tres padres consiguieron sujetar al agresor y apartarle. A ella la socorrieron dos compañeras que también estaban en el patio en ese momento. La llevaron a urgencias, donde la curaron y emitieron un informe médico sobre sus lesiones, que finalmente no fueron graves. Interpuso denuncia ante la policía esa misma tarde.

Empaticé con lo angustiosa que había debido ser la situación, y le pregunté cómo había sido capaz de mantener la cabeza fría para protegerse de los golpes y tratar de calmar al agresor. «Sí, la verdad es que lo hice bien, pese a todo...», contestó, para añadir «pero casi fue peor lo que pasó después». Me explicó que a la mañana siguiente la directora del colegio le había transmitido un mensaje que el padre de Gonzalo le había hecho llegar: que retirase la denuncia o si no iría «a por ella». Se vino abajo cuando se dio cuenta de que la directora, en vez de apoyarla, le estaba insinuando que retirase la denuncia. «En ese momento se me cayó todo al suelo». «¿Qué mensaje te quedó de este encuentro con la directora?», pregunté. «Que estaba sola. Había estado sola mientras me pegaban y ahora estaba aún más sola todavía». Esa misma mañana tuvo una fuerte crisis de ansiedad que le impidió seguir con sus clases. Desde entonces estaba de baja laboral. Le devolví que no era extraño que le hubiera afectado, puesto que a la brutal agresión se habían sumado dos eventos traumáticos más: los gritos de Gonzalo y el desamparo en que la había dejado el centro.

Gloria me explicó que en las tres semanas desde la agresión se había sentido incapaz de salir sola a la calle, por el temor de encontrarse con el padre de Gonzalo. Exploré si había un riesgo real de que eso sucediera y me confirmó que sí: una compañera le había contado que el agresor estaba «rondando el colegio». Puesto que no había habido lesiones graves, la policía no había tramitado una orden de alejamiento. En casa, Gloria se encontraba mejor, pero tenía pesadillas con el incidente y momentos de *flashback*. Le costaba comer, se le había caído mucho pelo y se hallaba en un estado de intranquilidad constante. Pese a ello, en la escala de avance que le propuse (10, máxima tranquilidad; 1, cuando más intranquila había estado), se colocó en un 3. Aunque quedaba poco tiempo de sesión, opté por hacerle la Pregunta del milagro: «Imagínate que esta noche sucede una especie de milagro y te recuperas totalmente de lo sucedido, no como en la vida real, poco a poco y con esfuerzo, sino de repente, de forma milagrosa. ¿Qué te imaginas haciendo mañana por la mañana?». No le costó dar detalles de cómo sería su recuperación: su familia volvería a verla sonreír y reír en casa, volvería a pasear sin miedo por la ciudad, retomaría sus actividades de ocio, jugaría de nuevo con sus hijos y se habría reincorporado al trabajo «con confianza y sin miedo». Tras detallar qué efectos tendrían estas conductas y cómo reaccionarían a ellas sus familiares, amigos y compañeros de trabajo, cerramos la sesión.

En la devolución expliqué que su tremendo malestar era una reacción perfectamente normal a una situación doblemente anormal: ser agredida por el padre de un alumno y además ser abandonada por su centro. Confirmé que nuestro objetivo sería recuperar la tranquilidad, pero que sería un trabajo duro, por lo inesperado que había sido todo para ella y porque además interfería una situación de inseguridad objetiva: habitualmente le aconsejaría no evitar lugares asociados a la experiencia traumática, pero en su caso parte de esa evitación la estaba protegiendo. Expresé mi confianza en que, de todos modos, conseguiría recuperar su tranquilidad y su propia vida: su capacidad de «mantenerse en pie» ante el agresor y de «levantarse» tras el desafortunado encuentro con la directora decía mucho de su determinación y también de sus valores. Además, sus respuestas a la Pregunta del milagro evidenciaban que tenía muy claras todas las cosas de su vida que quería recuperar. Cerré proponiéndole que se planteara todas las noches las tres preguntas para una vida feliz y que estuviera atenta a todas las pequeñas señales de recuperación que viera en los próximos días. También le recomendé salir a la calle lo más posible, siempre sin descuidar su seguridad.

Sesiones posteriores

En la **segunda sesión**, una semana más tarde, Gloria reportó que estaba «haciendo un montón de cosas»: había vuelto a hacer manualidades en casa con los niños, había ido de excursión en barco con la familia y había retomado sus clases de yoga. «Cuando me hago las tres preguntas por la noche siempre encuentro más de tres cosas positivas», compartió, complacida.

En cuanto a la evitación, estaba saliendo más a la calle, pero ahora lo hacía sola, sin los hijos, «para poder escapar corriendo si me lo encuentro». No se había acercado al colegio y cuando los conocidos le preguntaban, evitaba el tema. No había novedades legales y estaba preocupada por cuándo saldría el juicio. Había reducido los psicofármacos que tomaba desde el incidente, pese a que seguía teniendo muchas pesadillas con la agresión.

Valorándolo todo globalmente en la escala, se veía en un 6. Cuando le pedí que me explicara cómo sería para ella el 7, me dijo que manejaría mejor las imágenes de la agresión, que aparecían a menudo. Eso me llevó a explorar cómo lo hacía ahora. Le ayudaba, en primer lugar, «darme cuenta de que me he ido a ese recuerdo» y después decirse a sí misma: «No, ahora no» y volver a centrarse en lo que estaba haciendo o en hacer algo nuevo. Pensé que esta solución probablemente no fuera del todo útil, ya que constituía una evitación cognitiva, así que le planteé: «De acuerdo, te dices "ahora no", y eso te sirve para seguir adelante en el día a día. ¿Cuál podría ser entonces el momento para decir "ahora sí", "ahora sí es el momento de *enfrentar* y terminar de *digerir* estos recuerdos tan malos"?». Reflexionó un momento y respondió que por la mañana o a primera hora de la tarde, cuando no estuvieran sus hijos.

Durante la pausa dudé por dónde seguir. Por una parte, veía el patrón de evitación, pero parecía peligroso animar a Gloria a acercarse al colegio. Por otro lado, parecía conveniente reprocesar las memorias de la agresión, pero descarté hacer un EMDR *online*. Decidí elogiar sus avances y su determinación de reducir la medicación y de seguir adelante con la denuncia. En cuanto a las memorias traumáticas, le propuse que dejara media hora para hacer el ejercicio del cine: imaginarse que entraba en una sala de cine confortable y segura y se sentaba en una butaca lo bastante alejada de una pantalla más bien pequeña a ver la película de la agresión, fijándose en todos los detalles como una espectadora cinéfila. Añadí que tal vez quisiera empezar viendo la película en blanco y negro y con el sonido más bien bajo. Cuando terminara la «película» debía levantarse y hacer alguna actividad agradable que tuviera ya preparada.

Diez días más tarde, en la **tercera sesión**, Gloria relató que había dormido peor y que seguía muy intranquila. No había noticias del juzgado y encima las compañeras que habían presenciado la agresión le había comunicado que no iban a declarar como testigos. Había hecho la tarea del cine todos los días, pero le había resultado «muy costosa». Se había sentido mal y los días en que la había hecho por la tarde había dormido peor. Empecé a pensar que la tarea no había funcionado, pero por si acaso pregunté: «¿Y cómo dirías que te han ayudado estas sesiones de "cine"?». Gloria me sorprendió: «Me han ayudado mucho. Me han hecho darme cuenta de que estaba atascada y que no puedo esperar a que me resuelvan las cosas. Tengo que pasar yo a la acción». Así que conversamos sobre qué sería «pasar a la acción» y concretamos sus planes de buscar un mejor asesoramiento legal y sindical.

En la escala había bajado a un 4 «en casa», ya que la tarea la había «descolocado», pero se mantenía entre un 8 y un 9 en las excursiones con la familia. Había vuelto a visitar Cabo de Gata, un lugar especial para ella y su pareja, donde por primera vez se había «vuelto a sentir Gloria». El 5 consistiría en estar tranquila en casa y en dar pasos en el terreno legal y sindical. La elogié por su persistencia con la tarea y le propuse seguir otras dos semanas, experimentando con pequeñas variaciones en la película y cerrando cada «sesión cinematográfica», una vez que hubiera bajado la ansiedad, con unas escenas de Cabo de Gata.

Gloria se mostró muy satisfecha en la **cuarta sesión**, dos semanas tarde. Se había «movido mucho» a nivel legal y sindical, se acababa de reincorporar al trabajo y el tema legal estaba encauzado, a la espera de la sentencia. Se sentía bien apoyada por su abogada y su procuradora. Había «ido al cine» durante varios días, hasta que dejó de tener pesadillas. En esos días, antes de volver a trabajar, se había visto en la disyuntiva de pasar junto al colegio precisamente a la hora de recoger a los niños o evitar un posible encuentro con su agresor dando un rodeo. «¿Qué decidiste?», le pregunté. «Me dije: "No voy a dar un rodeo. Yo no soy así. Aquí estoy y no me voy a dejar avasallar"». Y pasó junto al colegio. «¿Cómo pudiste hacer *eso*?», pregunté con admiración. «Es que soy muy tirada para adelante», replicó, orgullosa.

Puesto que las cosas estaban en un 8 en la calle y en un 9-10 en casa, acordamos cerrar la intervención. La felicité por todos sus avances y agradecí la oportunidad de ser testigo de su coraje moral y de sus valores cívicos. Le recordé que en el futuro podría pasar por algunas situaciones difíciles y también algún momento de aparente retroceso, pero expresé mi confianza en que en esos casos la Gloria «tirada para adelante» sabría cómo actuar. «Desde luego que sí», replicó, con una amplia sonrisa que llenó toda la pantalla.

9.2.3. Ruptura de pareja por infidelidad

No es fácil argumentar que la ruptura de pareja es un evento potencialmente traumático, puesto que por lo general no representa una amenaza a la vida o a la supervivencia de sí mismo o de otra persona cercana, algo que se suele considerar un requisito indispensable para hablar de trauma. Sin embargo, sí podemos señalar que constituye un evento altamente estresante que modifica la vida de las personas y que genera un claro quiebre narrativo en el que el antes y el después difieren ostensiblemente. Además, genera una crisis de desorganización que, para una buena parte de los afectados, tarda mucho tiempo en resolverse, a pesar de los esfuerzos de adaptación que la persona pueda emprender. Desde un punto de vista narrativo cabe señalar que, en la medida en la que en pareja se co-construye una identidad, la pérdida de la pareja supone también una fuerte amenaza a la identidad personal. Por todos estos motivos, no es de extrañar que ya Holmes y Rahe (1967) incluyesen el divorcio y la ruptura de pareja en el segundo y tercer lugar dentro de los eventos más estresantes que un ser humano puede enfrentar, luego de la muerte del cónyuge.

Por lo demás, muchos de los efectos de una ruptura de pareja son similares a las que se producen ante una experiencia traumática, como la alta intensidad emocional, la reexperimentación y las conductas de evitación de ciertos lugares o situaciones que provocan malestar al estar asociados a la experiencia de pareja o a los eventos ligados a la ruptura. Esto es aún mayor cuando la ruptura sobreviene tras alguna conducta que afecta fuertemente los valores, como una infidelidad, un acto violento, una acusación de abuso sexual o la comisión de otro delito.

Las emociones implicadas tienden a ser intensas y desagradables, como la tristeza, la rabia, la culpa, la vergüenza y los celos. Y la persona manifiesta carecer de herramientas para comprenderlas y regularlas, generando la sensación de pérdida de control y falta de esperanza de que en un futuro cercano dichas emociones amainen.

Por otro lado, la reexperimentación aparece a través de pensamientos rumiantes, imágenes intrusivas y pesadillas, que se pueden manifestar con relativa frecuencia, activadas por algunos eventos específicos, como alguna conversación, la lectura de un libro, caminar por una calle determinada, percibir un aroma relacionado con la expareja, o en el solo acto de rememorar, facilitado por la tristeza.

Urge, por tanto, intervenir sobre estas manifestaciones en paralelo al trabajo de la ruptura amorosa en sí, que requiere un trabajo similar al acompañamiento en procesos de duelo, entendiendo el duelo como una reacción emocional ante una pérdida significativa. El caso que describiremos a continuación trata de una mujer joven que convivía con su pareja hasta que descubrió que él le estaba siendo infiel. Tras la ruptura, el trabajo se centró en elaborar la pérdida, como en un proceso de duelo, pero en paralelo se la ayudó a disminuir el malestar y regular sus pensamientos intrusivos y pesadillas, que se habían instalado como protagonistas de su vivencia cotidiana desde el primer día tras el descubrimiento de la infidelidad.

Primera entrevista con Ofelia

Ofelia llegó a la **primera sesión** desbordada emocionalmente. Hacía pocos días había puesto a su pareja contra la pared tras descubrir claros indicios de infidelidad y él lo había reconocido. Ahora no sabía cómo actuar, si perdonarlo y seguir con él o si terminar esa relación que ya estaba haciendo aguas hacía varios años; esa indecisión la tenía paralizada y sufriendo improductivamente. El hecho de vivir juntos en una casa nueva recientemente adquirida la paralizaba aún más. Frente a sus manifestaciones de culpa ante la infidelidad («quizás lo descuidé», «no era suficientemente cariñosa con él», etc.), se le señaló que cada persona es responsable de sus propias conductas, que ella tendría que hacerse responsable de ese posible descuido y falta de cariño, pero que era él el único responsable de la infidelidad, pues ante el desgaste de la relación pudo haber hablado con ella, terminar con ella o seguir con ella siéndole infiel, y él había optado por esto último.

Como era imposible fijar objetivos para la terapia, dada la incertidumbre sobre lo que ocurriría con su vida en los próximos días, se plantearon objetivos para la sesión, preguntándole: «¿Qué tendría que ocurrir en esta sesión para que sintieras al irte que valió la pena venir a hablar conmigo hoy?». A lo que Ofelia contestó que necesitaba desahogar todo ese dolor que sentía e irse con alguna misión, algo que hacer que le ayudara a decidir. Luego de escuchar por un buen rato la descripción de la historia de la relación y los hechos que desencadenaron la crisis de hacía apenas algunos días, se le señaló que la decisión de terminar la podría tomar ella, pero la decisión de seguir tenía que tomarse en conjunto, por lo que se le invitó a hablar con él para clarificar los deseos de cada uno y de esa manera tener la información suficiente para tomar una decisión. La actitud fundamental tomada por el terapeuta en la primera sesión fue escuchar y validar a la consultante en su experiencia, incluyendo emociones y pensamientos negativos, e incitarla a que pasara a la acción.

Sesiones posteriores

En la **segunda sesión** Ofelia se mostró aún más desbordada. En la semana había hablado con su pareja para preguntarle qué quería y él le señaló que prefería terminar la relación, que ya no se sentía bien con ella y que había encontrado a otra mujer que sí valía la pena, por lo que se iría a vivir con ella. Entre las manifestaciones más intensas de esta semana estaban una fuerte angustia que apenas la había dejado dormir y pensamientos repetitivos que inundaban su cabeza, causándole malestar e impidiendo que se concentrara en otras tareas, como las relacionadas con su trabajo.

Los pensamientos negativos fueron abordados en las siguientes sesiones, primero pidiéndole que prestara atención a estos pensamientos, pues es probable que estuvieran transmitiendo algún mensaje que quizás era necesario escuchar. Para ello se le pidió que cada vez que apareciera un pensamiento negativo lo anotara en una libreta, de inmediato, sin esperar, para que luego lo que escribiera no se viera afectado por la pérdida de detalles por temas de memoria. Esta tarea tenía la intención, en primer lugar, de recopilar sus rumiaciones, para luego ser analizadas y conversadas en sesión. Un segundo fin era interrumpir la pauta de la rumiación; si la pauta original es pensar y luego sentirse mal, ahora se introducía en medio el acto de anotar, lo que eventualmente reduciría el malestar asociado. En tercer término, escribir lo que uno piensa o siente es una forma de regulación emocional, traducir la experiencia en palabras permite distanciarse de ella y analizarla con menos involucramiento emocional. Hay muchos estudios que muestran que la expresión escrita de nuestras emociones facilita su regulación, reduce el malestar y promueve el bienestar en quienes han estado expuestos a eventos altamente estresantes (Pennebaker, 2004).

En la **tercera sesión** se analizaron estas rumiaciones, muchas de ellas relacionadas con eventos vinculados a la infidelidad: «Me cortó la llamada y luego me llamó dos horas después para decirme que se le había descargado el teléfono», «llegó del partido sin signos de traspiración, y me explicó que no había corrido mucho», «vi facturas de almuerzo para dos personas y me había dicho que almorzó solo». Al reflexionar sobre las rumiaciones convenimos en que el mensaje que estaba detrás de ellas era: «Ofelia, mira, había señales, pero no las tomaste en cuenta; debes confiar más en tu intuición». Acordamos que la siguiente acción era escribir una *carta para no ser enviada* dirigida a su expareja, en la que podía expresar todas estas reflexiones, ordenando las ideas contenidas en sus rumiaciones. La finalidad de esta tarea era, por un lado, darles un orden y sentido a sus pensamientos negativos, reforzando la idea de que estos pensamientos están ahí para transmitir un mensaje. Por otro lado, esta carta permitiría su expresión emocional libre, en la medida en que una de las instrucciones era escribirla sin censura, diciendo todo lo que le viniera a la cabeza, pues su función no era entregarla sino más bien ordenar sus ideas, y solo en un segundo momento se definiría qué hacer con la carta.

A la **cuarta sesión** Ofelia llegó con la carta. Estos son algunos extractos: «Siempre has sido una persona cobarde, escondiéndote, mintiendo, sin atreverte a decir la verdad», «has cruzado la línea entre el egoísmo y la maldad; has actuado como una persona realmente mala», «nunca podrás llegar a ser feliz con nadie, pues usas a la gente y eres tan tonto que se dan cuenta». Pero las expresiones que más destacamos en sesión fueron aquellas que la hacían mirar hacia el aprendizaje, el fortalecimiento de sí misma y el futuro. Algunos ejemplos: «Pude vengarme de ti, hacerte daño, pero soy una mujer decente y digna», «nos diferencian nuestros principios, nuestras escalas de valores no son las mismas», «estar con una mujer a la que le va bien en su trabajo y es más inteligente que tú te hacía sentir inseguro», «ahora sé lo que no quiero para mi vida, y también sé lo que sí quiero, quiero estudiar, quiero recuperar a mis amigos, quiero conocer a personas nuevas, preocuparme de mí». Tras este ejercicio, las rumiaciones comenzaron a disminuir; a veces regresaban recuerdos, activados por alguna eventualidad, como un programa de televisión, una canción o la conversación con algún compañero de trabajo, en la que se tocaba el tema de la infidelidad o la desconfianza, pero estos pensamientos ya no la inundaban y al rato podía dejarlos atrás. La carta fue utilizada en un ritual que ella decidió hacer en una **sesión posterior**, en la que quemó en un cuenco una foto impresa de su expareja junto a la carta, y finalmente borró de su ordenador todas las fotografías que tenía junto a él.

En relación con los problemas de sueño de Ofelia, partimos con algunas indicaciones sobre higiene del sueño, en la que se conversaban con ella formas en las que podría actuar para mejorar su disposición a dormir, entre ellas, sacar el televisor de su dormitorio, trabajar exclusivamente en su escritorio y no en su cama y evitar beber o comer alimentos al menos una hora antes de acostarse. También se le enseñaron ejercicios de respiración diafragmática y se realizó en sesión un ejercicio de relajación muscular profunda, que se grabó en ese mismo instante en su móvil a fin de que pudiera escuchar el audio en su hogar, al acostarse, y así repetir el ejercicio. Estos cambios generaron una mayor cantidad de horas de sueño, pero no terminaron con las pesadillas, por lo que la disminución del malestar general y la angustia había que enfrentarlas con otras medidas adicionales.

Para disminuir el malestar, se le planteó **la tarea de la pequeña alegría** (Isebaert, 2005), en la que se le pidió que elaborara entre una semana y otra una lista de actividades que le provocaran aunque sea un mínimo agrado o bienestar. Entre las actividades que mencionó en la sesión siguiente estaban retomar el ejercicio físico, salir a caminar a un parque cercano, juntarse con su mejor amiga y cocinar algo rico. De todas las actividades señaladas se le pidió que eligiera una para realizar al día siguiente, otra para el siguiente y así hasta terminar la semana. Además, se le indicó que, si un día hacía más de una actividad, sería por iniciativa suya y no porque hubiera sido lo convenido en sesión. Esta tarea tenía la finalidad de ir generando en forma gradual emociones positivas que compensasen el malestar que sentía inicialmente, además de activarla a que haga cosas, una estrategia central a la hora de ayudarla a salir del desánimo provocado por la ruptura. Durante la semana se reunió con su mejor amiga y luego, en una reunión de tres con otra persona conocida que se agregó al grupo, se preparó su plato favorito en lugar de comer alimentos congelados, salió a caminar varias veces aprovechando el buen tiempo y, por último, se compró por internet unos accesorios deportivos que le permitirían hacer ejercicios en su propia casa. La combinación de esta actividad, sumada a los ejercicios de relajación y el trabajo con las rumiaciones respecto a la infidelidad, contribuyeron a que las pesadillas cesaran y a que en una escala de bienestar la consultante se situara en un 9.

9.2.4. Desastres naturales y traumatización

Los desastres naturales son eventos por lo general impredecibles, incontrolables, intensos y amenazantes, que afectan a un gran número de personas a la vez, por lo que constituyen innegables experiencias potencialmente traumáticas.

Eventos como los terremotos y aluviones son difíciles de predecir, a diferencia de tsunamis, huracanes o erupciones volcánicas, que en la mayoría de los casos dan un aviso previo que permite reaccionar con algo de tiempo. En el caso de los terremotos, estos siempre toman por sorpresa, su duración es breve, de gran intensidad y de un poder destructivo inigualable, generando un fuerte sentimiento de indefensión, ansiedad e incertidumbre en los afectados. A su vez, las constantes réplicas crean las condiciones para la reexperimentación de las emociones y recuerdos iniciales.

Frente a un desastre natural, las rutinas individuales se ven alteradas por tiempo indeterminado. Los planes y proyectos formulados con anterioridad y el estilo de vida que se ha llevado hasta el momento deben cambiar como consecuencia del desastre. Surge la fuerte necesidad de adaptarse a este cambio y al parecer no todos están preparados para hacerlo.

Un desastre natural rompe creencias básicas acerca de la propia invulnerabilidad, la creencia de que la vida tiene un sentido y la creencia de que los sucesos son ordenados, predecibles y controlables. Las víctimas de catástrofes creen menos en que el mundo tiene sentido y pierden la ilusión de control, aun cuando con el paso del tiempo la mayoría de las personas termina por readaptarse.

Los desastres naturales presentan dos diferencias fundamentales que los distinguen de otros eventos potencialmente traumáticos, como un asalto, una violación, un abuso sexual, un accidente o una enfermedad catastrófica. La primera es que el daño no está provocado por terceras personas a quienes culpar por lo ocurrido; esto ayuda a que por lo general no se cuestionen creencias básicas relacionadas con los demás, como la confianza para pedir ayuda o la tranquilidad de que las personas que se cruzan por el camino no querrán hacerle daño. Sin embargo, en muchas ocasiones, tras un desastre natural sobrevienen conductas que pueden llegar de todas maneras a quebrar estos supuestos, como los saqueos de la población a negocios y hogares o el abandono o tardanza de las autoridades para ofrecer ayuda.

La segunda diferencia es lo masivo de estos eventos, por lo que es fácil encontrarse con pares que puedan haber pasado por una experiencia similar, lo que permite sentirse comprendido y escuchado por los otros. Esto facilita el compartir social de la emoción, el apoyo social mutuo y la participación comunitaria en acciones destinadas a cuidarse, protegerse o exigir responsabilidades o acciones por parte de las autoridades.

Carolina es una joven profesional que realizaba trabajos voluntarios de ayuda a la comunidad, junto a su pareja, en una pequeña villa de pescadores. El terremoto que sobrevino casi le cuesta la vida, pues la mayoría de las precarias construcciones se vino al suelo y luego el tsunami hizo desaparecer la villa arrastrando hasta el mar a personas, animales y casas. Por fortuna, la mayor parte de los habitantes logró refugiarse en un cerro aledaño solo minutos después del terremoto, por lo que lograron sobrevivir, entre ellos Carolina y su pareja. Tras el desastre, pasaron varios días rescatando lo poco que se había salvado, ayudando a las otras personas e iniciando una reconstrucción que se vislumbraba agotadora. Ante este escenario, Carolina decidió volver a la casa de sus padres mientras su novio se quedó en la villa participando en la reconstrucción.

Ya en la ciudad y junto a sus padres, se sentía una extranjera, pues en la capital apenas habían sentido el seísmo y la vida parecía seguir igual que siempre, mientras la de ella había cambiado y ya no sería la misma. Entonces pasaba horas y horas conectada a internet revisando vídeos y noticias de la tragedia o llamando a sus conocidos en la zona afectada, pero en su hogar nadie parecía entenderla. Le recriminaban que no se distrajera con otras cosas y la calificaron de obsesiva por su excesiva preocupación. Y mientras en la capital poco a poco la gente se desentendía y el desastre dejaba de ser noticia, ella se iba sintiendo más y más aislada y poco comprendida. Pronto comenzó con malestares aún más intensos, pesadillas, miedo constante y un profundo sentimiento de soledad. Tres meses después, sintiéndose incapaz de ocuparse de sus estudios, decidió ir a terapia.

En la **primera sesión**, se le permitió que contara toda su experiencia durante el terremoto y después de él. Si bien los primeros días pudo compartir su experiencia con los demás afectados, en la capital pocos parecían estar interesados en escucharla. En otras palabras, tenía mucho que contar pero no tenía audiencia para hacerlo. En ese sentido, el contexto psicoterapéutico le permitió narrar su historia y luego recontarla en forma cada vez más enriquecida, producto de las conversaciones que se establecían en psicoterapia, que la hacían reflexionar, valorar sus propias acciones y abrir un sinfín de posibilidades. Tras la primera sesión, se le pidió una tarea consistente en evaluar qué cosas habían cambiado en su vida tras el terremoto y qué cosas se mantenían. En la **segunda** y **tercera sesión** se profundizó más en su experiencia, centrando la conversación principalmente en discriminar cómo la había afectado el terremoto y en qué querría ser apoyada. Algunos indicadores de cambio exitoso acordados fueron que ella quería dejar de sentirse sola, luego redefinido como sentirse más acompañada, y lograr dormir tranquila como hacía antes del terremoto. Se reencuadraron estos problemas como consecuencia de haber vivido un hecho extremo que pocas personas son capaces de entender (sentirse sola) y por la necesidad de estar alerta (insomnio de conciliación) y de procesar una experiencia que no es fácil de comprender (pesadillas). Se solicitó una tarea de autorregistro para evaluar la intensidad de sus dificultades, su significado, además de los pensamientos, sensaciones y acciones asociadas.

En las **siguientes tres sesiones** se trabajó principalmente en la reducción de su malestar, a través de ejercicios de relajación y meditación que le permitieran un sueño más reparador. Además se desarrollaron actividades y conversaciones destinadas, por un lado, a extraer recursos de experiencias anteriores y utilizarlos para enfrentar sus dificultades presentes y, por otro, a reescribir su experiencia de afrontamiento del terremoto, para que fuese capaz de reconocer qué había hecho para sobrevivir y qué aprendizajes había obtenido de ello. En este último ejercicio recordó cómo fue capaz de ayudar a otras familias, trasladar agua, aplicar primeros auxilios a un herido y jugar con niños para distraerlos, lo que permitió modificar su creencia de que no había sido capaz de reaccionar durante el evento y de que había huido de la villa en lugar de quedarse a ayudar.

En las **últimas dos sesiones** se buscó principalmente que fuera capaz de contactarse con personas cercanas para expresar su experiencia. Se le pidió, en primer lugar, que eligiera a alguien de su familia que ella creía que estuviese interesada en escucharla, y eligió a una prima que era una de sus mejores amigas. También se le pidió que se reuniera con otras personas que habían estado expuestas al terremoto y que ya estaban de regreso en la capital, entre ellos, su novio. A través de esta experiencia se fue reduciendo su necesidad de compartir su experiencia, su miedo y sus preocupaciones. Sentía que podía y quería hacerlo, pero ya no le resultaba imperativo. Ya estaba durmiendo mejor y dejaba de pensar continuamente en lo sucedido, lo que facilitó además que pudiera prestar más atención a sus estudios y recuperar su rendimiento habitual.

En la **sesión de seguimiento**, Carolina estuvo tranquila, sonriente, agradecida y con ganas de retomar otros aspectos de su vida. Se conversó sobre las áreas que no habían sido afectadas por su experiencia y cómo había hecho para dejarlas al margen. En esta sesión fue posible también sostener conversaciones orientadas al futuro y lo que haría de ahí en adelante con su vida.

9.2.5. Retraumatización

Uno de los experimentos más conocidos de Gross (1998) consistió en exponer a estudiantes de medicina de primer año a un vídeo que contenía escenas claramente repugnantes y que mostraba procedimientos médicos invasivos, tejidos y fluidos humanos. Se dividió a los estudiantes en tres grupos. Al primero de ellos no se le dijo nada antes de mostrarle el vídeo, al segundo se le dijo que tenía que suprimir toda expresión de emoción, al tercer grupo se le pidió que mirara el vídeo como un profesional, es decir, analizando el procedimiento médico utilizado e identificando los respectivos tejidos y fluidos. Tras terminar la exhibición se analizaron las grabaciones de los rostros de los estudiantes para determinar, a través de sus gestos, quiénes habían expresado más asco. El primer lugar correspondió al grupo de estudiantes a quienes no se les dijo nada, seguido de lejos por quienes miraron el vídeo con la instrucción de analizar sus componentes, y finalmente el de aquellos a quienes se les pidió que no mostraran ninguna expresión (quienes, obviamente, fueron los que menos asco mostraron en su rostro). Después se les preguntó cuánta repugnancia habían sentido; los que vieron el vídeo sin más señalaron que sintieron mucho asco, seguidos de cerca de quienes suprimieron la expresión de la emoción, y más lejos se ubicaban quienes analizaron el vídeo con distancia profesional. En paralelo, se midió fisiológicamente el sufrimiento emocional, a través de sensores cardiacos, temperatura de la piel y la conductancia cutánea, siendo el tercero de ellos el indicador más fiel del nivel de estrés ante la exhibición del vídeo. Los resultados mostraron que quienes más sufrieron fueron los que suprimieron su emoción, seguidos de cerca de los estudiantes a quienes no se les dio instrucción, y muy de lejos y con mucho menos sufrimiento por los que analizaron el vídeo con distancia profesional.

Una mala lectura del estudio nos puede decir que frente a un acontecimiento altamente estresante hay que expresar y no suprimir. Esto podría llevar al clínico a forzar a la persona a narrar su experiencia aunque no se sienta preparada aún para hacerlo, usando metáforas provocadoras como «no hay que esconder la basura debajo de la alfombra» o «si no liberamos presión, la olla puede estallar» y obligando a la persona a narrar los hechos sin estar preparada, desbordándose emocionalmente y activando pensamientos e imágenes intrusivas que refuerzan su falta de control absoluto de la situación. En el experimento mencionado, los que expresaron su emoción sin más estuvieron muy cerca de los niveles de repugnancia manifiesta y de los indicadores fisiológicos del malestar de quienes suprimieron su emoción.

Una lectura más profunda del experimento nos dice que quizás la persona pueda narrar su mala experiencia, pero que eso ocurrirá cuando logre tomar cierta distancia de ella, de forma que pueda elaborar un relato coherente, ordenado, con control de sus emociones y pensamientos. Quizás por ello los procedimientos utilizados para el trabajo del trauma que implican cierto nivel de disociación controlado en la exposición a la experiencia han obtenido buenos resultados, como son el uso de la defusión cognitiva, la externalización del problema, la hipnosis, ejercicios de *mindfulness* que invitan a observar la experiencia y el EMDR.

En otras palabras, afirmamos que una exposición inadecuada o extemporánea a los recuerdos del trauma puede generar una retraumatización, como lo que ocurre cuando la persona es obligada a exponer con todo detalle un relato de una experiencia de abuso sexual, violación, asalto o tortura. Esta obligación se da, por ejemplo, cuando existen instancias que requieren esa descripción pormenorizada para evaluar el nivel de daño o tomar decisiones jurídicas o de protección, como órdenes de alejamiento, detenciones o vigilancia. Debemos entender que en estos casos el fin no es terapéutico, y ante el riesgo de generar esta retraumatización se hace necesario que la persona que reciba el relato muestre al menos las siguientes actitudes: decidida disposición a escuchar activamente, mostrar una actitud que manifieste que le cree y que no está desconfiando, transmitir a la persona que será cuidada y por lo tanto no será expuesta a condiciones que le produzcan un dolor que no podrá manejar y que tras dicho relato se generen instancias de ayuda que le reflejen que volver a contar lo que le ocurrió no ha sido en vano y que algo se hará para protegerla.

El caso que mostraremos a continuación es el de una adolescente que, tras desvelar haber sufrido abuso sexual por parte de su abuelo materno, fue apoyada inmediatamente por sus padres y por su abuela materna (quien expulsó al abuelo del hogar), pero que sufrió una fuerte retraumatización institucional. En efecto, cuando se hizo la denuncia en los tribunales, estos demoraron en citarla, luego concurrió a un examen físico sumamente invasivo en el servicio médico legal y finalmente fue entrevistada por una perito psicológica y una detective que le hicieron repetir el relato varias veces, lo que la afectó mucho emocionalmente. Además, inicialmente no se hizo apenas nada para que la persona responsable respondiera por sus actos, pese a existir otras acusaciones de abuso sexual en su contra. El desarrollo de síntomas postraumáticos fue en aumento con cada acción judicial, generando mucha disrupción intrafamiliar, con escenas de violencia contra sus hermanas o contra sí misma y aislamiento social. Fue en ese momento que concurrió a terapia psicológica.

En psicoterapia la actitud que encontró fue distinta a la experiencia que había tenido en el ámbito judicial, se le escuchó con atención y respeto, se le indicó que podía contar lo que quisiera y al ritmo que ella decidiera, sin obligarla a narrar algo si no se sentía preparada para hacerlo. Además, se le demostró que se le creía, que no necesitaba pruebas y que se le apoyaría desde esa convicción. Ella reaccionó positivamente ante este encuadre, decidió contar algunas cosas de su vida actual, de la relación con sus padres y hermanas y su rendimiento en la escuela, que había bajado respecto a lo que era antes, pero aun así estaba aprobando todas sus asignaturas. Se le preguntó cómo había logrado mantener una buena relación con su familia y un rendimiento suficiente en el colegio a pesar de lo que le había ocurrido. Habló entonces del apoyo de su madre, del amor que sentía por sus hermanas, menores que ella, y de cómo intentaba prestar atención a las clases a pesar de que eran online debido a la pandemia por COVID-19. Se la elogió por estos logros y se la felicitó por contar con una familia tan presente, lo que además se transmitió a los padres cuando se les hizo pasar a la oficina.

Entre las manifestaciones de malestar que la muchacha mencionó estaban sus pesadillas, el miedo a quedarse sola, la angustia al pensar en la posibilidad de volver a la casa de la abuela, el enojo que la invadía a veces sin motivo y que le hacía reaccionar mal con las hermanas. Cada una de estas manifestaciones fue abordada de modo que finalmente logró dormir en forma tranquila y en su propio dormitorio, visitó a su abuela acompañada de su madre y aprendió algunas estrategias que le permitieron la regulación emocional, como la respiración diafragmática y el *grounding*. El trabajo con las preguntas de escala permitió ir obteniendo un *feedback* preciso de sus avances y también ir creando con ella metas y pasos intermedios.

A la fecha, ha mejorado su rendimiento en el colegio, las relaciones familiares son más gratas y fluidas, y el tema del abuso sexual es secundario respecto a otras cosas de las que quiere hablar, tanto en su hogar como en la terapia, más centrada en preocupaciones propias de la adolescencia. En el ámbito jurídico, el proceso sigue en curso, el abuelo no ha sido condenado, pero sí se logró una orden de alejamiento. La ausencia de pruebas físicas da un mal augurio sobre el resultado del proceso, pero no ha mermado el apoyo de sus padres, de su abuela y del sistema terapéutico que la ha acompañado durante todo este tiempo. Los padres, consultados al respecto, reconocen y agradecen los cambios que se han presentado y que les han significado un alivio al altísimo estrés que vivieron en los primeros momentos, y continúan dispuestos a seguir apoyando, escuchando y reaccionado con paciencia y amor con su hija.

9.3. Dificultades especiales para los terapeutas: terapia con traumas y autocuidado

Trabajar con supervivientes de experiencias traumáticas es muy reconfortante porque permite ser testigo privilegiado de conmovedoras historias de resiliencia, esperanza y superación personal, pero también puede generar un importante desgaste. Los terapeutas con un alto volumen de casos de este tipo corren el riesgo de sufrir *burn-out* profesional e incluso desarrollar síntomas de traumatización secundaria, especialmente si trabajan con víctimas de violencia interpersonal: ansiedad generalizada, depresión, rumiaciones sobre las experiencias traumáticas escuchadas, pérdida del sentido del humor, pérdida de confianza en la especie humana, pesadillas, sueños de venganza, etc. Estos síntomas son más probables si la propia terapeuta es una superviviente de alguna experiencia traumática similar a aquellas con las que está trabajando (Dolan, 1991).

Conviene, por tanto, que los terapeutas que dedican una parte importante de su actividad profesional a los supervivientes de experiencias traumáticas tomen algunas medidas de prevención y autocuidado:

- Si la terapeuta trabaja con supervivientes de violencia interpersonal la primera cuestión que se ha de considerar es la **seguridad** de la propia profesional (Walker, 1994). ¿Hay riesgo de que el marido celoso que atacó a la consultante aparezca en la consulta para agredir a la mujer o a la terapeuta que la está apoyando? Si se está trabajando con víctimas de criminales, ¿qué riesgo hay de que ataquen a la terapeuta? Es fundamental que la terapeuta *esté* segura y se *sienta* segura. La confidencialidad de la intervención lógicamente contribuye a la seguridad, pero a veces habrá que ir más allá, tomar medidas de protección personal (sistema de alarma en el despacho, cámaras de seguridad) y recabar el apoyo de las autoridades.

- También conviene seguir unas normas de «higiene profesional» básicas, que permitan mantener un límite protector entre la esfera profesional y la privada (Dolan, 1991). Para ello son útiles estrategias sencillas como cambiar de ropa al llegar a casa o generar rituales de transición para remarcar que el trabajo ha terminado y empieza el ocio o la vida familiar. Esto es especialmente importante cuando la psicoterapia se hace *online* desde el domicilio del propio terapeuta.
- Atender exclusivamente casos de supervivientes de un trauma puede suponer una carga excesiva para casi cualquier profesional. Mantener el foco sobre las soluciones, sobre los recursos y las fortalezas de los consultantes, reduce en cierta medida el impacto de enfrentarse a historias muchas veces dramáticas. Pero aun así recomendamos mantener una carga de casos equilibrada, combinando los supervivientes de experiencias traumáticas con otro tipo de casos.
- La supervisión, que siempre es importante y que también puede hacerse de forma centrada en soluciones (Thomas, 2015), lo es aún más cuando se trabaja con personas que han sobrevivido a un trauma. De hecho, el espacio de supervisión puede también ayudar a manejar los posibles temas personales que esté removiendo la exposición vicaria a experiencias traumáticas. En este sentido, buena parte de las tareas que hemos ido comentando en este libro son también potencialmente útiles como autoterapia del profesional.
- El trabajo en red con otros profesionales y la supervisión entre iguales también permiten sobrellevar mejor la posible carga: por un lado, proporcionan apoyo emocional (el compartir temores y frustraciones con otros profesionales; expresar la ira o la perplejidad) y, por otro, permiten compartir recursos e ideas para la terapia.
- Finalmente, es muy importante que los terapeutas se cuiden a sí mismos no solo para ser modelos de un estilo de vida saludable para sus consultantes (Dolan, 1991), sino sobre

todo para mantener su equilibrio personal. Hacer ejercicio regular, cuidar la alimentación y las horas de sueño, no trabajar en exceso y dedicar tiempo a la familia y a los amigos, recrearse en los momentos de belleza y disfrutar los pequeños placeres cotidianos son ingredientes tan importantes para los terapeutas como para sus consultantes. En palabras de Yvonne Dolan:

A veces ayuda poner las cosas en perspectiva recordando que cada uno de nosotros solo dispone de un tiempo limitado en esta tierra. ¿Qué es lo verdaderamente importante en cuanto a cómo gastamos nuestro tiempo? Si puedes hacer algo saludable que te haga estar feliz de estar vivo o sentirte un poco más cuidado, hazlo. Lo mereces. (Dolan, 1991, p. 223)

Referencias

Arteaga, A., Fernández-Montalvo, J. y López-Goñi, J. J. (2015). Prevalence and differential profile of patients with drug addiction problems who commit intimate partner violence. *The American Journal on Addictions* 24(8), 756-764.

Asmundson, G. J. G., Coons, M. J., Taylor, S. y Katz, J. (2002). PTSD and the experience of pain: Research and clinical implications of shared vulnerability and mutual maintenance models. *Canadian Journal of Psychiatry, 47*, 930-937.

Aulagnier, M., Verger, P. y Rouillon, F. (2004). [Efficiency of psychological debriefing in preventing post-traumatic stress disorders]. *Revue d'Epidemiologie et de Sante Publique, 52*(1), 67-79.

Avilés, P., Cova, F., Bustos, C. y García, F. (2014). Afrontamiento y rumiación frente a eventos adversos y crecimiento postraumático en estudiantes universitarios. *Liberabit, 20*(2), 281-292.

Bannink, F. (2014). *Post traumatic success: Positive psychology & solution-focused strategies to help clients survive & thrive.* W. W. Norton & Co.

Barcons, C., Cunillera, O., Miquel, V., Ardevol, I. y Beyebach, M. (2016). Effectiveness of Brief Systemic Therapy versus Cognitive Behavioral Therapy in routine clinical practice. *Psicothema, 28*(3), 298-303.

Barkham, M., Margison, F., Leach, C., Lucock, M., Mellor-Clark, J., Evans, C. ... McGrath, G. (2001). Service profiling and outcomes benchmarking using the CORE-OM: Toward practice-based evidence in the psychological therapies. *Journal of Consulting & Clinical Psychology, 69*(2), 184-196.

Barlow, D. H., Farchione, T. J., Bullis, J. R., Gallagher, M. W., Murray-Latin, H., ... Casseillo-Robbins, C. (2017). The unified protocol for transdiagnostic treatment of emotional disorders compared with diagnosis-specific protocols for anxiety disorders. *JAMA Psychiatry,* *74*, 875-884.

Barrett, D. (ed.) (1996). *Trauma and dreams.* Cambridge, MA: Harvard University Press.

Barudy, J. (1998). *El dolor invisible de la infancia. Una lectura ecosistémica del maltrato infantil.* Barcelona: Paidós.

Bateson, G. (1936). *Naven.* Stanford, CA: Stanford University Press.

Bateson, G., Jackson, D. D., Haley, J. y Weakland, J. (1956). Towards a theory of schizophrenia. *Systems Research and Behavioral Science 1*(4), 251-264. doi: 10.1002/bs.3830010402

Beaudoin, M. (2005). Agency and choice in the face of trauma: A narrative therapy map. *Journal of Systemic Therapies, 24,* 32-50.

Becvar, D. S. (ed.). (2013). *Handbook of family resilience.* Nueva York: Springer.

Beierl, E., Böllinghaus, I., Clark, D., Glucksman, E. y Ehlers, A. (2020). Cognitive paths from trauma to posttraumatic stress disorder: A prospective study of Ehlers and Clark's model in survivors of assaults or road traffic collisions. *Psychological Medicine, 50*(13), 2172-2181. doi:10.1017/S0033291719002253.

Berger, R. y Weiss, T. (2009). The Posttraumatic Growth Model: An expansion to the family system. *Traumatology, 15*(1), 63-74.

Beristain, C. (1999). Afirmación y resistencia. La comunidad como apoyo. En: P. Pérez-Sales (ed.). *Actuaciones psicosociales en guerra y violencia política* (pp. 55-68). Madrid: Ex-libris.

Bertalanffy, L. V. (1968). *General systems theory.* Nueva York: Braziller.

Beyebach, M. (2006). *24 ideas para una psicoterapia breve.* Barcelona: Herder.

Beyebach, M. (2009). Integrative brief solution-focused therapy: A provisional roadmap. *Journal of Systemic Therapies, 28*(3), 18-35.

Beyebach, M. (2014). Change factors in Solution-focused Brief Therapy: A review of the Salamanca studies. *Journal of Systemic Therapies, 33*(1), 62-77.

Beyebach, M. (2015). Prólogo. En: F. García y H. Schaefer, *Manual de técnicas de psicoterapia breve: Aportes desde la terapia sistémica* (pp. 13-23). Santiago, Chile: Mediterráneo.

Beyebach, M. y Herrero de Vega, M. (2006). La tiranía del «paradigma de la especificidad». Algunas reflexiones críticas sobre factores comunes y procedimientos específicos en psicoterapia. En: L. Botella (comp.), *Construcciones, narrativas y relaciones. Aportaciones constructivistas y construccionistas a la psicoterapia* (pp. 269-298). Barcelona: Edebé.

Beyebach, M. y Herrero de Vega, M. (2010). *200 tareas en terapia breve.* Barcelona: Herder.

Beyebach, M., Neipp, M. C., Martín del Río, B. y Solanes Puchol, A. (2021). Bibliometric differences between WEIRD and non-WEIRD countries in the outcome research on Solution-focused Brief Therapy. *Frontiers in Psychology*, 12:754885. doi: 10.3389/fpsyg.2021.754885.

Beyebach, M. y Rodíguez Morejón, A. (1999). Some thoughts on integration in solution-focused therapy. *Journal of Systemic Therapies*, *18*(1), 24-42.

Bisson, J. I., Berliner. L., Cloitre, M., Forbes, D., Jensen, T., Lewis, C. ... y Shapiro, F. (2020). *ISTSS PTSD prevention and treatment guidelines: Recommendations*. En: D. Forbes, J. I. Bisson, C. M. Monson y L. Berliner (eds.), *Effective treatments for PTSD. Practice guidelines from the International Society for Traumatic Stress Studies*, 3.ª ed. (pp. 109-114). Nueva York: Guilford Press.

Bogat, G. A., DeJonghe, E., Levendosky, Davison, W. S. y von Eye, A.f (2006). Trauma symptoms among infants exposed to intimate partner violence. *Child Abuse and Neglect, 30*, 109-125. doi: https://doi.org/10.1016/j.chiabu.2005.09.002.

Bonanno, G. (2004). Loss, trauma and human resilience. *American Psychologist, 59*, 20-28.

Bond, C., Woods, K., Humphrey, N., Symes, W. y Green, L. (2013). The effectiveness of solution focused brief therapy with children and families: A systematic and critical evaluation of the literature from 1990–2010. *J. Child Psychol. Psychiatry, 54*, 707-723. doi: https://doi.org/10.1111/jcpp.12058.

Borsboom, D., Cramer, A. O. J., Schmittmann, V. D., Epskamp. S. y Waldop, L. J. (2011). The small world of psychopathology. *PLOS ONE, 6*(11), e27407.

Bozo, O., Gundogdu, E. y Buyukasik-Colak, C. (2009). The moderating role of different sources of perceived social support on the dispositional optimism—posttraumatic growth relationship in postoperative breast cancer patients. *Journal of Health Psychology, 14*, 1009-1020.

Brewin, C., Dalgleish, T. y Joseph, S. (1996). A dual representation theory of posttraumatic stress disorder. *Psychological Review, 103*(4), 670-686.

Brown, T. A. y Barlow, D. H. (2009). A proposal for a dimensional classification system based on the shared features of the DSM-IV anxiety and mood disorders: Implications for assessment and treatment. *Psychological Assessment, 21*(3), 256-271.

Bullen, E. (2015). Narrative therapy outcomes for women who have experienced domestic violence. *International Journal of Narrative Therapy & Community Work, 3*, 13-26.

Brunzell, T., Stokes, H. y Waters, L. (2016). Trauma-informed positive education: Using positive psychology to strengthen vulnerable students. *Contemporary School Psychology, 20*, 63-83

Burke, N. (2018). *The deepest well: healing the long-term effects of childhood trauma.* Boston: Houghton Mifflin Harcourt.

Calhoun, L. G., Cann, A., Tedeschi, R. G. y McMillan, J. (2000). A correlational test of the relationship between posttraumatic growth, religion, and cognitive processing. *Journal of Traumaric Stress, 13*, 521-527.

Cann, A., Calhoun, L. G., Tedeschi, R. G., Triplett, K., Vishnevsky, T. y Lindstrom, C. (2011). Assessing posttraumatic cognitive processes: The Event Related Rumination Inventory. *Anxiety, Stress & Coping, 24*, 137-156.

Cano-García, F., Rodríguez-Franco y García-Martínez, J. (2007). Adaptación Española del Inventario de Estrategias de Afrontamiento. *Actas Españolas de Psiquiatría, 35*(1), 29-39.

Cantwell, P. y Holmes, S. (1994). Social Construction: A paradigm shift for systemic therapy and training. *Aust. N. Z. J. Fam. Ther. 15*, 17-26. doi: 10.1002/j.1467-8438.1994.tb00978.x.

Capacchione, L. (1979). *The creative journal: The art of finding yourself.* Athens, OH: Swallow Press.

Carr, A., Hartnett, D., Brosnan, E. y Sharry, J. (2016). Parents Plus systemic, solution-focused parent training programs: Description, review of the evidence-base, and meta-analysis. *Fam. Process, 56*, 652-668. doi: https://doi.org/10.1111/famp.12225.

Carver, C. S., Scheier, M. F. y Segerstrom, S. C. (2010). Optimism. *Clinical Psychology Review, 30*, 879-889.

Charles, R. (2008). *Soluciones para padres y parejas.* México, DF: Cree-Ser.

Chilcoat, H. D. y Breslau, N. (1998). Posttraumatic stress disorder and drug disorders: Testing causal pathways. *Archives of General Psychiatry. 55*, 913-917.

Choi, J. J. (2019). A microanalytic case study of the utilization of 'solution-focused problem talk' in solution-focused brief therapy. *The American Journal of Family Therapy, 47*, 244-260.

Chorpita, B. F. W. y Weisz, J. R. (2009). *MATCH-ADTC: Modular Approach to Therapy for Children with Anxiety, Depression, Trauma, or Conduct Problems.* Satellite Beach, FL: PracticeWise.

Chow, E. O. (2018). Narrative group intervention to reconstruct meaning of life among stroke survivors: A randomized clinical trial study. *Neuropsychiatry, 8*(4), 1216-1226

Ciarrochi, J., Parker, P., Kashdan, T. B., Heaven, P. C. L. y Barkus, E. (2015). Hope and emotional well-being: A six-year study to distinguish antecedents, correlates and consequences. *The Journal of Positive Psychology, 10*(6), 520-532.

Cloitre, M., Cohen, Z. y Schnyder, U. (2020). Bulding a Science of Personalized Interventions for PTSD. En: D. Forbes, J. I. Bisson, C. M. Monson y L. Berliner (eds.), *Effective Treatments for PTSD. Practice Guidelines from the International Society for Traumatic Stress Studies* (pp. 451-468). Nueva York: Guilford Press.

Coan, J. A., Schaefer, H. S. y Davidson, R. J. (2006). Lending a hand. Social regulation of the neural response to threat. *Psychological Science, 17*, 1032-1039.

Collins, L. M., Murphy, S. A. y Strecher, V. (2007). The multiphase optimization strategy (MOST) and the sequential multiple assignment randomized trial (SMART): New methods for more potent eHealth interventions. *American Journal of Preventive Medicine, 32*, 112-118.

Concha, P., García, F. y Beyebach, M. (en revisión). *Terapia sistémica breve en personas expuestas a un evento altamente estresante reciente: Un ensayo controlado aleatorizado.*

Connie, E. (2013). *Solution building in couples therapy.* Nueva York: Springer.

Creswell, C., Violato, M., Fairbanks, H., White, E., Parkinson, M., Abitabile, G., ... Cooper, P. J. (2017). Clinical outcomes and cost-effectiveness of brief guided parent-delivered cognitive behavioural therapy and solution-focused brief therapy for treatment of childhood anxiety disorders: A randomized controlled trial. *The Lancet. Psychiatry, 4*, 529-539. doi: https://doi.org/10.1016/S2215-0366(17)30149-9.

Csikszentmihalyi, M. (1997). *Finding Flow: The psychology of engagement with everyday life.* Basic Books.

Cuijpers, P., Veen, S., Sijbrandij, M., Yoder, W. y Cristea, I. A. (2020). Eye movement desensitization and reprocessing for mental health problems: A systematic review and meta-analysis. *Cognitive Behaviour Therapy, 49*(3), 165-180. doi: https://doi.org/10.1080/16506073.2 019.1703801.

Davis, C. G. y Nolen-Hoeksema, S. (2009). Making sense of loss, perceiving benefits, and posttraumatic growth. En: S. J. López y C. R. Snyder (eds.), *The Oxford handbook of Positive Psychology*, 2.ª ed. (pp. 641-649). Nueva York: Oxford University Press.

de Shazer, S. (1988). *Clues. Investigating solutions in brief therapy.* Nueva York: Norton.

de Shazer, S. (1991). *Putting difference to work*. Nueva York: Norton.

de Shazer, S. (1994). *Words were originally magic*. Nueva York: Norton.

de Shazer, S., Berg, I. K., Lipchik, E., Nunnally, E., Molnar, A., Gingerich, W. y Weiner-Davis, M. (1986). Brief therapy: Focused solution development. *Family Process, 25*, 207-221.

de Shazer, S., Dolan, Y., Korman, H., McCollum, E., Trepper, T. y Berg, I. K. (2007). *More than miracles: The state of the art of solution-focused brief therapy*. Nueva York: Haworth Press.

Dellucci, H. y Bertrand, C. (2012). Le collage de la famille symbolique et approche narrative: Une voie alternative pour constituer un lien d'attachement et une identité en lien avec les valeurs existentielles. *Thérapie Familiale, 4*(4), 337-355.

Dellucci, H. (2016). Chapitre 19. Dissociation et traumatismes transgénérationnels: Trouver du sens dans le non-sens, en prenant en compte ce qui nous dépasse... En: J. Smith (ed.), *Psychothérapie de la dissociation et du trauma* (pp. 240-260). Malakoff: Dunod.

Dellucci, H. y Tarquinio, C. (2015). L'EMDR – Eye movement desensitization and reprocessing – au service de la thérapie systémique. *Cahiers Critiques de Thérapie Familiale et de Pratiques de Réseaux, 2*(2), 59-90.

Denborough, D. (2008). *Collective Narrative Practice: Responding to individuals, groups and communities who have experienced hardship*. Adelaida: Dulwich Centre Publications.

DeWolfe, D. J. (2000) *Training manual for mental health and human service workers in major disasters*, 2.ª ed. Rockville, MD: Substance Abuse and Mental Health Services Administration.

Dolan, Y. (1991). *Resolving sexual abuse: Solution-Focused Therapy and Ericksonian Hypnosis for adult survivors*. Nueva York: Norton.

Dolan, Y. (2000). *Beyond survival. Living well is the best revenge*. Londres: BT Press.

Dubi, M., Powell, P. y Gentry, J. E. (2017). *Trauma, PTSD, grief & loss. The 10 core competencies for evidence-based treatment*. Eau Claire, WI: PESI Publishing & Media.

Duncan, B. L. y Sparks, J. A. (2018). *The partners of change outcome management system: An integrated eLearning manual for everything PCOMS*. West Palm Beach, FL: Better Outcomes Now.

Dunn, E. C., Wang, Y., Tse, J., McLaughlin, K. A., Fitzmaurice, G., Gilman, S. E. y Susser, E. S. (2017). Sensitive periods for the effect of childhood interpersonal violence on psychiatric disorder onset among adolescents. *The British Journal of Psychiatry, 211*(6), 365-372. doi: https://doi.org/10.1192/bjp.bp.117.208397.

Eads, R. y Lee, M-Y. (2019). Solution Focused Therapy for Trauma Survivors: A Review of the Outcome Literature. *Journal of Solution-Focused Brief Therapy, 3*(1) 47-65.

Echeburúa, E. (2004). *Superar un trauma. El tratamiento de las víctimas de sucesos violentos.* Madrid: Pirámide.

Echeburúa, E. y Amor, P. J. (2019). Memoria traumática: Estrategias de afrontamiento adaptativas e inadaptativas. *Terapia Psicológica, 37*(1), 71-80.

Ehlers, A. (2020). Cognitive therapy. En: D. Forbes, J. I. Bisson, C. M. Monson y L. Berliner. *Effective treatments for PTSD. Practice guidelines from the International Society for Traumatic Stress Studies,* 3.ª ed. (pp. 255-271). Nueva York: Guilford .

Ehlers, A. y Clark, D. M. (2000). A cognitive model of posttraumatic stress disorder. *Behaviour Research and Therapy, 38,* 319-345.

Ehlers, A., Clark, D. M., Hackmann, A., McManus, F. y Fennell, M. (2005). Cognitive therapy for post-traumatic stress disorder: Development and evaluation. *Behaviour Research and Therapy, 43,* 413-431.

Elliott, R., Bohart, A. C., Watson, J. C. y Murphy, D. (2018). Therapist empathy and client outcome: an updated meta-analysis. *Psychotherapy, 55*(4), 399-410.

Epston, D. (1994). *Obras escogidas.* Barcelona: Gedisa.

Erbes, C. R., Stillman, J. R., Wieling, E., Bera, W. y Leskela, J. (2014). A pilot examination of the use of narrative therapy with individuals diagnosed with PTSD. *Journal of Traumatic Stress, 27*(6), 730-733.

Estrada, B. y Beyebach, M. (2007). Solution-focused therapy with depressed prelocutive deaf persons. *Journal of Family Psychotherapy, 18*(3), 45-63.

Falicov, C. (2016). Prólogo. En: F. García y M. Ceberio (eds.), *Manual de terapia sistémica breve* (pp. 11-15). Santiago, Chile: Mediterráneo.

Farber, B., Suzuki, J. y Lynch, D. (2018). Positive regard and psychotherapy outcome: A meta-analytic review. *Psychotherapy, 55*(4), 411-423.

Felitti, V. J. (2009). Adverse Childhood Experiences and adult health. *Academic Pediatrics, 9*(3), 131-132.

Felitti, V. J., Anda, R. F., Nodenberg, D., Williamson, D. F., Spitz, A., ... Marks, J. S. (1989). Relationship of childhood abuse and household dysfunction to many of the leading causes of death in adults. The Adverse Childhood Experiences (ACE) study. *American Journal of Preventive Medicine, 14*(4), 245-258.

Fernández-Liria, A., Rodríguez-Vega, B. y Diéguez, M. (2006). Intervenciones sobre duelo. En: P. Pérez-Sales (ed.), *Trauma, culpa y duelo: Hacia una psicoterapia integradora* (pp. 447-496). Bilbao: Desclée de Brouwer.

Figley, C. y Kiser, L. (2012). *Helping Traumatized Families, 2.ª* ed. Nueva York: Routledge.

Finkelhor, D., Ormrod, R. K. y Turner, H. A. (2007). Poly-victimization: A neglected component in child victimization. *Child Abuse & Neglect, 31*(1), 7-26.

Fisch, R. Weakland, J. H. y Segal, L. (1982). *The tactics of change: Doing therapy briefly.* San Francisco, CA: Jossey-Bass.

Foa, E. B., Hembree, E. A. y Rothbaum, B. O. (2007). *Prolonged exposure therapy for PTSD: Emotional processing of traumatic experiences.* Nueva York: Oxford University Press.

Forbes, D., Bisson, J. I., Monson, C. M. y Berliner, L. (2020). *Effective treatments for PTSD. Practice guidelines from the International Society for Traumatic Stress Studies, 3.ª* ed. Nueva York: Guilford Press.

Franklin, C., Guz, S., Zhang, A., Kim, J., Zheng, H., Hang Hai, A., ... Shen, L. (2020). Solution-Focused Brief Therapy for students in schools: A comparative meta-analysis of the English and Chinese literature. *Society for Social Work and Research.* doi: https://doi.org/10.1086/712169

Froerer, A. S., Von Cziffra-Bergs, J., Kim, J. S. y Connie, E. E. (comps.) (2018). *Solution-focused brief therapy with clients managing trauma.* Nueva York: Oxford University Press.

Furman, B. (2013). *Nunca es tarde para una infancia feliz. De la adversidad a la resiliencia.* Barcelona: Octaedro.

García, F. (2011). Prevention of psychopathological consequences in survivors of tsunamis. En: M. Mokhtari (ed.), *Tsunami: A Growing Disaster* (pp. 211-232). Londres: InTech.

García, F. (2013). Bajo los escombros: Estrategias de sobrevivencia en una mujer afectada por un terremoto. *Procesos Psicológicos y Sociales, 9*, 1-22.

García, F., Barraza, C. G., Wlodarczyk, A., Alveal, M. y Reyes, A. (2018). Psychometric properties of the Brief-COPE for the evaluation of coping strategies in the Chilean population. *Psicologia: Reflexão e Crítica, 31*(1), 1-11.

García, F. y Concha, P. (2020). Terapia breve con personas expuestas a un evento altamente estresante: Un ensayo controlado aleatorizado [Sesión de conferencia]. *13th International Congress of Clinical Psychology* (noviembre 11-14), Santiago de Compostela, España.

García, F. y Cova, F. (2013). *Afrontamiento, sintomatología postraumática y crecimiento postraumático en personas que perdieron su hogar por un terremoto.* Ponencia presentada en el XXXIV Congreso de la Sociedad Interamericana de Psicología (julio), Brasilia, Brasil.

García, F., Cova, F. y Reyes, A. (2014a). Severidad del trauma, optimismo, crecimiento postraumático y bienestar en sobrevivientes de un desastre natural. *Universitas Psychologica, 13*(2), 15-24.

García, F., Cova, F., Rincón, P. y Vázquez, C. (2015a). Trauma or growth after a natural disaster? The mediating role of rumination processes. *European Journal of Psychotraumathology, 6,* 1-10.

García, F., Cova, F., Vázquez, C. y Páez, D. (en revisión). *Posttraumatic growth in people affected by an occupational accident: A longitudinal multilevel model for change.*

García, F., Duque, A. y Cova, F. (2017). The four faces of rumination to stressful events: A psychometric analysis. *Psychological Trauma: Theory, Research, Practice, and Police, 9*(6), 758-765.

García, F. y Mardones, R. (2010). Prevención de trastorno de estrés postraumático en supervivientes del terremoto de Chile de febrero de 2010: una propuesta de intervención narrativa. *Terapia psicológica, 28*(1), 85-93.

García, F., Mardones, R. y Ceberio, M. (2016). El proceso terapéutico en terapia sistémica breve. En: F. García y M. Ceberio (eds.), *Manual de terapia sistémica breve* (pp. 113-139). Santiago, Chile: Mediterráneo.

García, F., Páez, D., Cartes, G., Neira, H. y Reyes, A. (2014b). Religious coping, social support and subjective severity as predictors of posttraumatic growth in people affected by the earthquake in Chile on 27/F 2010. *Religions, 5,* 1132-1145.

García, F. y Rincón, P. (2011). Prevención de sintomatología postraumática en mujeres diagnosticada con cáncer de mama: Evaluación preliminar de un modelo de intervención narrativo. *Terapia Psicológica, 29*(2), 175-183.

García, F. y Schaefer, H. (2015). *Manual de técnicas de psicoterapia breve. Aportes desde la terapia sistémica.* Santiago, Chile: Mediterráneo.

García, F., Vázquez, C. y Inostroza, C. (2019). Predictors of post-traumatic stress symptoms following occupational accidents: A longitudinal study. *Anxiety, Stress y Coping, 32*(2), 168-178.

García, F., Villagrán, L., Wlodarczyk, A. y Cova, F. (2015b). Perspectivas acerca del crecimiento postraumático. En: M. Bilbao, D. Páez y J. C. Oyanedel (eds.), *La felicidad de los chilenos. Estudios sobre bienestar* (pp. 107-126). Santiago, Chile: RIL.

García de Vinuesa, F., González Pardo, H. y Pérez Álvarez, M. (2014). *Volviendo a la normalidad. La invención del TDAH y del trastorno bipolar infantil.* Madrid: Alianza.

Gasparre, A., Bosco, S. y Bellelli, G. (2010). Cognitive and social consequences of participation in social rites: Collective coping, social support, and post-traumatic growth in the victims of Guatemala genocide. *Revista de Psicología Social, 25,* 35-46.

Gentry, J. E. (1998). Trauma Recovery Scale. Recuperado de http://psychink.com/ti2012/wp-content/uploads/2012/06/207TICAssign.20111.pdf.

George, E. (2019). Changing how we think about change. *Journal of Solution-Focused Brief Therapy, 3*(1), 7-8.

George, E., Iveson, C. y Ratner, H. (1995). *Problem to solution. Brief therapy with individuals and families.* Londres: BT Press.

German, M. (2013). Developing our cultural strengths: Using the «Tree of Life» strength-based, narrative therapy intervention in schools, to enhance self-esteem, cultural understanding and to challenge racism. *Educational and Child Psychology, 30*(4), 75-99.

Gilbert, R., Spatz Widom, C., Browne, K., Ferguson, D., Webb, E. y Janson, S. (2009). Burden and Consequences of Child Maltreatment in High-Income Countries. *The Lancet, 373,* 68-81. http://dx.doi.org/10.1016/S0140-6736(08)61706-7.

Gilligan, S. y Price, R. (1993). *Therapeutic conversations.* Nueva York: Norton.

Gonçalves, M. M. y Bento, T. (2008). *Manual terapéutico psicoterapia narrativa de re-autoria.* Autores.

Gimeno-Peón, A. (2021). *Mejorando los resultados en psicoterapia. Principios terapéuticos basados en la evidencia.* Madrid: Pirámide.

Gray, R., Budden-Potts, D. y Bourke, F. (2019). Reconsolidation of Traumatic Memories for PTSD: A randomized controlled trial of 74 male veterans. *Journal of the Society for Psychotherapy Research, 29*(5), 621-639. doi: https://doi.org/10.1080/10503307.2017.1408973.

Gross, J. J. (1998). Antecedent-and response-focused *emotion regulation: divergent consequences for experience, expression, and physiology. Journal of Personality and Social Psychology, 74*(1), 224-237.

Gustafsson, P. E., Nilsson, D. y Svedin, C. G. (2009). Polytraumatization and psychological symptoms in children and adolescents. *European Child & Adolescent Psychiatry, 18,* 274-283.

Gutiérrez García, E. (1998). El trabajo con la parte sana dentro del modelo psicoeducativo. *Sistemas Familiares, 14,* 49-60.

Haller, M. y Chassin, L. (2014). Risk pathways among traumatic stress, posttraumatic stress disorder symptoms, and alcohol and drug problems: a test of four hypotheses. *Psychology of Addicted Behavior, 28,* 841-851.

Harned, M. S., Korslund, K. E., Foa, E. B. y Linehan, M. M. (2012). Treating PTSD in suicidal and self-injuring women with borderline personality disorder: Development and preliminary evaluation of a dialectical behavior therapy prolonged exposure protocol. *Behavior Research and Therapy, 50*, 381-386.

Haro, B. (2020). Efectividad de un programa de intervención para pacientes con historias de maltrato en tratamiento por problemas de adicción. Tesis doctoral no publicada. Pamplona: Universidad Pública de Navarra.

Healing, S. y Bavelas, J. B. (2011). Can questions lead to change? An analogue experiment. *Journal of Systemic Therapies, 30*, 30-47.

Henden, J. (2008). *Preventing suicide. The solution-focused approach.* Nueva York; Chichester: Wiley.

Henden, J. (2020). A broad overview of solution focused severe trauma & stress recovery work, with the introduction of two additional sf instruments to promote thriverhood. *Journal of Solution Focused Practices, 4*(2), 1-14.

Henry, C. S., Morris, A. S., Harrist, A. W. (2015). Family resilience: Moving into the third wave. *Family Relations, 64*, 22-43.

Herrero de Vega, M. (2007). El proceso de cambio en terapia breve. Atasco terapéutico en Terapia Centrada en las Soluciones. Tesis doctoral no publicada. Universidad Pontificia de Salamanca.

Herrero de Vega, M. (2016). Trabajando la autoestima en grupo: Un programa centrado en soluciones. En: F. García y M. Ceberio (eds.), *Manual de terapia sistémica breve* (pp. 381-394). Santiago, Chile: Mediterráneo.

Herrero de Vega M. y Beyebach, M. (2004). Between-session change: A replication. *Journal of Systemic Therapies 23*(2), 18-26.

Herrero de Vega, M. y Beyebach, M. (2010). *200 tareas en terapia breve.* Barcelona: Herder.

Hill, C. E., Knox, S. y Pinto-Coelho, K. (2018). Therapist self-disclosure and immediacy: A qualitative meta-analysis. *Psychotherapy, 55*(4), 445-460.

Hirschson, S., Fritz, E. y Kilian, D. (2017). The tree of life as a metaphor for grief in AIDS-orphaned adolescents. *American Journal of Dance Therapy, 40*(1), 87-109.

Ho, S., Chan, C. y Ho, R. (2004). Posttraumatic growth in Chinese cancer survivors. *Psychooncology, 13*, 377-389.

Holmes, T. H. y Rahe, R. H. (1967). The Social Readjustment Rating Scale. *Journal of Psychosomatic Research, 11*(2), 213-218.

Hone, L. C. (2017). *Resilient Grieving. Finding How to find your way through a devastating loss.* Nueva York: The Experiment.

Hubble, M. A., Duncan, B. y Miller, S. (1999). *The heart & soul of change: What works in therapy.* Washington, DC: American Psychological Association.

Hughes, G. (2014). Finding a voice through 'The Tree of Life': A strength-based approach to mental health for refugee children and families in schools. *Clinical Child Psychology and Psychiatry, 19*(1), 139-153.

Hughes, K., Bellis, M. A., Hardcastle, K. A., Sethi, D., Butchart, A., Mikton, C., ... Dunne, M. P. (2017). The effect of multiple adverse childhood experiences on health: a systematic review and meta-analysis. *The Lancet. Public Health, 2*(8), e356–e366. doi: https://doi.org/10.1016/S2468-2667(17)30118-4.

Ibáñez, J. E., Alberdi, Í. y Díaz, M. (2020). International mental health perspectives on the novel coronavirus SARS-CoV-2 pandemic. *Revista de Psiquiatria y Salud Mental, 13*(2), 111-113.

Isebaert, L. (2005). *Kurzzeittherapie – ein praktisches Handbuch.* Stuttgart: Thieme.

Iveson, C. y McKergow, M. (2016). Brief Therapy: Focused description development. *Journal of Solution-Focused Brief Therapy, 2*(1), 1-17.

Janoff-Bulman, R. (1992). *Shattered assumptions: Towards a new psychology of trauma.* Nueva York: The Free Press.

Jirek, S. L. (2017). Narrative reconstruction and post-traumatic growth among trauma survivors: The importance of narrative in social work research and practice. *Qualitative Social Work, 16*(2), 166-188.

Johnson, D. J., Holyoak, D. y Pickens, J. (2019). Using narrative therapy in the treatment of adult survivors of childhood sexual abuse in the context of couple therapy. *The American Journal of Family Therapy, 47*(4), 216-231.

Jorquera, F. (2010). *Prácticas narrativas en ambientes comunitarios. El árbol de la vida en Mariscadero, Pelluhue, Chile: Una respuesta narrativa comunitaria a los efectos de haber vivido y sobrevivido al terremoto y tsunami del 27 de febrero del 2010.* Adelaida: Dulwich Centre Publications.

Joseph, S. y Linley, P. (2006). *Positive Therapy: A Meta-Theory for Positive Psychological Practice.* Routledge.

Kamsler, A. (1993). La formación de la imagen de sí misma. Terapia con mujeres que sufrieron abuso sexual durante la infancia. En: M. Durrant y Ch. White (eds.), *Terapia del abuso sexual* (pp. 15-53). Barcelona: Gedisa.

Kane, J. (2009). *An examination of a two-factor model of rumination and its im-*

pact on the relationship between posttraumatic growth and posttraumatic stress disorder (PTSD). (Dissertation of Doctor). George Mason University.

Kaslow, F. W., Nurse, A. R. y Thompson, P. (2002). *EMDR in conjunction with family systems therapy*. En: F. Shapiro (ed.), *EMDR as an integrative psychotherapy approach: Experts of diverse orientations explore the paradigm prism* (pp. 289-318). Washington, DC: American Psychological Association.

Kaslow, F. W. (1990). Treating holocaust survivors. *Contemporary Family Therapy, 12*(5), 393-405.

Kessler, R. C., Sonnega, A., Bromet, E., Hughes, M. y Nelson, C. B. (1995). Posttraumatic stress disorder in the National Comorbidity Survey. *Archives of General Psychiatry, 52,* 1048-1060.

Khantzian, E. J. (1997). The self-medication hypothesis of substance abuse disorders: A reconsideration and recent applications. *Harvard Review of Psychiatry, 4,* 231-244.

Kim, D. I., Lee, H. E. y Park, E. (2017) The Effect of Solution-Focused Group Counseling: Effect Size Analysis by Multilevel Meta-Analysis. *Research in Counseling, 18*(1), 157-179.

Kim J. S. (2008). Examining the effectiveness of solution-focused brief therapy: A meta-analysis. *Research Social Work Practice, 18,* 107-116.

Kim, J. S, Franklin, C., Zhang, Y., Liu, X., Qu, Y. y Chen, H. (2015). Solution-Focused Brief Therapy in China: A Meta-Analysis. *Journal of Ethnic & Cultural Diversity in Social Work, 24,* 187-201.

Korman, H., Bavelas, J. B. y De Jong, P. (2013). Microanalysis of formulations in solution focused brief therapy, cognitive behavioral therapy, and motivational interviewing. *Journal of Systemic Therapies, 32,* 32-46.

Korman, H. J., Bavelas, J. B. y de Jong, P. (2013). Microanalysis of formulations. Part II, Comparing Solution-focused Brief Therapy, Cognitive Behavioral Therapy, and Motivational Interviewing. *Journal of Systemic Therapies, 32* (3), 31-45.

Korte, K. J., Jian, T., Koenen, K. C. y Gradus, J. (2020). Trauma and PTSD. Epidemiology, comorbidity, and clinical presentation in adults. En: D. Forbes, J. I. Bisson, C. M. Monson y L. Berliner (eds.), *Effective Treatments for PTSD. Practice Guidelines from the International Society for Traumatic Stress Studies* (pp.30-48). Nueva York: Guilford Press.

Kretzma, J. P. y McKnight, J. L. (1993). *Building communities from the inside out: A path toward finding and mobilizing a community's assets.* Evanston, IL: The Assett-based Community Development Institute.

Kunovich, R. y Hodson, R. (1999). Civil war, social integration and mental health in Croatia. *Journal of Health and Social Behavior, 40,* 323-343.

Lange, A., Van de Ven, J. P., Schrieken, B., Emmelkamp, P. M. G. (2001). Interapy. Treatment of posttraumatic stress through the Internet: A controlled trial. *J Behav Ther Exp Psychiatry, 32,* 73-90.

Lambert, M. J. (2010). *Prevention of treatment failure: The use of measuring, monitoring and feedback in clinical practice.* Washington, DC: American Psychological Association.

Lambert, M. J., Kahler, M., Harmon, C., Burlingame, G. M., Shimokava, K. y White, M. M. (2013). *Administration and scoring manual: Outcome questionnaire OQ-45.2.* Salt Lake City, UT: OQ Measures.

Lambert, M. J., Whipple, J. L. y Kleinstäuber, M. (2018). Collecting and delivering process feedback: A meta-analysis of routine outcome monitoring. *Psychotherapy, 55*(4), 520-537.

Latorre, I. (2010). El árbol de la vida con trabajadores adultos: Una respuesta narrativa a las consecuencias del trauma provocadas por accidentes en el contexto laboral. *Procesos Psicológicos y Sociales, 6*(1-2), 1-34.

Lazarus, R. y Folkman, S. (1986). *Estrés y procesos cognitivos.* Barcelona: Martínez Roca.

Levendosky, A. A., Bogat, G. A. y Martínez-Torteya, C. (2013), PTSD symptoms in young children exposed to intimate partner violence. *Violence Against Women, 19*(2), 187-201.

Levi, O., Liechtentritt, R. y Savaya, R. (2012). Posttraumatic stress disorder patients' experiences of hope. *Qualitative Health Research, 22*(12), 1672-1684.

Lipchik, E., Derks, J., LaCourt, M. y Nunnally, E. (2012). The evolution of Solution-Focused BriefTherapy. En: C. Franklin, T. S. Trepper, W. J. Gingerich y E. E. McCollum (eds.), *Solution-Focused BriefTherapy. A handbook of evidence-based practice.* Nueva York: Oxford University Press.

Lopes, R. T., Gonçalves, M. M., Fassnacht, D. B., Machado, P. P. y Sousa, I. (2014a). Long-term effects of psychotherapy on moderate depression: A comparative study of narrative therapy and cognitive-behavioral therapy. *Journal of Affective Disorders, 167,* 64-73.

Lopes, R. T., Gonçalves, M. M., Machado, P. P., Sinai, D., Bento, T. y Salgado, J. (2014b). Narrative Therapy vs. Cognitive-Behavioral Therapy for moderate depression: Empirical evidence from a controlled clinical trial. *Psychotherapy Research, 24*(6), 662-674.

López-Goñi, J. J., Haro, B., Fernández-Montalvo, J. y Arteaga, A. (2021). Impact of a trauma intervention on reducing dropout from substance use disorder treatment. *Psychological Trauma: Theory, Research, Practice, and Policy, 13*(8), 847-855. doi: https://doi.org/10.1037/tra0001127.

Luthar, S. S. y Mendes, S. H. (2020). Trauma-informed schools: Supporting educators as they support the children. *International Journal of School & Educational Psychology, 8*, 147-157.

Masten, A. S., Cutuli, J. J., Herbers, J. E. y Reed, M.-G. J. (2009). Resilience in Development. En: S. J. López y C. R. Snyder (eds.), *The Oxford handbook of Positive Psychology*, 2.ª ed. (pp. 117-131). Nueva York: Oxford University Press.

MacLean, P. D. (1990). *The triune brain in evolution Role in paleocerebral functions*. Nueva York: Plenum.

Marlatt, G. A. y Gordon, J. R. (1985). *Relapse prevention: Maintenance strategies in the treatment of addictive behaviors*. Nueva York: Guilford Press.

Mavranezouli, I., Megnin-Viggars, O., Daly, C., Dias, S., Welton, N. J., Stockton, ... Pilling, S. (2020). Psychological treatments for post-traumatic stress disorder in adults: A network meta-analysis. *Psychological Medicine, 50*(4), 542-555. https://doi.org/10.1017/S0033291720000070.

McAdams, D. P. (2009). *The person: An introduction to the science of personality psychology*, 5.ª ed. Nueva York; Chichester: Wiley.

McCubbin, H. y Patterson, J. (1983). Family stress and adaptation to crises: A double ABCXmodel of family behavior. En: D. Olson y B. Miller (eds.), *Family Studies Review Yearbook,* vol. 1 (pp. 87-106). Beverly Hills, CA: Sage Publications.

McDonald, A. (2017). Solution-focused evaluation list. Recuperado de http://blog.ebta.nu/wp-content/uploads/2017/12/SFTOCT2017.pdf.

McGee, D., Del Vento, A. y Bavelas, J. B. (2005). An interactional model of questions as therapeutic interventions. *Journal of Marital and Family Therapy, 31*, 371-384.

McGuinty, E., Bird, B. M., Carlson, A., Yarlasky, K., Morrow, D. y Armstrong, D. (2017). Externalizing Metaphors Therapy: Outcomes Related to a Three-Session Treatment Model for Anxiety and Depression. *Journal of Systemic Therapies, 36*(3), 52-71.

Metcalf, L. (1998). *Solution focused group: Ideas for groups in private practice, schools, agencies, and treatment programs*. Nueva York: The Free Press.

Metcalf, L. (2018). *Terapia narrativa centrada en soluciones*. Bilbao: Descleé de Brouwer.

Michael, T., Halligan, S. L., Clark, D. M. y Ehlers, A. (2007). Rumination in posttraumatic stress disorder. *Depression and Anxiety, 24*, 307-317.

Miller, S. D., Hubble, M. A., Chow, D. L. y Seiderl, J. A. (2015). Beyond measures and monitoring: Realizing the potential of feedback-informed treatment. *Psychotherapy, 52* (4), 449-457.

Minuchin, S. (1974). *Families and Family Therapy*. Cambridge, MA: Harvard University Press.

Moggia, D. (2019). ¿Cómo funciona la terapia narrativa? Una revisión de la investigación de procesos y procesos-resultados. *Revista de Psicoterapia, 30*(114), 31-55.

Morris, B. y Shakespeare-Finch, J. (2011). Rumination, post-traumatic growth, and distress: Structural equation modelling with cancer survivors. *Psycho-Oncology, 20*, 1176-1183.

Muñoz, G. (2018). *Culpa sin trasgresión: Un análisis filosófico de la culpa del sobreviviente*. (Tesis de maestría). Universidad del Rosario, Bogotá, Colombia.

Nardone, G. y Salvini, A. (2011). *El diálogo estratégico*. Barcelona: Herder.

Nardone, G., Verbitz, T. y Milanese, R. (2002). *Las prisiones de la comida*. Barcelona: Herder.

Nardone, G. y Watzlawick, P. (1990). *El arte del cambio. Manual de terapia estratégica e hipnoterapia sin trance*. Barcelona: Herder.

Navarro Góngora, J. (2006). Comunicación personal.

Navarro Góngora, J. (2015). *Violencia en las relaciones íntimas: una perspectiva clínica*. Barcelona: Herder.

Navarro Góngora, J. (2021). Algunas reflexiones sobre la atención psicológica en la pandemia de la COVID-19. *Mosaico, 77*, 29-48

Ncube, N (2006). «The Tree of Life Project: Using narrative ideas in work with vulnerable children in South Africa». *International Journal of Narrative Therapy and Community Work 1*, 3-16.

Neipp, M.-C., Beyebach, M., Nuñez, R. M. y Martínez-González, M.-C. (2016). The effect of solution-focused versus problem-focused questions: A replication. *Journal of Marital and Family Therapy. 42*(3), 525-535.

Neipp, M. C., Beyebach, M., Sánchez-Prada, A. y Delgado, M. C. (2021). Solution-focused versus problem-focused questions: Differential effects of miracles, exceptions and scales. *Journal of Family Therapy*, 1-20.

Nilsson, D., Gustafsson, P. E. y Svedin C. G. (2012). Polytraumatization and trauma symptoms in adolescent boys and girls: Interpersonal and noninterpersonal events and moderating effects of adverse family circumstances. *Journal of Interpersonal Violence, 27*, 2645-2664.

Nolen-Hoeksema, S. (1991). Responses to depression and their effects on the duration of depressive episodes. *Journal of Abnormal Psychology, 100*, 569-582.

Norcross, J. C. (ed.) (2012). *Therapeutic relationships that work*. Nueva York: Oxford University Press.

Norcross, J. C. y Lambert, M. J. (eds.) (2019). *Therapeutic relationshps that work,* 3ª ed. Vol. 1: *Evidence-based therapist contributions.* Nueva York: Oxford University Press.

Norcross, J. C. y Wampold, B. E. (2018). A new therapy for each patient: Evidence-based relationships and responsiveness. *Journal of Clinical Psychology, 74,* 1889-1906.

Ogden, P. y Fisher, J. (2016). *Psicoterapia sensoriomotriz. Intervenciones para el trauma y el apego.* Bilbao: Descleé de Brouwer.

O'Hanlon, W. H. y Cade, B. (1995). *Guía breve de terapia breve.* Barcelona: Paidós.

O'Hanlon, W. H. y Weiner-Davis, M. (1990). *En busca de soluciones. Un nuevo enfoque en psicoterapia.* Barcelona: Paidós.

Olff, M., Monson, C., Riggs, D. S., Lee, C., Ehlers, A. y Forbes, D. (2020). Psychological treatments: Core and common elements of effectiveness. En: D. Forbes, J. I. Bisson, C. M. Monson y L. Berliner, *Effective treatments for PTSD. Practice guidelines from the International Society for Traumatic Stress Studies,* 3.ª ed. (pp. 169-187). Nueva York: Guilford Press.

Páez, D., Basabe, N., Bosco, S., Campos, M. y Ubillos, S. (2011). Afrontamiento y violencia colectiva. En: D. Páez, C. Martin Beristain, J. L. González, N. Basabe y J. Rivera (eds.), *Superando la violencia colectiva y construyendo cultura de paz* (pp. 279- 309). Madrid: Fundamentos.

Papero, D. V. (2017). Trauma and the family: A systems-oriented approach. *Australian and New Zealand Journal of Family Therapy, 38*(4), 582-594.

Pargament, K., Feuille, M. y Burdzy, D. (2011). The Brief RCOPE: Current psychometric status of a short measure of religious coping. *Religions, 2,* 51-76.

Park, C. L., Aldwin, C., Fenster, J. y Snyder, L. (2008). Pathways to posttraumatic growth versus posttraumatic stress: Coping and emotional reactions following the September 11, 2001, terrorist attacks. *American Journal of Orthopsichiatry. 78,* 300-312.

Patterson, J. M. (1991). Family resilience to the challenge of a child's disability. *Pediatric Annals, 20,* 491-499.

Patterson, J. M. (2002). Integrating family resilience and family stress theory. *Journal of Marriage and Family,* 64, 349-360.

Paul, G. L. (1967). Strategy of outcome research in psychotherapy. *Journal of Consulting Psychology, 31,* 109-118.

Pechtel, P. y Pizzagalli, D. A. (2011). Effects of early life stress on cognitive and affective function: an integrated review of human literature. *Psychopharmacology, 214*(1), 55-70. doi: https://doi.org/10.1007/s00213-010-2009-2.

Pennebaker, J. W. (1997). Writing about emotional experiences as a therapeutic process. *Psychological Science, 8*(3), 162-166.

Pennebaker, J. W. (2004). *Writing to Heal. A Guided Journal for Recovering from Trauma and Emotional Upheaval.* Oakland, CA: New Harbinger Publications.

Perrone, R. y Nannini, M. (1997). *Violencia y abusos sexuales en la familia.* Barcelona: Paidós.

Petersen, S., Bull, C., Propst, O., Dettinger, S. y Detwiler, L. (2005). Narrative therapy to prevent illness-related stress disorder. *Journal of Counseling & Development, 83*(1), 41-47

Peterson, C. (1991). The meaning and measuring of explanatory style. *Psychological Inquiry, 2*(1), 1-10.

Peterson, C. (2006). *A Primer in Positive Psychology.* Nueva York: Oxford University Press.

Piqueras, J., Ramos, V., Martínez, A. y Oblitas, L. (2009). Emociones negativas y su impacto en la salud mental y física. *Suma Psicológica, 16*(2), 85-112.

Porges, S. W. (2011). *The polyvagal theory: Neurophysiological foundations of emotions, attachment, communication, and self-regulation.* Nueva York: Norton.

Prati, G. y Pietrantoni, L. (2009). Optimism, social support, and coping strategies as factors contributing to posttraumatic growth: A meta-analysis. *Journal of Loss and Trauma, 14,* 364-388.

Prior, M. (2009). *Minimáximas. 15 intervenciones mínimas de efecto máximo para la terapia y el asesoramiento.* Barcelona: Herder.

Prochaska, J. O. y DiClemente, C. C. (1992). *Stages of change in the modification of problem behaviors.* Newbury Park, CA: Sage.

Quick, E. (1996). *Doing what works in brief therapy: A Strategic solution-focused approach.* San Diego, CA: Academic Press.

Rajandram, R. K., Jenewein, J., McGrath, C. y Kwahlen, A. (2011). Coping processes relevant to posttraumatic growth: An evidence-based review. *Support Care Cancer, 19,* 583-589.

Rakhshani, A. y Furr, R. M. (2020). The reciprocal impacts of adversity and personalilty traits: A prospective longitudinal study of growth, change, and the power of personality. *Journal of Personality, 89,* 50-67.

Randle Phillips, C., Farquhar, S. y Thomas, S. (2016). Adapting and evaluating a tree of life group for women with learning disabilities. *British Journal of Learning Disabilities, 44*(4), 301-308.

Read, J., Mosher, L. R. y Bentall, R. P. (2006). *Modelos de locura.* Barcelona: Herder.

Resick, P. A., Monson, C. M. y Chard, K. M. (2017). *Cognitive processing therapy for PTSD: A comprehensive manual.* Nueva York: Guilford Press.

Rimé, B., Finkenauer, C., Luminet, O., Zech, E. y Philippot, P. (1998). Social sharing of emotion: New evidence and new questions. *European Review of Social Psychology, 9,* 145-189.

Roberts, N. P., Back, S. E., Mueser, K. T. y Murray, L. K. (2020). Treatment considerations for PTSD comorbidities. En: D. Forbes, J. I. Bisson, C. M. Monson y L. Berliner (eds.), *Effective Treatments for PTSD. Practice Guidelines from the International Society for Traumatic Stress Studies* (pp. 417-450). Nueva York: Guilford Press.

Robbins, M. S., Feaster, D. J., Horigian, V. E., Rohrbaugh, M. J., Shoham, V. ... y Szapocznik, J. (2011). Brief strategic family therapy versus treatment as usual: Results of a multisite randomized trial for substance using adolescents. *Journal of Consulting and Clinical Psychology, 79,* 713-727.

Rodríguez-Arias Palomo, J. L. y Venero Celis, M. (2006). *Terapia Familiar Breve: Guía para sistematizar el tratamiento psicoterapéutico.* Madrid: CCS.

Rogers, C. R. (1957). The necessary and sufficient conditions of therapeutic personality change. *Journal of Consulting and Clinical Psychology, 21*(2), 95-103.

Rohrbaugh, M. J., Shoham, V., Coyne, J. C. (2006). Effect of Marital Quality on Eight-Year Survival of Patients With Heart Failure. *The American Journal of Cardiology, 98,* 1069-1072.

Rohrbaugh, M. J., Shoham, V., Trost, S., Muramoto, M., Cate, R. M. y Leischow, S. (2001). Couple dynamics of change-resistant smoking: Toward a family consultation model. *Family Process, 40*(1), 15-31. doi: https://doi.org/10.1111/j.1545-5300.2001.4010100015.x.

Rohrbaugh, M. J., Tennen, H., Press, S. y White, L. (1981). Compliance, defiance, and therapeutic paradox: Guidelines for strategic use of paradoxical interventions. *American Journal of Orthopsychiatry*, 51, 454-467.

Rolland, J. S. (2004). Families and chronic illness: An integrative model. En: D. R. Catherall (ed.), *Handbook of stress, trauma and the family* (pp. 89-115). Londres: Routledge, Taylor & Francis.

Saarelainen, S. M. (2015). Life tree drawings as a methodological approach in young adults' life stories during cancer remission. *Narrative Works, 5*(1), 68-91.

Rolland, J. S. (2018*). Helping couples and families navigate illness and disability. An integrated approach.* Nueva York: Guilford Press.

Roth, A. y Fonagy, P. (2005). *What works for whom? A critical review of psychotherapy research,* 2ª ed. Nueva York: Guilford Press.

Saleebey D. (ed.) (2006). *The strengths perspective in social work practice*, 4ª ed. Boston: Pearson Education.

Sánchez Prada, A. y Beyebach, M. (2014). Solution-focused responses to «no improvement»: A qualitative analysis of the deconstruction process. *Journal of Systemic Therapies, 33*(1), 78-91.

Schade, N., Beyebach, M., Torres, P. y González, A. (2009). Terapia Breve y atención primaria: Un caso de trastorno somatomorfo. *Terapia Psicológica, 27*(2), 239-246.

Schade, N., Torres, P. y Beyebach, M. (2011). Cost-efficiency of a brief family intervention for somatoform patients in primary care. *Families, Systems, & Health, 29*, 197-205.

Schauer M, Neuner F, Elbert T (2011). *Narrative exposure therapy: a short-term treatment for traumatic stress disorders.* Hogrefe

Schexnaildre, M. (2011). Predicting posttraumatic growth: Coping, social support, and posttraumatic stress in children and adolescents after Hurricane Katrina. (Tesis). Louisiana State University.

Schnurr, P. P., Friedman, M. J., Engel, C. C., Foa, E. B., Shea, M. T., Chow, B. K., ... Bernardy, N. (2007). Cognitive Behavioral Therapy for Posttraumatic Stress Disorder in Women: A Randomized Controlled Trial. *Journal of the American Medical Association, 297*, 820-830.

Selekman, M. D. (2005). *Pathways to change: Brief therapy with difficult adolescents*, 2.ª ed. Nueva York: Guilford Press.

Selekman, M. D. y Beyebach, M. (2013). *Changing self-destructive habits. Pathways to solutions with couples and families.* Nueva York: Routledge.

Seligman, M. E. P. (2002a). *Authentic happiness: using the new positive psychology to realize your potential for lasting fulfillment.* Nueva York: The Free Press.

Seligman, M. E. P. (2002b). Positive psychology, positive prevention, and positive therapy. En: *Handbook of positive psychology* (pp. 3-12). Nueva York: Oxford University Press.

Seligman, M. E. P. (2011). *Flourish: A visionary new understanding of happiness and wellbeing.* Nueva York: The Free Press.

Seligman, M. E. P. y Csikszentmihalyi, M. (2000). Positive Psychology. An Introduction. *American Psychologist, 55*(1), 5-14.

Selvini Palazzoli, M., Boscolo, L., Cecchin, G. y Prata, G. (1978). *Paradox and counter-paradox: A new model in the therapy of the family in schizophrenic transaction.* Londres: Jason Aronson.

Shapiro, F. (2001). *Eye Movemente Desensitization and Reprocessing. Basic Principles, Protocols, and Procedures,* 2.ª ed. Nueva York: Guilford Press.

Shapiro, F., Kaslow, F. W. y Maxfield, L. (eds.) (2007). *Handbook of EMDR and family therapy processes.* Nueva York; Chichester: Wiley.

Shoham, V. y Rohrbaugh, M. (1997). Interrupting ironic processes. *Psychological Science, 8,* 151-153.

Siegel, D. (2015). *The developing mind.* Nueva York: Guilford Press.

Snyder, C. R., Ilardi, S., Michael, S. T. y Cheavens, J. (2000). Hope theory: Updating a common process for psychological change. En: C. R. Snyder y R. E. Ingram (eds.), *Handbook of psychological change: Psychotherapy processes & practices for the 21st century* (pp. 128-153). Nueva York; Chichester: Wiley.

Steinbrecher, E., Jordan, S. S. y Turns, B. (2020). Providing Immediate Hope to Survivors of Natural Disasters: A Miracle Question Intervention. *American Journal of Family Therapy,* 1-16. https://doi.org/1 0.1080/01926187.2020.1789899.

Stillman, J. R. y Erbes, C. R. (2012). Speaking two languages: A conversation between narrative therapy and scientific practices. *Journal of Systemic Therapies, 31*(1), 74-88.

Sratton, P. (2005). *Report on the evidence base of systemic family therapy.* Warrington: Association for Family Therapy.

Sumer, N., Karanci, N., Berument, S. y Gunes, H. (2005). Personal resources, coping self-efficacy, and quake exposure as predictors of psychological distress following the 1999 earthquake in Turkey. *Journal of Traumatic Stress, 18,* 331-342.

Taku, K., Cann, A., Tedeschi, R. G. y Calhoun, L. G. (2009). Intrusive versus deliberate rumination in posttraumatic growth across U. S. and Japanese samples. *Anxiety, Stress & Coping, 22,* 129-136.

Tarragona, M. (2015). La psicología positiva: Un marco conceptual para su aplicación en la psicoterapia contemporánea. En: F. García (ed.), *Terapia sistémica breve: Fundamentos y Aplicaciones* (pp. 143-162). Santiago, Chile: RIL.

Tedeschi, R. G. (1999). Violence transformed: Posttraumatic growth in survivors and their societies. *Aggression and Violent Behavior, 4,* 319-341.

Tedeschi, R. G. y Calhoun, L. G. (1996). The posttraumatic growth inventory: Measuring the positive legacy of trauma. *Journal of Traumatic Stress, 9,* 455-471.

Tedeschi, R. G. y Calhoun, L. G. (2004). Posttraumatic growth: Conceptual foundations and empirical evidence. *Psychological Inquiry, 15,* 1-18.

Teicher, M. H. y Parigger, A. (2015). The 'Maltreatment and Abuse Chronology of Exposure' (MACE) scale for the retrospective assessment of abuse and neglect during development. *PloS one, 10*(2), e0117423. doi: https://doi.org/10.1371/journal.pone.0117423.

Teicher, M. H. y Samson, J. A. (2016). Annual Research Review: Enduring neurobiological effects of childhood abuse and neglect. *Journal of Child Psychology and Psychiatry, 7*(3), 241-266. https://doi.org/10.1111/jcpp.12507.

Teicher, M. H., Samson, J. A., Anderson, C. M. y Ohashi, K. (2016). The effects of childhood maltreatment on brain structure, function and connectivity. *Neuroscience, 17*(10), 652-666. doi: https://doi.org/10.1038/nrn.2016.111.

Terr, L. C. (1991). Childhood traumas: An outline and overview. *American J. of Psychiatry, 148*(1), 10-20.

Thomas, F. (2015). *Solution-focused supervision. A resource-oriented approach to developing clinical expertise.* Nueva York: Springer.

Tomm, K. (1987). Interventive interviewing: Part II. Reflexive questioning as a means to enable self-healing. *Family Process, 26*, 167-183.

Tran, U. S. y Gregor, B. (2016). The relative efficacy of bona fine therapies for post-traumatic stress disorder: A meta-analytical evaluation of randomized controlled trials. *BMC Psychiatry 16*, 266. doi: 10.1186/s12888-016-0979-2.

Uy, K. y Okubo, Y. (2018). Re-storying the trauma narrative: Fostering posttraumatic growth in Cambodian refugee women. *Women & Therapy, 41*(3-4), 219-236.

Valdiviezo, J. M. (2015). Construcción de la identidad narrativa usando el recurso del «Árbol de la vida», en estudiantes de la institución educativa «San Columbano», Lima, 2014. *Revista de Investigación PAIDEIA en Ciencias Humanas y Educación, 1*(1), 33-46.

van der Kolk, B. (2014). *The body keeps the score. Mind, brain and body in the transformation of trauma.* Londres: Penguin Random House.

Vanderlinden, J. y Vandereycken, W. (1997). *Trauma, dissociation, and impulse dyscontrol in eating disorders.* Bristol, PA: Brunner/Mazel.

Vanderlinden, J., Vandereycken, W. y Claes, L. (2007). Trauma, dissociation, and impulse dyscontrol: Lessons from the eating disorders field. En: E. Vermetten, M. J. Dorahy y D. Spiegel (eds.), *Traumatic dissociation: Neurobiology and treatment* (pp. 317-331). Washington, DC: American Psychiatric Association.

van Emmerik, A. A. P., Reijntjes, A. y Kamphuis, J. H. (2013). Writing therapy for posttraumatic stress: A meta-analysis. *Psychotherapy and Psychosomatics, 82*(2), 82-88. doi: https://doi.org/10.1159/000343131

Varese, F., Smeets, F., Drukker, M., Lieverse, R., Lataster, T., Viechtbauer, W., ... Bentall, R. P. (2012). Childhood adversities increase the risk of psychosis: A meta-analysis of patient control, prospective- and cross-sectional cohort studies. *Schizophrenia Bulletin, 38*, 661-671.

Vázquez, C. (2006). La psicología positiva en perspectiva. *Papeles del Psicólogo, 27*(1), 1-2.

Velásquez, F. y González, E. (2003). *¿Qué ha pasado con la participación ciudadana en Colombia?* Fundación Corona.

Vera-Villarroel, P., Pávez, P. y Silva, J. (2012). El rol predisponente del optimismo: Hacia un modelo etiológico del bienestar. *Terapia Psicológica, 30*, 77-84.

Vernberg, E. M., Steinberg, A. M., Jacobs, A. K., Brymer, M. J., Watson, P. J., Osofsky, J. D., ... Ruzek, J. I. (2008). Innovations in disaster mental health: Psychological first aid. *Professional Psychology: Research and Practice, 39*(4), 381-388. doi: https://doi.org/10.1037/a0012663.

Vitale, A., Khawaja, N. G. y Ryde, J. (2019). Exploring the effectiveness of the Tree of Life in promoting the therapeutic growth or refugee women living with HIV. *The Arts in Psychotherapy, 66*, 1-10.

Vujanovic, A. A., Zvolensky, M. J. y Bernstein, A. (2008). Incremental associations etween facets of anxiety sensitivity and posttraumatic stress and panic symptoms among trauma-exposed adults. *Cognitive Behaviour Therapy, 37*(2), 76-89.

Walker, L. (1979). *The battered woman*. Nueva York: Harper-Collins.

Walker, L. (1994). *Abused women and survivor therapy*. Washington, DC: American Psychological Association.

Walsh, F. (2006). *Strengthening Family Resilience*. Nueva York: Guilford Press.

Walsh, F. (2012). Family resilience: Strengths forged through adversity. In F. Walsh (ed.), *Normal family processes: Growing diversity and complexity*, 4.ª ed. (pp. 399-427). Nueva York: Guilford Press.

Watkins, E. (2008). Constructive and unconstructive repetitive thought. *Psychological Bulletin, 134*, 163-206.

Watzlawick, P., Weakland, J. H. y Fisch, R. (1974). *Change: Principles of problem formation and problem resolution*. Nueva York: Norton.

Weakland, J., Fisch, R., Watzlawick, P. y Bodin, A. (1974). Brief therapy: Focused Problem Resolution. *Family Process, 13*, 141-68.

Weiner-Davis, M., de Shazer y Gingerich, W. (1987). Building on pretreatment change to construct the therapeutic solution: An exploratory study. *Journal of Marital and Family Therapy, 13*(4), 359-363.

Weiss, T. y Berger, R. (2010). *Posttraumatic growth and culturally competent practice: Lessons learned from around the globe.* Nueva York; Chichester: Wiley.

Weisz, J. R., Chorpita, B. F., Palinkas, L. A., Schoenwald, S. K., Miranda, J., Bearman,S. K. ... Research Network on Youth Mental Health. (2012). Testing standard and modular designs for psychotherapy with youth depression, anxiety, and conduct problems: A randomized effectiveness trial. *Archives of General Psychiatry, 69*(3), 274-282.

White, M. (2007). *Maps of narrative practice.* Nueva York: Norton.

White, M. y Epston, D. (1993). *Medios narrativos para fines terapéuticos.* Barcelona: Gedisa.

Wiest-Stevenson, C. y Lee, C. (2016). Trauma-Informed Schools, *Journal of Evidence-Informed Social Work, 13,* 498-503.

Wilson, K. G. y Luciano Soriano, C. (2016). *Terapia de Aceptación y Compromiso (ACT): un tratamiento conductual orientado a los valores.* Madrid: Pirámide.

Woods, K., Bond, C., Humphrey, N., Symes, W. y Green, L. (2011). *Systematic Review of Solution Focused Brief Therapy (SFBT) with Children and Families.* (Department for Education Research Report 179). Department for Education, London.

Zacarian, D., Alvarez-Ortiz, L. y Haynes, J. (2017). *Teaching to strengths: supporting students living with trauma, violence, and chronic stress.* Alexandria, VA: ASCD.

Zimet, G. D., Dahlem, N. W., Zimet, S. G. y. Farley, G. K. (1988). The Multidimensional Scale of Perceived Social Support. *Journal of Personality Assessment, 52,* 30-41.